翟少冬 著

从刀铲到珠玉

华北地区的磨制石器生产与社会复杂化进程

上海古籍出版社

图书在版编目（CIP）数据

从刀铲到珠玉 ：华北地区的磨制石器生产与社会复
杂化进程 / 翟少冬著. -- 上海 ：上海古籍出版社，
2025. 5. -- ISBN 978-7-5732-1567-3

Ⅰ. K876.2

中国国家版本馆CIP数据核字第2025YM6621号

责任编辑：贾利民

技术编辑：耿莹祎

美术编辑：阮　娟

从刀铲到珠玉：

华北地区的磨制石器生产与社会复杂化进程

翟少冬　著

上海古籍出版社出版发行

（上海市闵行区号景路 159 弄 1-5 号 A 座 5F　邮政编码 201101）

（1）网址：www. guji. com. cn

（2）E-mail：guji1 @ guji. com. cn

（3）易文网网址：www. ewen. co

上海天地海设计印刷有限公司印刷

开本 710×1000　1/16　印张 15.75　插页 4　字数 266,000

2025 年 5 月第 1 版　2025 年 5 月第 1 次印刷

ISBN 978-7-5732-1567-3

K・3835　定价：78.00 元

如有质量问题，请与承印公司联系

本书的出版得到中国社会科学院"科技考古优势学科"（DF2023YS13）的经费支持

本书是中国社会科学院哲学和社会科学创新工程项目"石玉器的生产和社会变迁"（2024KGYJ017）的阶段性成果

本书得到国家重点研发计划"中华文明起源进程中的生业、资源与技术研究"课题（2020YFC1521606）、中国社会科学院"科技考古实验室"（2024SYZH002）项目和中国社会科学院哲学与社会科学创新工程项目"现代分析测试技术在考古学中的应用"（2021KGYJ019）的支持

序 一

得知翟少冬即将出版关于磨制石器考古研究的大作，她希望我写一篇序。这让我觉得高兴，又有些为难。这个题目一定是不错的，不过因为以往本人对专业下力有限，并没有进行过专门深入的研究，尤其是对新的前沿研究成果疏于了解，担心胜任不了这个担子。当然最终还是勉为其难尝试着写写，希望能起个导读的作用。

一面读着翟少冬的稿本，一面想起我与石器研究的渊源。想来我对石器的关注与研究，因为主攻新石器考古，在工作中曾经是有过涉猎的，对于石器标本也有过一些接触，偶尔还显出很深厚的兴趣。在研究生学习期间，以为社会生产力的集中体现是生产工具，曾经注意到石器资料的收集，写出了关于磨制双肩石器的研究论文发表。在整理西藏曲贡遗址发掘报告的过程中，观察过大量磨制与打制石器，第一次接触到不少半打半磨的标本。后来又在四川广元中子铺发现细石器作坊遗址，接着以北方细石器为题进行大范围调查，发现了阿拉善苏呼图制作场，对于其中的细石器反复观察，获得了一些真切感受。正是在整理细石器发掘和调查报告中，同翟少冬副研究员有了协作的机会，请她帮助鉴定石器原料，也就有了进一步了解她研究成果的机会。

其实我和翟少冬认识是近 20 年前的事了，2006 年她还在山西博物院工作，为筹备个考古新发现展览，向我咨询有关喇家遗址考古的一些问题，但当时是通过电话联系，只闻其声，未见其人。2011 年，翟少冬到中国社会科学院考古研究所科研处工作后，我们就成了同事，见到了她本人，因为科研处的诸多事情，交流也多了起来。2023 年因为撰写我在内蒙古苏呼图采集到的细石器报告，请她鉴定石料，我对她的研究了解得更多了一些。知道她从陶寺遗址附近的大崮堆山石器制造场遗址开始研究石器，这些年来断断续续一直从事磨制石器的研究，从大崮堆山到陶寺再到华北地区，研究范围和视野逐渐扩大，这本书就是她这段时间以来的主要研究成果。

我们知道柴尔德用"新石器革命"来形容新石器时代的开始，"革命"一词给人的感觉是一场突变，仿佛一觉醒来突然就是新石器时代了。但其实新石器化是一个漫长的过程，磨制石器、陶器、定居和农业这几个新石器时代的要素并不是同一时间出现，也并不是一出现就成为主流的。中国农业的形成是几千年植物栽培的结果，并最终在仰韶文化时期形成南稻北粟为主的农业生计模式，代替了之前的采集狩猎生计模式。同时，人们的居住模式也逐渐由游动变为在一个地点定居下来，在固定地点待的时间越来越久，为居住建造的各种生活生产设施也越来越多，居住模式逐渐复杂化，游动的居住模式逐渐被农业村落代替，这一过程与农业的出现和发展过程基本一致。磨制石器作为新石器时代的标志之一，它的出现和取代打制石器的过程也经历了漫长的时间。

翟少冬将华北地区分为北部内蒙古高原南缘至燕山南麓地区、南部华北平原地区、东部海岱丘陵山区和西部太行山以西的晋陕高原四个片区，分别梳理了这四个片区磨制石器取代打制石器的漫长过程。翟少冬认为，旧、新石器时代过渡时期和新石器时代早期局部磨制的石器在华北地区零星出现，新石器时代中期磨制石器的数量和器形逐渐增多，新石器时代晚期华北大部分地区磨制石器取代打制石器成为主流生产工具。但四个片区的发展并不同步，相较而言，华北平原腹心地区发展最快，在新石器时代中期磁山、裴李岗、沙窝李、莪沟北岗、长葛石固、贾湖等遗址中磨制石器的数量就已经和打制石器相当，在贾湖晚期时磨制石器的数量甚至超过打制石器。而周围地区包括和北部地区相邻的易县北福地遗址仍以打制石器为主，这些地区石磨盘和石磨棒的数量都较多。但石磨盘和石磨棒的磨光属于使用磨光，不在因制作磨光定义的磨制石器的范畴内。到了新石器时代晚期，除了西部地区个别器形如盘状器、刮割器等打制石器数量较多外，其他基本为磨制石器，但华北北部地区这一时期打制石器的数量仍然较多，较南的镇江营遗址直到后冈二期时磨制石器的数量才超过打制石器，但打制石器仍有一定数量。各地区磨制石器取代打制石器的过程，与各自农业成为主要生计模式的过程及定居模式的复杂化过程相一致，反映了磨制石器的出现和发展与农业和定居的紧密联系。

本书的另一个精彩之处是对陶寺、二里头、殷墟三个华北地区早期城市化进程中关键遗址石器生产变迁的论述。对陶寺遗址的石器生产着墨较多，这与翟少冬本人整理了大崮堆山石器制造场的资料以及主持了陶寺遗址石制品的调查和试掘工作有关，另外陶寺遗址本身也出土很多石器和可供讨论石器生产的石器加工的副产品，作为陶寺石料来源地的大崮堆山也出土大量石器加工过程中的石制品，因此对陶寺遗址的石器生产讨论较多也就可以理解了。

陶寺的石器生产是作者博士论文研究的主要内容，作者运用考古发掘、聚落考古、实验、岩石薄片分析等方法对陶寺的石器进行了特征、技术、原料、生产组织、生产规模和流通方式的讨论，为了搞清楚角岩 / 变质砂岩形成的地质条件，更是联合中国地质大学的白志达教授对大崮堆山进行了地质调查，并且分析了大崮堆山石料和陶寺出土石制品的岩石化学和地球化学成分，从地质成因上分析了陶寺石制品的原料和大崮堆山角岩 / 变质砂岩石料的关系，可以说是讨论一个遗址石器生产的典范研究了。陶寺遗址距离石料来源地近，石器生产规模大、产量高，生产地点从陶寺早期到晚期不断增多，社会精英阶层在中期加强了对石器生产的控制，陶寺生产的石器可能不仅供自己使用，而且输出到其他遗址。相较而言，二里头遗址出土的石器生产副产品的数量不多，与铜器、绿松石生产的围垣作坊以及骨器生产地点相比，石器生产地点的线索很少，反而附近的嵩山北麓地区出现许多专门生产石器的功能性遗址。它们可能向二里头遗址输送石器。殷墟遗址除发现一批尚未开刃的石镰外，未发现石器生产的副产品，在殷墟遗址已经发现的四组工业区内也未发现石器生产的场所，不能不说石器生产在殷墟应该很不受重视。当然，作者这里说的石器生产是指日常生产使用的石质工具的生产，不包括一些精美的石质装饰品和礼仪用品的生产。二里头和殷墟发现的石器生产线索和副产品较少可能与发掘者没有给予石器生产足够的重视有关，但不可否认的是，可能遗址中石器生产活动确实不多，因为如果他们的石器生产像陶寺一样多的话，二里头六十多年和殷墟近百年的发掘不可能没有发现。因此，作者对陶寺、二里头和殷墟城市化程度逐渐加深过程中都邑内日用石器生产逐渐减少的论断应当是可信的。这一研究从石器生产的角度反映了城市化进程中城市手工业生产逐渐权贵化的趋势。

另外，翟少冬对磨制石器和打制石器区别的论述也颇为新颖。对于磨制石器和打制石器的区别，之前大多关注在技术上，认为这是磨制和打制的区别。作者除了技术外还关注到石料，认为打制石器的石料多为石英岩、硅质岩、脉石英、玛瑙、碧玉岩等硬度较高、脆性较大的岩石，磨制石器的石料选择则更为多样，大多为遗址附近可以获得的岩石，硬度较打制石器的石料低，便于磨制，上面所说的较多用于打制石器的石料较少用于磨制石器。此部分虽然着墨不多，但言之有理，视角独特，加深了我们对于二者区别的认识，也对磨制石器的发展从石料上给予了解释。

本书的部分内容和观点之前虽然已经以论文的形式发表，但本次以专著的形式出版，又增加了不少新的内容，完善了之前的论证，并且更加系统化。本书也是作者第一次系统地发表自己的研究成果，详细阐述磨制石器从出现到取代打制石器，以及从在城市中大规模生产到被城市精英阶层逐渐抛弃的石器生产和社会变迁之间的兴衰关系，为磨制石器生产和社会复杂化关系的研究提供了参考，值得有兴趣的研究者细细阅读。

石器尤其是磨制石器的研究，在新石器考古领域应当作为一个中心课题，不过参与研究的力量还是显得有些欠缺，已经发表的成果也很有限。现在有了翟少冬的研究成果问世，更显出其重要，可以作为引领相关研究的一座里程碑。翟少冬为追求科学求真，经常投身田野一线，与发掘者建立密切合作关系，全身心投入工作，成果扎实可靠。翟少冬的研究是认真且细致的，我从她鉴定内蒙古石制品的过程中感受到了这种精神。现在呈现在读者面前的这部著作，相信会得到研究者的认可，更相信会发挥更大的引领作用。

王仁湘

2025 年 1 月 3 日于京中

序 二

长期以来，在考古学研究人类进化的历史进程中，制作和使用石器的证据被视为区分猿与人的关键标志之一；将打制石器加以打磨成为磨制石器，则是旧石器时代向新石器时代过渡的重要标志；而青铜器的发明并逐渐取代石器，则标志着青铜时代的开启，成为人类社会进步的重要里程碑。由此可见，石器生产的兴起与衰落，与人类社会的发展和技术创新密不可分。在中国考古学界，对石器的研究始终是一个重要的学术领域。翟少冬博士的新作《从刀铲到珠玉：华北地区的磨制石器生产与社会复杂化进程》正是探讨石器生产与社会变革之间关系的代表性著作。

少冬对石器研究的兴趣和执着始于她早年对陶寺遗址石器生产与消费过程的关注，这也是她在澳大利亚拉筹伯大学（La Trobe University）攻读博士学位时的研究课题。在攻读博士期间，她花费数月时间深入陶寺及周边遗址，开展调查、发掘和分析石器生产的遗迹与遗物，并进行石器复制实验。这些研究使她获得了关于石器生产过程的第一手资料，为之后的深入研究奠定了坚实基础。

我非常高兴地看到，少冬的这部新作不仅包括了她早年对陶寺遗址的研究成果，更进一步扩展了研究的时间和空间范围。更重要的是，她的研究并未局限于生产工艺和技术层面，而是将石器生产置于更广阔的社会变迁背景下进行探讨，深入探索人类行为的复原，以及物质文化与社会发展的关系。这种研究视角的拓展，为理解史前社会的复杂化进程提供了重要的理论和实证依据。

少冬的这部新作主要针对华北地区的磨制石器生产与社会复杂化进程进行分析。随着新石器时代农业的发展和社会组织的演进，磨制石器逐步取代打制石器，成为人类生产生活的主要工具，并在不同地区、不同阶段展现出显著的地域性和时代特征。本书以丰富的考古材料和科学研究方法，系统探讨了华北地区磨制石器的生产、技术演变及其与社会复杂化之间的关系，为理解中国史前社会的演进提供了新的视角。

第一章《绪论》概述了磨制石器的定义、研究现状及其在中国考古学中的重要性。磨制石器的研究不仅有助于分析史前人类的技术发展，还可以反映社会组织、经济模式及文化交流等方面的变迁。作者回顾了中国磨制石器研究的发展历程，并指出近年来科技考古方法的引入如何深化了对石器制作工艺的理解。

第二章《磨制石器的制作技术》详细探讨了磨制石器的制作工艺，包括选料、成型、研磨、穿孔等环节。通过复制实验和微痕分析等科技手段，作者重建了史前石器制作的生产过程，并揭示了不同地区和时期石器制作技术的异同。这些研究不仅提升了对史前工艺流程的认知，也为理解史前社会的生产组织提供了新的证据。

第三章《华北地区磨制石器的出现及其取代打制石器的过程》分析了华北地区磨制石器的起源及其如何逐步取代打制石器的过程。作者结合考古遗址的出土材料，指出磨制石器最早在旧、新石器时代过渡时期出现，并在农业经济确立后逐渐成为主要生产工具。文中讨论了气候变化、资源利用和社会组织变革对石器使用模式的影响，为探讨磨制石器普及的动力机制提供了深入分析。

第四章《陶寺遗址出土石制品的原料和技术》以陶寺遗址为案例，研究了新石器时代末期超大型遗址的石器生产。陶寺遗址出土了大量石制品，其中包括用于生产的工具和武器。研究表明，陶寺居民不仅利用当地资源进行石器生产，还发展出一定的生产组织模式，以满足社会需求。石器种类的多样性反映出陶寺在当时社会区域网络中对石器资源和生产进行控制的能力。

第五章《陶寺遗址的石器工业》进一步深化了对陶寺遗址石器生产的研究，分析了石器生产的规模、组织方式及其在社会中的角色。遗址出土的12万余件石片、石屑和半成品表明，陶寺石器生产已达到高度专业化水平，并可能形成了集中生产模式。这一研究有助于理解新石器晚期大型中心聚落的手工业发展以及石器在经济体系中的重要地位。

第六章《华北地区社会复杂化进程中的磨制石器生产》是本书最重要的部分，它探讨了石器生产在社会复杂化进程中的演变，特别是其与早期城市起源的关系。在陶寺遗址，石器生产规模庞大，不仅满足本地需求，甚至可能向周边地区供应石器制品。然而，进入二里头文化时期，石器生产的中心逐渐从主要城市转移到二级聚落，这一变化与青铜器生产的兴起密切相关。二里头遗址的城市布局反映了社会分工的进一步发展，城市精英对青铜器、玉器等威望产品的关注度提升，而日常石器的生产则被下放至周边聚落。

至殷墟时期，石器生产几乎完全退出城市的核心区域，转向边缘聚落。殷墟考古发现中，尽管仍存在少量石器，但其生产已不再是城市中心的主要经济活动，而是由更小型的社区完成。本章通过分析陶寺、二里头和殷墟等遗址的石器生产模式，揭示了石器生产如何随着城市化进程的推进而不断调整，反映了社会分工、资源管理和权力结构的演变。这一研究不仅深化了对史前经济体系的理解，也为探索中国城市化进程中的技术演变提供了新的视角。

本书的研究在以下几个方面具有重要的学术价值和创新性：首先，本书系统梳理了华北地区磨制石器的生产和技术演变，填补了该领域的研究空白。相较于以往研究多侧重于类型学分类或个别遗址的分析，本书通过综合多处遗址的数据，构建了石器生产与社会变迁之间的关联框架。其次，本书在方法论上具有重要突破。通过复制实验、微痕分析等科技考古方法，作者重建了史前石器生产的完整流程，并分析了石器使用的功能性差异。这种多学科交叉的方法提升了对磨制石器制作与使用的理解。再次，本书强调了磨制石器在中国早期文明形成过程中的作用。虽然青铜器在二里头文化时期开始流行，但本书揭示了在农业生产、日常工具和部分武器领域，石器仍然占据主导地位。早在20世纪80年代，张光直先生在他的《古代中国考古》一书中就指出，中国青铜时代的生产工具与新石器时代并无明显进步，农业生产仍然依赖石器、骨器和蚌器（364 页）。少冬的新作是对张先生这一经典论述的支持与补充。这一现象促使我们重新审视中国青铜时代的物质文化结构，理解金属器物与石器的共存现象。最后，本书的重要贡献在于将石器研究与社会复杂化的进程相结合。作者通过对陶寺、东下冯、古城东关等遗址的分析，揭示了磨制石器生产如何反映聚落等级、经济模式及社会组织的变化。这种宏观视角的研究为理解中国史前社会的发展提供了新的解释框架。

总之，本书通过深入研究华北地区磨制石器的生产与演变，为考古学界提供了重要的理论和实证依据。它不仅深化了我们对史前物质文化的认知，也为理解史前社会的经济体系、技术创新及社会组织结构提供了新视角。相信本书的出版将为中国考古学研究提供重要的参考，并促进相关领域的进一步探索。

刘　莉

2025 年 2 月 26 日

于美国斯坦福大学

目　录

插图目录

表格目录

第一章
绪　论

磨制石器是新石器时代乃至青铜时代最重要的生产工具之一。和打制石器一样，其以坚硬的质地成功保留了人类活动的信息，成为研究史前人类行为、生计、组织、意识乃至史前社会发展的有力证据。

在中国，磨制石器的发现和研究始于 19 世纪末 20 世纪初，早于中国近代考古学的诞生，当时许多外国探险家在我国进行的一系列调查活动中采集到大量细石器和斧、凿等磨制石器，他们将这些发现与西方的发现和研究进行比较，确定了中国新石器时代的存在，可以说，中国近现代考古对新石器时代的认识最先是从石器开始的[①]。

制作技术是磨制石器研究在类型学研究之外较早被关注到的问题。中国对磨制石器制作技术的介绍始于 1934 年林惠祥《文化人类学》，书中提出磨制石器加工的五种方法，并对五种方法进行了简单介绍，第一种为击碎或破裂，包括撞击法和加热法；第二种为削剥法；第三种为截断；第四种为穿孔；第五种为磋磨，即打磨[②]。

20 世纪 50 年代以后，磨制石器的研究渐趋系统。根据研究方法的不同，中国磨制石器的研究历史可以分为三个阶段，第一阶段是 20 世纪 50 年代到 70 年代，为萌芽期，此阶段的研究方法主要是肉眼观察；第二阶段是从 20 世纪 80 年代到 20 世纪末，为初始期，此阶段微痕分析思想开始在磨制石器研究中出现，磨制石器的装柄方式成为研究重点之一；第三阶段是 21 世纪至今，为发展期，此阶段微痕、复制实验、残留物分析等国外石器技术分析方法纷纷被运用到国内磨制石器的研究中来，磨制石器研究的广度和深度都前所未有。

---

① 张弛：《中国新石器时代的石器研究》，《史前区域经济与文化》，上海古籍出版社，2022 年。
② 林惠祥：《文化人类学》，商务印书馆，1934 年。

第一阶段，萌芽期，20 世纪 50 年代到 20 世纪 70 年代。

这一阶段磨制石器开始受到学术界关注，相关研究也逐渐展开，磨制石器的类型学研究是这一阶段的主流，并开始将石器类型和农具等联系起来以说明磨制石器的功能。同时制作技术也开始受到重视。

李济曾根据对殷墟出土的 400 多件有刃石器的观察，将磨制石器的制法总结为压剥法、打剥法、碰制法、琢制法、磨制法[①]。

安志敏对磨制石器的石材选择或处理、磨、切割和穿孔等技术进行了论述。石材选择或处理有三种方式：将石材打制或琢制成适当形状；将扁平石材切割成适当形状；选取适当形状的天然砾石。磨，用石材在大的砥石上蘸水研磨，有时在砥石上加细砂以加快研磨速度。切割，把扁平的石材切开以制造石器。石材上加砂蘸水，用木片压擦成沟状，由两面切割即可将石材切断。他认为用石片也可切割，但不如用木片加砂蘸水切得快。穿孔，用木棒或竹管加砂蘸水钻研[②]。

安志敏还对石刀的制法进行了归纳，认为磨制前的方法包括就近采集石料、打片、切割；磨制方法包括粗磨和细磨，磨的过程中加水加砂；之后将刃部磨制成单面或双面；穿孔方法包括挖孔和穿孔，挖孔是在石刀相对的两面，先摩擦成一条中间深而两端浅的凹槽，然后在凹槽中较深的地方由两面挖透，这种制作方法形成的孔不整齐；穿孔是用木棒蘸水加砂用手转动而成，孔形较整齐，孔形特别整齐的可能是在棒上附加了弓形物，加速转动形成[③]。

佟柱臣是我国第一位对新石器时代磨制石器制作技术进行系统研究的考古学家。他通过对不同地区石器形态特征的分析指出不同区域的石器生产体系，提出了几种常用的工具生产技术，并进行了详细的分析。他将磨制石器的制作工艺总结为选料、选形、截断、打击、琢、磨、作孔等 7 种。选料是指磨制石器一般就地取材，选取易于剥片的有片状节理的岩石。选形指按照石器需要的形状、大小、长短、厚薄进行选材，这样可以减少工序，缩短制作时间。截断包括砥断和划断，砥断指从两面对砥，槽口平直，两端深度一致；划断指两侧不直，中间深而两端浅，此类情况较少。打击分为 9 种，集中一点打击法、向

---

① 李济：《殷墟有刃石器图说》，《历史语言研究所集刊》第二十三本下，1952 年。
② 安志敏：《石器略说》，《考古通讯》1955 年第 5 期。
③ 安志敏：《中国古代的石刀》，《考古学报》1955 年第 2 期。

一面打击法、向两面打击法、横砸法、保持两侧基线向两面找平的打法、一侧找平法、"作窝"打法、直接打片法、间接打片法。琢，一般用于大型工具，分为上下直琢法、保棱琢法、分层琢法。琢可以成圆、成槽、成孔、成肩、成腰。磨为砥磨，包括纵磨和横磨两种。并指出砥磨工艺的意义，一是增强了器物刃部的锋度，有助于提高生产效率；二是使工具光滑，减少工作时的阻力；三是使工具规整，形式更加分化、用途趋向专一；四是使小工具发挥更大的作用。作孔包括 9 种，穿孔、先琢后钻、划孔、先划后钻、挖孔、先挖后钻、琢孔、凿孔、管钻①。

此外，饶惠元对有孔石刀的装柄方式提出了猜想，即将石刀放入劈开的竹、木杆内，再用一根绳子逐一将孔和杆捆在一起，杆一端或两端露出刀背②。

这一时期对磨制石器制作技术的研究基本是基于肉眼的细致观察，对各种制作工艺研究得颇为详细，虽然西方考古理论中的操作链概念还没有传入中国，但磨制石器的制作工艺研究中已经体现出了制作流程的思想。

第二阶段，初始期，20 世纪 80 年代到 20 世纪末。

这一时期磨制石器在全国范围内普遍受到重视，学者们开始对不同区域的典型磨制石器进行类型学研究，并将他们和生产工具联系起来，从类型学的角度来谈磨制石器的功能。这一时期论文数量和研究人数都大增，并且微痕分析思想萌芽，磨制石器的研究进一步发展。制作技术方面，主要是装柄方式开始受到更多关注。

佟柱臣首次使用微痕和力学方法分析了斧、锛、铲、刀、镰的使用功能和装柄方式。他在考察了破碴、崩片和磨蚀沟等痕迹形态在工具刃部的分布位置和分布方向后，提出了斜弧刃和斜刃石斧、正弧刃和直刃石斧、石锛、石铲、石刀和石镰的不同运动方式和作用对象。文中根据出土工具的微痕和力学原理，给出了几种工具的装柄方式③。他在另一篇文章中结合微痕和考古发现，详细讨论了以上几种工具的装柄方式。①

1998 年，佟柱臣发表《中国新石器研究》，书中对新石器的工艺特征进行

---

①　佟柱臣：《仰韶、龙山工具的工艺研究》，《文物》1978 年第 11 期。

②　饶惠元：《略论长方形有孔石刀》，《考古通讯》1958 年第 5 期。

③　佟柱臣：《仰韶、龙山文化的工具使用痕迹和力学上的研究》，《考古》1982 年第 6 期。

④　佟柱臣：《中国石器时代复合工具的研究》，《中国原始文化论文集——纪念尹达八十诞辰》，文物出版社，1989 年。

了介绍，在 70 年代研究的基础上增加了轮铊磨光、抛光和锉等磨制石器的制作工艺。该文同时提出，磨制石器的制作技术大多在旧石器时代晚期就已经出现，划断是新石器时代才开始的工艺，可以作为新、旧石器时代划分的标准。另外先琢后钻的工艺也是新石器时代才有的[①]。

　　此外，李仰松根据考古发现和民族学材料复原了石质刀、镰、斧、铲等的使用[②]。牟永抗、宋兆麟根据民族学材料对江浙地区出土的三角形石犁和破土器安装和使用方式进行了研究[③]。肖梦龙根据江苏溧阳沙河一处良渚文化遗址出土的两件带柄石斧和一件带柄石锛分析了斧锛类石器的安装方式，他将斧锛类的安装方式总结为榫卯法，使用鹿角分叉处或曲叉树枝和有段石锛捆绑装柄[④]。李京华通过对王城岗遗址出土石质工具的观察，讨论了其选料、打片和穿孔的工艺，主要强调了原料的节理层厚度对选料的影响，节理层厚的用来做石铲，薄的用来做石刀。另外还分析了石铲石刀的柄磨痕迹和绳磨痕迹，以讨论他们的装柄方式[⑤]。

　　这一阶段磨制石器制作技术的研究在前一阶段的基础上更加完善，石器的装柄方式成为研究的重点之一，微痕分析方法开始运用到磨制石器的制作技术和装柄方式的研究中。此外，石器原料特征和制作技术之间的关系也开始受到关注。

第三阶段，发展期，21 世纪至今。

　　这一阶段是中国磨制石器研究全面发展的一个阶段，一批受西方考古学理论和方法影响的学者纷纷参与到磨制石器研究中，研究者的数量和研究方法都明显增多，微痕、复制实验、残留物分析等都被用到磨制石器的研究中来，实验考古方法成为磨制石器制作技术研究的常规方法，操作链思想开始被用到磨制石器技术研究中，不仅成品石器，石坯和石片等石器生产的副产品也成为关注的对象，对磨制石器的研究开始从器物个体延伸到石器的整个生产过程，并开始将石器生产和社会结构、社会发展进程联系起来。

　　王城岗遗址发现的石器及半成品被分为粗坯、细坯、精坯、成品和废弃

---

① 佟柱臣：《新石器的工艺特征》，《中国新石器研究》，巴蜀书社，1998 年。

② 李仰松：《中国原始社会生产工具试探》，《考古》1980 年第 6 期。

③ 牟永抗、宋兆麟：《江浙的石犁和破土器——试论我国犁耕的起源》，《农业考古》1981 年第 2 期。

④ 肖梦龙：《试论石斧石锛的安装与使用——从溧阳沙河出土的带木柄石斧和石锛谈起》，《农业考古》1982 年第 2 期。

⑤ 李京华：《登封王城岗夏文化城址出土的部分石质生产工具试析》，《农业考古》1991 年第 1 期。

品，根据对这些不同石器生产阶段的产品的观察，复原了石铲、石刀和石斧的制作工序。首先是获取原料，在原料产地或是带回遗址打制成粗坯，然后去薄、打磨成细坯甚至精坯，石斧在打磨的同时还有琢的工序，石铲和石刀有穿孔，石铲二次利用的程度也较高[①]。

张弛、林春研究了红花套遗址出土的石器、石器废料和残次品，并根据对这些石制品的观察，总结出红花套石器制作技术主要是打、琢、磨，另外还有切割和作孔。制作器物时，根据器物的种类和使用石料的情况选择采用何种技术。该研究对残次品的产生也进行了详细分析，认为打制阶段最易产生残次品，琢和磨比较保险但费时费力，作孔阶段也会产生废品。该研究还根据红花套遗址石制品组合的出土情况，判断该遗址从大溪文化中晚期到屈家岭文化早中期石器制作一直都是整个聚落普遍存在的产业[②]。

科杰夫（Geoffrey Cunnar）根据对两城镇遗址发现的石坯、石片等石制品的分析，认为该遗址存在大量石器生产行为，并对该遗址出土的石器进行了复制实验，考察了琢、磨、穿孔、锯、抛光等磨制石器制作需要的工艺，认为磨制石器制作对砂岩磨石的消耗量很大，如果不考虑石器打制的艺术性，制作过程简单且不需要太多技巧，而抛光技术则相对较难，磨石、时间、原材料及石器形态等都会影响抛光的效果[③]。

黄建秋、林留根对磨制石器上的痕迹进行了研究，将这些痕迹分为制坯痕迹、研磨痕迹和抛光痕迹[④]。钱益汇对大辛庄遗址出土的石刀在显微镜下进行了微痕观察，认为该遗址石刀生产工艺包括就近获取原料、打制、磨制、刃部加工和穿孔等，存在二次加工的现象，即加工残损石器再次利用[⑤]。王强对海岱地区史前时期的磨盘磨棒进行了实验和微痕研究，认为其制作工艺主要是打击整形和琢[⑥]。

---

① 北京大学考古文博学院、河南省文物考古研究所：《龙山文化、二里头文化部分石器制作与使用的考察》，《登封王城岗考古发现与研究（2002—2005）》，大象出版社，2007年。
② 张弛、林春：《红花套遗址新石器时代的石制品研究》，《南方文物》2008年第3期。
③ 科杰夫（Geoffrey Eugene Cunnar）著，王强、林明昊译：《石器研究》，《两城镇——1998—2001年发掘报告》，文物出版社，2016年。
④ 黄建秋、林留根：《磨制石器痕迹研究初探——以骆驼墩遗址出土石器为例》，《史前考古学方法与实践》，生活·读书·新知三联书店，2014年。原载《中国考古学会第十四次年会论文集（2011）》，文物出版社，2012年。
⑤ 钱益汇：《大辛庄遗址商代石刀生产工艺分析》，《华夏考古》2013年第3期。
⑥ 王强：《海岱地区史前时期磨盘、磨棒研究》，科学出版社，2018年。

　　赵晔根据考古出土的情况，将良渚文化的斧锛类石器的装柄方式分为斧头式、标枪式和刨子式三种，都是以榫卯的形式装柄。但长于 45 厘米和短于 45 厘米的木柄制作的精致程度和穿孔方式也略有不同。此外还根据考古发现指出钺、耘田器也是斧头式装柄方式，砺石也存在斧头式装柄方式[①]。陈星灿根据民族学研究对石刀的用法进行了实验分析，认为西南地区苗族将单孔石刀穿绳套在手上用来掐稻穗的用法比较有效率[②]。

　　翟少冬对陶寺遗址的部分石器进行了复制实验，提出磨制石器的制作工艺技术虽然包括选料选形，打片、琢、磨、穿孔、抛光等步骤，但一般工序仅需要打片和磨两个步骤，打片较打制石器的要求简单，磨的技术也较简单但耗费时间。因此陶寺遗址磨制石器的制作总体上比较简单易操作[③]。她还在考察了华北地区磨制石器的制作工艺后提出，磨制石器制作工序虽较复杂，但除抛光外，其他技术都较打制石器简单易操作，选料也较打制石器广泛。这种易操作的技术可能满足了当时华北地区农业发展的需要，因此磨制石器逐渐取代打制石器成为社会的主要生产工具[④]。

　　谢光茂、林强对广西百色革新桥遗址出土的磨制石器的制作工艺和流程进行了分析，认为存在剥片、琢、磨等工艺，并具体分析了不同工具在工艺和制作流程上的细微区别[⑤]。朔知、杨德标对薛家岗遗址出土石刀的穿孔定位和制作技术进行了观察，认为穿孔使用了较精确的定位手段，对中孔的定位尤其重要，其他孔的定位则主要以相邻孔和到边缘的距离为参照[⑥]。崔天兴和张建对史前磨制作孔工艺进行了实验研究，认为外置定孔工艺在管钻和锥穿孔时非常有效，即先加工一个和管钻直径相同的孔，然后将其固定到要作孔的石器上，将管钻工具通过该孔进行作孔[⑦]。张国硕和郑龙龙对夏商时期中原地区的改制石器进行了分析，认为改制技术主要体现在选料选形、修整成形、穿孔、打制缺口、磨刃等方面，一般根据原型石器的残存形态和质地来确定改制

　　① 赵晔：《良渚文化石器装柄技术探究》，《南方文物》2008 年第 3 期。
　　② 陈星灿：《中国古代的收割工具——石刀、陶刀和蚌刀的用法初探》，《考古随笔二》，文物出版社，2010 年。
　　③ 翟少冬：《陶寺遗址石制品复制实验与磨制工艺》，《人类学学报》2015 年第 2 期。
　　④ 翟少冬：《华北地区磨制石器制作工艺考察》，《中原文物》2015 年第 1 期。
　　⑤ 谢光茂、林强：《广西百色革新桥遗址石器制作工艺研究》，《南方文物》2012 年第 4 期。
　　⑥ 朔知、杨德标：《薛家岗石刀钻孔定位与制作技术的观测研究》，《中国历史文物》2003 年第 6 期。
　　⑦ 崔天兴、张建：《磨制（玉）石器定孔工艺的实验考古研究》，《华夏考古》2017 年第 4 期。

程序。① 付永旭对西朱峰遗址 M202 和 M203 出土的石镞进行了类型学、痕迹和度量分析，认为两墓石镞的制作技术相似，两墓的年代可能较接近②。

这一阶段，学界对磨制石器制作中需要的几种技术，如选料选形、剥片、琢、磨、截断、穿孔、抛光等已经达成共识，更多的研究是针对每种技术的具体实施和不同类型石器的具体制作流程展开，磨制石器制作技术的研究向更精细处发展。另外，磨制石器制作和史前社会的关系逐渐成为今后研究的重点。

石料来源研究也是 21 世纪以来中国石器研究的一项新内容。研究方法主要是根据地质图和对遗址周围石料的调查情况，将遗址所出石器的石料和周围石料进行宏观观察或岩相和矿物成分的比较来分析石料的来源，例如对泥河湾盆地旧石器中晚期石制品原料来源的分析③，对大崮堆山石料的去向研究④，对大辛庄和二里头遗址⑤、盘龙城遗址⑥、走马岭遗址⑦、小黄山遗址⑧、碧村遗址⑨和广汉联合遗址出土石器或石材石料来源的分析⑩。这种方法实际上是依照"就近取材"的逻辑推理古人获取原料的方式，就近如果可以获取到优质可用的石料就没有必要舍近求远去获取，尤其是对于并不珍贵的原料而言。但这种方法并不能反映石料的确切产地信息。而且，有时人们可能也不一定就近舍远，例如近东地区的纳吐夫（Natufian）时期旧石器时代末期中石器时代初期，距今 13 000—10 300 年的人们就开采了距离自己家园更远的玄武岩，因为这些玄武

---

① 张国硕、郑龙龙：《论夏商时期的改制石器》，《文物》2018 年第 5 期。

② 中国社会科学院考古研究所、山东省文物考古研究院、山东临朐山旺古生物化石博物馆：《西朱封遗址石、骨镞的工艺与技术研究》，《临朐西朱封——山东龙山文化墓葬的发掘与研究》，文物出版社，2018 年。

③ 杜水生：《泥河湾盆地旧石器中晚期石制品原料初步分析》，《人类学学报》2003 年第 2 期。

④ 翟少冬：《山西襄汾大崮堆山遗址石料资源利用模式初探》，《考古》2014 年第 3 期。

⑤ 钱益汇、方辉、于海广、沈辰：《大辛庄商代石器原料来源和开发战略分析》，《第四纪研究》2006 年第 4 期；钱益汇、陈国梁、赵海涛、许宏、刘莉：《中国早期国家阶段石料来源与资源选择策略. 基于二里头遗址的石料分析》，《考古》2014 年第 7 期。

⑥ 苏昕：《盘龙城石器原料来源与开发的初步探索》，《江汉考古》2018 年第 5 期。

⑦ 贺成坡、李英华、韦璇、单思伟、余西云、王节涛：《湖北石首市走马岭遗址石器原料溯源分析》，《四川文物》2021 年第 6 期。

⑧ 何中源、张居中、杨晓勇、王海明、张恒：《浙江嵊州小黄山遗址石制品资源域研究》，《第四纪研究》2012 年第 2 期。

⑨ 王小娟、张光辉：《兴县碧村遗址石材初探》，《文物季刊》2024 年第 2 期。

⑩ 肖倩、向芳、辛中华、黄恒旭、何黎松：《四川广汉联合遗址出土玉石器石料的选择策略研究》，《成都理工大学学报（自然科学版）》2024 年第 3 期。

岩较距离更近的玄武岩质量要好得多 [①]。因此,我们需要更精确的方法来研究石料来源。近年来, 地球化学分析方法开始逐渐被应用到石料来源研究中, 结合地质调查和岩石薄片分析对石料来源进行分析, 例如对敦煌旱峡古玉矿工具石锤石料来源的分析 [②] 和对石峁遗址石质建筑材料来源的分析 [③],这些地球化学分析方法的应用为石料来源研究提供了更确切的分析途径。

此外, 微痕分析方法在这一阶段被普遍用于磨制石器的功能研究, 但用于制作技术研究的情况较少, 可能是由于磨制石器上的技术特征大多可以肉眼观察到。微痕分析方法自 1980 年代介绍入中国以来, 主要用于打制石器特别是黑曜石和燧石制成的打制石器的功能分析 [④]。随着磨制石器研究的发展及对农业起源和史前经济研究的深入, 微痕分析方法逐渐被运用到磨制石器的研究中来。朱晓东 [⑤]、王小庆 [⑥]、谢礼晔 [⑦]、蔡明 [⑧]、刘莉 [⑨]、

[①]　Weinstein-Evron, M, B. Lang, S. Ilani, G. Steinitz and G. Kaufman, 1995. K/Ar dating as a means of sourcing Levntine Epipalaeolithic basalt implements, *Archaeometry* 37; Weinstein-Evron, M, B. Lang, S. Ilani, 1999. Natufian trade/exchange in basalt implements: evidence from northern Israel, *Archaeometry* 41(2); Weistein-Evron, M., D. Kaufman, N. Bird-David, 2001. Rolling stones: basalt implements as evidence for trade/exchange in the Levantine Epipalaeolithic, *Journal of the Israel Prehistoric Society*-Mitekufat Haeven 31.

[②]　杨炯、张跃峰、丘志力、陈国科、王辉、张钰岩、郑昕雨:《敦煌旱峡古玉矿遗址工具石锤及其岩石材料来源分析》,《中山大学学报（自然科学版）》2019 年第 4 期。

[③]　贺黎民、邵晶、邸楠:《石峁古城石质建筑材料来源探讨》,《考古与文物》2022 年第 2 期。

[④]　高星、沈辰:《石器微痕分析在中国考古学中的应用与发展前景》,《石器微痕分析的考古学实验研究》, 科学出版社, 2008 年。

[⑤]　朱晓东:《赵宝沟聚落遗址石器的微痕观察》,《敖汉赵宝沟——新石器时代聚落》, 中国大百科全书出版社, 1997 年。

[⑥]　王小庆:《石器使用痕迹显微观察的研究》, 文物出版社, 2008 年。

[⑦]　谢礼晔:《二里头遗址石斧和石刀的微痕分析——微痕分析在磨制石器功能研究中的初步尝试》,《中国早期青铜文化——二里头文化专题研究》, 科学出版社, 2008 年。

[⑧]　蔡明:《陶寺遗址出土石器的微痕研究》,《华夏考古》2014 年第 1 期, 第 38—50 页。

[⑨]　Li Liu, Judy Field, Richard Fullagar, Zhao Chaohong, Chen Xingcan & Yu Jincheng, 2011. A functional analysis of grinding stones from an early Holocene site at Donghulin, North China. *Journal of Archaeological Science* (37); Li Liu, Wei Ge, Sheahan Bestel, Duncan Jones, Jinming Shi, Yanhua Song, Xingcan Chen, 2011. Plant exploitation of the last foragers at Shizitan in the Middle Yellow River Valley China: evidence from grinding stones, *Journal of Archaeological Sciences* (38); 刘莉、陈星灿、潘林荣、闵泉、蒋乐平:《新石器时代长江下游出土的三角形石器是石犁吗? ——昆山遗址出土三角形石器微痕分析》,《东南文化》2013 年第 2 期; 刘莉、陈星灿、石金鸣:《山西武乡县牛鼻子湾石磨盘、磨棒的微痕与残留物分析》,《考古与文物》2014 年第 3 期; 刘莉、陈星灿、潘林荣、闵泉、蒋乐平:《破土器、庖厨刀或铡草刀》,《东南文化》2015 年第 2 期; Li Liu, Xingcan Chen & Ping Ji, 2016. Understanding household subsistence activities in Neolithic Inner Mongolia, China: Functional analyses of stone tools, *Journal of Anthropological Research*, Vol. 72 (2); Li Liu, Jiajing Wang, Maurece J. Levin, 2017. Usewear and reside analyses of experimental harvesting stone tools for archaeological research, *Journal of Archaeological Science: Reports* 14.

靳桂云[1]、马志坤[2]、科杰夫[3]、陈胜前[4]、葛威[5]、崔启龙[6]、王强[7]、陈虹[8]等都曾将微痕分析方法运用于磨制石器的功能研究，刘莉、靳桂云、马志坤、葛威、崔启龙、王强还将微痕和残留物分析方法结合起来对石器的功能进行研究。然而需要注意的是，磨制石器不同于打制石器，二者在石料使用上有很大区别，形成的微痕也会不同。翟少冬通过实验和微痕分析，从岩石学的角度分析了石料对石器微痕形态的影响，认为微痕形态和石料的致密程度、矿物成分、矿物颗粒大小、胶结物的性质等密切相关。即使同一岩性的石料，其物理属性的不同也会对微痕产生影响[9]。因此，对于微痕分析，我们还需要更多的实验研究积累海量数据，以期对磨制石器的功能研究提供可信的对比资料。

残留物分析在 21 世纪以来成为石器功能研究的主要方法。刘莉和大卫·埃坦姆（David Eitam）之间曾就以色列拉克菲（Raqefet）洞穴遗址内发现的距今约 13 000 年的三个石臼（分别为圆柱形、窄圆锥形和凿于基岩上的碗形石臼）的功能进行过激烈的争论，这场争论使我们对残留物分析方法有了较为清晰的认识[10]。

刘莉通过淀粉粒分析认为可移动的圆柱形（深 33 cm）和窄圆锥形（深 35 cm）石臼是用来储藏植物性食物的，包括小麦或大麦的麦芽，食物可能是

---

①　靳桂云、王育茜、燕生东等：《山东胶州赵家庄遗址龙山文化石刀刃部植硅体分析与研究》，《科技考古》（第三辑），科学出版社，2011 年。

②　马志坤、李泉、郇秀佳、杨晓燕、郑景云、叶茂林：《青海民和喇家遗址石刀功能分析：来自石刀表层残留物的植物微体遗存证据》，《科学通报》2014 年第 13 期。

③　科杰夫（Geoffrey Eugene Cunnar）著，王强、林明昊译：《石器研究》，《两城镇——1998—2001年发掘报告》，文物出版社，2016 年。

④　陈胜前、杨宽、董哲等：《大山前遗址夏家店下层文化石铲的功能研究》，《考古》2013 年第 6期；陈胜前、杨宽、董哲等：《内蒙古喀喇沁大山前遗址出土石锄的功能研究》，《人类学学报》2014 年第4 期；陈胜前、杨宽、李彬森等：《哈民忙哈遗址之石器工具》，《人类学学报》2016 年第 4 期。

⑤　葛威、刘莉、倪春野：《黑龙江二百户双区石磨盘功能分析及相关问题研究》，《东方考古》第 12集，科学出版社，2015 年。

⑥　崔启龙、张居中、杨玉璋、孙亚男：《河南舞阳贾湖遗址出土石器的微痕分析》，《人类学学报》2017 年第 4 期。

⑦　王强：《海岱地区史前时期磨盘、磨棒研究》，科学出版社，2018 年。

⑧　陈虹、孙明利、唐锦琼：《苏州五峰北遗址磨制石器的"操作链"及"生命史"研究》，《考古》2020 年第 11 期；陈虹、沈易铭、徐征、司红伟：《江苏丹阳凤凰山遗址磨制石器功能初步研究：基于微痕分析的证据》，《江汉考古》2023 年第 1 期。

⑨　翟少冬：《浅谈石料对石器微痕形态的影响》，《南方文物》2018 年第 3 期，第 72—79 页。

⑩　翟少冬：《啤酒还是面包？——从近东地区石臼的功能看科技手段在石器功能研究中的应用》，《中国文物报》2020 年 7 月 24 日第 6 版。

放进亚麻编织的袋子里然后放入石臼内，凿在基岩上的碗形石臼（口径 27 cm，深 18 cm）是多功能的，包括用来捣碎植物性食物和酿造啤酒，并用豆类或其他植物作为添加成分[①]。

大卫·埃坦姆认为发酵在没有人类行为的干预下也可以发生，石臼内发现的小麦族、黍亚科、豆类等植物的淀粉粒恰恰证明石臼是用来研磨谷物和豆类以制作面包的，发现的木质纤维可能是木杵摩擦石臼内壁留下的。另外，拉克菲洞穴遗址发现的那个石臼的容量太小，只有 6.8 升，不适合用来酿酒。之前对纳吐夫时期的 1 000 个基岩石臼的调查也表明，这些不同形状的石臼可以用作各种工具，包括脱粒、去芒、去壳、研磨和煮饭，他们一起构成复杂的农业技术体系[②]。

刘莉等人很快对此做出回应。他们主要通过解释如何用淀粉粒分析方法来判断酿酒行为的存在以证明自己结论的正确性。他们根据实验提出，淀粉粒在不同条件下会有不同形态，研磨、炊煮、捣烂、发芽、发酵等行为单独作用和不同行为混合作用条件下淀粉粒都会呈现出不同的形态，这种有鉴别性的淀粉粒形态成为判断是否存在酿酒行为的关键。酿酒需要的发酵须在 65—70℃的高温情况下发生，将烧热的石头放入酿酒容器中，提高液体的温度以达到酿酒发酵的条件，这种条件下形成的淀粉粒中度膨胀，中空，边缘很少被破坏，其他食物处理方式很少产生这样的淀粉粒形态。将无意识发芽的谷物煮成粥不会产生啤酒酿造中的糊化淀粉粒形态，而拉克菲洞穴遗址中的碗形石臼中就发现有这种酿酒过程产生的淀粉粒形态。圆柱形和窄圆锥形石臼中没有发现糊化的淀粉粒，但发现有酶分解的形态，表明这两个石臼不是用来炊煮，而是用来存储谷物，包括麦芽，为酿酒做准备。从遗址性质来说，这些石臼发现于拉克菲洞穴，这个遗址内发现了 30 多座纳吐夫时期的墓葬，在墓葬区发现酿酒器具，可能表明饮酒是当时丧葬礼仪或是祭祀祖先仪式的一部分。他们同时也指出，这个初步结论仅限于已检测的三个石臼，并不代表这个遗址发现的 100 个凿于基岩上的石臼的功能，也不代表其他遗址发现的石臼具有同样的功能[③]。

---

① Li Liu *et al*. 2018. Fermented beverage and food storage in 13,000 y-old stone mortars at Raqefet cave, Israel: investigating Natufian ritual feasting, *Journal of Archaeological Science: Reports* 21.

② David Eitam 2019. '...Yo-ho-ho, and a bottle of [beer]!' (R. L. Stevenson) no beer but rather cereal-food. Commentary: Liu et al. 2018, *Journal of Archaeological Science: Report* 28.

③ Li Liu *et al*. 2019. Response to comments on archaeological reconstruction of 13,000-y old Natufian beer making at Reqefet cave, Israel, *Journal of Archaeological Science: Reports* 28.

这场争论加深了我们对用于石器功能研究的几种科技手段的认识，尤其是残留物分析方法的认识。通过比对现代植物样本淀粉粒的形态确认古代样本的淀粉粒形态，结合实验对淀粉粒在不同条件下的形态变化进行辨识，进而鉴别古代淀粉粒样本可能经历的加工方式。同样，微痕分析方法也是将器物上的微痕形态和实验的微痕形态进行对比，然后推测器物可能的运动方式和接触的物品。实验、微痕和残留物分析方法为石器的功能研究插上了科学的翅膀，使其不再依赖于间接的民族学材料，而是直接从器物上获取相关信息，提供相对科学的依据。

然而我们还须清醒地认识到，这些研究方法还有着一些需要厘清的问题，比如，如何解决淀粉粒的污染问题？淀粉粒残留的数量受到哪些因素的影响？这些问题关系到淀粉粒是否是器物使用过程中的残留及所测淀粉粒和器物是否具有同时性。如何区分石器刃部磕碰产生的崩疤和作用于加工物产生的崩疤？如何将刃部光泽和不同的加工物一一对应？后期埋藏如何影响石器的微痕形态？如何将经过后期埋藏影响的器物微痕形态和实验样本进行比较？我们有限的实验是否可以解释无限的石器使用的可能性？这些问题都还需要淀粉粒、微痕分析和实验方法来回答。但不可否认的是，实验、微痕和残留物分析等方法为我们了解石器的功能提供了不可多得的科学依据，为我们的认识打开了一扇窗。

第二章
磨制石器的制作技术

　　制作技术是石器研究的一项重要内容。磨制石器制作技术的研究为认识磨制石器制作的难易程度、石料、工艺流程、生产组织等方面提供了重要参考信息。在中国，各学者对于磨制石器制作技术工艺的研究早已开展。早在20世纪30年代，林惠祥就曾对不同时期的石制品制作工艺进行过探讨[①]；50年代，安志敏对石器制作的原料、制法和型式进行研究，并对切割和穿孔技术进行了实验[②]；70年代，佟柱臣将仰韶及龙山时代的石器制作工艺总结为选料、选形、截断、打、琢、磨、穿孔等[③]，除了这几种新石器时代普遍存在的石器制作工艺，他认为还有轮砣磨光、抛光和挫等工艺技术[④]。近年来一些学者也对中国不同地区和不同文化的磨制石器制作工艺进行了研究[⑤]，使我们对我国磨制石器制作技术的认识日臻完善。

第一节　石器制作技术研究方法

　　拼合和复制实验是研究石器生产技术的两种主要方法。拼合是尝试将打下的石片和石器像三维拼图一样重新组合在一起，以恢复制作石器的工艺流程和

---

① 林惠祥：《文化人类学》，商务印书馆，1934年。
② 安志敏：《石器略说》，《考古通讯》1955年第5期。
③ 佟柱臣：《仰韶、龙山文化石质工具的工艺研究》，《文物》1978年第11期。
④ 佟柱臣：《中国新石器研究》，巴蜀书社，1998年。
⑤ 研究较多，仅举例如下：Ford, A. 2004. Ground stone tool production at Huizui, China: an analysis of a manufacturing site in the Yiluo River Basin, *Indo-Pacific Prehistory Association Bulletin* 24；北京大学考古文博学院、河南省文物考古研究所：《登封王城岗考古发现与研究（2002—2005）》，大象出版社，2007年；Cunnar, Geoffrey Eugene. 2007. *The Production and Use of StoneTools at the Longshan Period Site of Liangchengzhen, China*. Doctor of Philosophy thesis, Yale University；钱益汇：《大辛庄遗址商代石刀生产工艺分析》，《华夏考古》2013年第3期；翟少冬：《陶寺遗址石制品复制实验与磨制工艺》，《人类学学报》2015年第2期。

制作方式 ①。实践证明该方法对石器制作工艺研究是有效的。辛格（Singer）通过拼合在查克瓦拉（Chuckwalla）山谷两端的两个采石场-制作场遗址系统收集来的石制品，重建了在南加州科罗拉多沙漠地区查克瓦拉山谷使用的打制技术 ②。利池（Leach）使用拼合的方法重新组合了新西兰南部一个发现有石锛的活动面上的石片和石核，重建了早期东波利尼西亚定居者使用的这些工具的制造过程 ③。谢飞等通过泥河湾盆地岑家湾遗址出土石制品的拼合，对岑家湾的石器制作技术进行了复原 ④。刘杨等通过对内蒙古乌兰木伦遗址出土的石制品进行拼合，认为该遗址是原地埋藏 ⑤。冯玥等通过对河北阳原马鞍山遗址细石器的拼合，分析了华北北部涌别技法的技术与生产特征 ⑥。石器拼合方法对打制石器的工艺研究非常有效，不仅能够复原打制石器的技术流程，而且对分析遗址形制和埋藏条件有重要帮助。但这种方法不适用于磨制石器制作技术的研究。因为虽然磨制石器的制作也经历了打制阶段，但磨制阶段将石器在打制阶段留下的片疤几乎全部磨掉，打制阶段打下来的石片拼合不到石器上。

　　复制实验是研究石器制作技术的另一种重要分析方法，这种方法能够将古代石制品所蕴含的信息体现出来 ⑦。它以重建过去人类某种行为过程、将今论古的方式来验证对于过去某项人类活动或生产方法的推测和猜想 ⑧，石器上留下的制作痕迹是判定所使用的制作技术的重要依据。160 多年来，实验考古学一直是一种可靠的考古分析手段 ⑨，并被广泛应用于分析古代社会的工具、生产技

　　① Renfrew, Colin & Paul Bahn 2000. *Archaeology: Theories, Methods and Practice*. Thames and Hudson.

　　② Singer, C. A. 1984. The 63-kilometer fit, in *Prehistoric Quarries and Lithic Production*, Jonathon E. Ericson & Barbara A. Purdy（eds.), Cambridge University Press.

　　③ Leach, H. M. 1984. Jigsaw: reconstructive lithic technology, in *Preshistoric Quarries and Lithic Production*, Jonathon E. Ericson & Barbara A. Purdy (eds.), Cambridge University Press.

　　④ 谢飞、凯西·石克、屠尼克、柯德曼：《岑家湾遗址 1986 年出土石制品的拼合研究》，《文物季刊》1994 年第 3 期；谢飞、李君：《拼合研究在岑家湾遗址综合分析中的应用》，《文物季刊》1995 年第 1 期。

　　⑤ 刘杨、侯亚梅、杨泽蒙：《鄂尔多斯乌兰木伦遗址石制品拼合研究及其对遗址成因的指示意义》，《人类学学报》2015 年第 1 期。

　　⑥ 冯玥、梅惠杰、谢飞、王幼平：《华北北部涌别技法的技术与生产特征：以阳原马鞍山遗址拼合组为例》，《中国国家博物馆馆刊》2024 年第 6 期。

　　⑦ Larson, M. 2004. Chipped stone aggregate analysis in archaeology, in *Aggregate Analysis in Chipped Stone*, Christopher T. Hall & Mary Lou Larson (eds.), The University of Utah Press.

　　⑧ Renfrew, C. & P. Bahn 2000. *Archaeology: Theories, Methods and Practice*. Thames and Hudson.

　　⑨ Coles, J. 1979. *Experimental Archaeology*. Academic Press Inc.

术、生计、聚落、艺术和意识形态[1]。谢苗诺夫（Semenov）是最早利用实验研究磨制石器技术的学者之一。他认为根据用作原材料的岩石的硬度，磨制石器可以在几个小时内制造出来[2]。这不仅说明快速复制磨制石器的可能性，而且还表明磨制石器的制作时间受原材料硬度的影响。

我国的石器复制实验开始于 20 世纪 30 年代裴文中对北京猿人石器的研究，借此砸击法的技术体系得以建立，此后各种小规模的石器复制实验陆续开展[3]。21 世纪以来，不少学者利用复制实验对磨制石器的制作技术进行研究。例如，欧文（Owen）对灰嘴遗址白云岩石铲进行复制实验，认为石铲的制作存在五个步骤，即获取原料、粗打成型、精加工成型、磨、抛光[4]。科杰夫（Cunnar）使用复制实验的方法研究了山东龙山文化晚期两城镇遗址的石器制作技术。他认为两城镇古代石匠所用的技术并不复杂，使用的主要技术是不需要大量技能的打片，但是抛光技术很难，需要适当的工具和时间，此外，对最后器物形态有效性的认识也是工匠必须要掌握的基本知识[5]。孙周勇利用复制实验重建了周原玦的制作过程。他认为玦的生产可以分为五个步骤：原料准备、制坯、制孔、琢钻成孔、锯割成形[6]。各种不同的磨制石器复制实验为我们研究磨制石器的制作技术和工艺流程提供了详细的参考资料。

除了石器拼合和复制实验，石器上的痕迹观察也是分析石器制作工艺的方法，实际上大多数情况下考古学家都是根据石器上的痕迹和微痕来比较分析制作工艺的，虽然磨制石器最后的磨制工艺将之前的大多数制作痕迹都磨掉，但依然可以从留下来的痕迹中判断其制作工艺。如在石器上观察到石片疤，可以断定使用过剥片技术；观察到琢击痕，使用过琢制技术；观察到穿孔，使用过

①　Amick, D. S. & R. P. Mauldin 1989. *Experiment in Lithic Technology*. BAR International Series 528, Oxford.

②　Korobkova, G. F. 2008. S. A. Semenov and new perspectives on the experimental-traceological method, in *"Prehistoric Technology" 40 Years Later: Functional Studies and the Russian Legacy*, Laura Longo and Natalia Skakun (eds.), Archaeopress Publishers of British Archaeological Reports, Oxford.

③　周振宇：《中国石器实验考古研究概述》，《考古》2020 年第 6 期。

④　Owen, D. 2007. An exercise in experimental archaeology on Chinese stone spades. *Bulletin of the Indo-Pacific Prehistory Association* 27.

⑤　Cunnar, Geoffrey Eugene 2007. *The production and Use of Stone Tools at the Longshan Period Site of Liangchengzhen, China*. Doctor of Philosophy thesis, Yale University；科杰夫（Geoffrey Eugene Cunnar）著，王强、林明昊译：《石器研究》，《两城镇——1998—2001 年发掘报告》，文物出版社，2016 年。

⑥　孙周勇：《玦出周原：西周手工业生产的形态管窥》，上海古籍出版社，2022 年。

穿孔技术；观察到切割痕，使用过裁断技术。实际上复制实验总结出的各种工艺技术也是将实验后器物上的痕迹与石器上观察到的痕迹进行比较，如果痕迹一致或相似，就有可能使用过此种技术。所以对石器本身的观察也是研究石器制作技术的重要方法，是研究石器制作工艺不可或缺的步骤。

第二节　磨制石器制作技术

正如前文所述，不少学者对磨制石器进行了复制实验，这些复制实验为我们认识磨制石器的制作技术和工艺流程提供了重要参考。笔者也进行过陶寺遗址的复制实验，实验中使用的原料和工具均为陶寺文化时期可以获得的，实验过程不使用任何机械设备。本节根据本人和其他学者的研究，对磨制石器的制作技术进行探讨。目前的实验研究表明，磨制石器制作技术包括选料选形、裁切、剥片、琢、穿孔、磨、抛光、装柄。

一、选料选形

选择形状理想的原材料是磨制石器生产中的一个关键阶段。选料选形主要是工匠基于对成品石器形状和功能的考虑以及对石料本身的观察而对石料进行遴选的过程，因此很难留下一些可以看到的副产品，但选料和选形在磨制石器的生产过程中发挥着重要作用。波利尼西亚的石锛工匠发现，和成品石器形状相似的石料能被更快地加工成石锛[①]。在禹州瓦店遗址出土石铲的复制实验中，实验者根据不同原料的大小、形状、厚薄设计了四组实验，从第一组到第四组，原料和石铲的大小、形状、厚薄从接近到差别较大，第一组实验中的原料最接近石铲的大小、形状和厚薄，第四组则厚度不均，表面粗糙。实验结果表明，第四组实验产生的废料最多，远超其他组实验，第一组产生的废料最少，绝大多数石铲成品是从第一组实验产生的。第四组实验需要对石料进行去薄，这是最容易产生废品的环节，而第一组实验只需要打和磨即可成型，生产效率

---

① Cleghorn PL. 1982. *The Mauna Kea Adze Quarry: Technological Analyses and Experimental Tests.* University of Hawaii.

远高于其他组[1]。笔者的实验复制了陶寺遗址的三个大理岩装饰品，由于所选石料形状和大小合适，这三个装饰品都没有进行剥片[2]。石料本身合适的尺寸使得剥片这个步骤变得没有必要，可以直接进行琢和磨的工序，从而简化了石器的加工工序，节省了制作时间。因此，在石器生产的过程设计中，材料的选择，包括大小、质地、形状、厚薄，在节省时间和能量、减少浪费以及降低风险方面都有着重要作用。

二、裁切

裁切工艺在磨制石器的制作过程中经常用到。裁切一般用来分割或切除多余的石料以便成型，如半坡遗址发现带切割痕的石质标本（图 2.2.1，1、2）[3]，两城镇遗址发现石锯和带有切割痕迹的石料[4]。与玉器的切割方式不同，对粗糙的石质器物的切割一般采用片切割的方式。两城镇报告中虽然注明为线切割，但所附图片中器物底部的 U 型直线槽表明应为片切割（图 2.2.1，4、5）。片切割是直线槽，底部可以是 V 型也可以是 U 型，因为石锯的刃部并不总是很锋利，而且石锯更多是靠和石料之间的不断摩擦来切割出一道槽，这一点通过瓦店遗址石铲的开料和切割成型的片切割实验痕迹可以看到（图 2.2.1，3、6）[5]，不同于线切割的弧形特征（图 2.2.1，7）[6]。线切割很少用于石质器物的切割，即使到了西周时期，在齐家遗址的石玦作坊中也全是用片切割来切割玦口，没有见到用线切割的痕迹[7]。当然，根据所使用工具的不同，片切割的痕迹也有所不同。如果使用弧刃而不是直刃的石锯，石料或石器上留下的痕迹就可

---

① 逄博、张海、方燕明：《河南禹州瓦店遗址出土石铲制品的初步研究——嵩山地区夏商时期石铲生产工业管窥》，《华夏考古》2013 年第 2 期。

② 翟少冬：《陶寺遗址石制品复制实验与磨制工艺》，《人类学学报》2015 年第 2 期。

③ 佟柱臣：《新石器的工艺特征》，《中国新石器研究》，巴蜀书社，1998 年。

④ 科杰夫（Geoffrey Eugene Cunnar）著，王强、林明昊译：《石器研究》，《两城镇——1998—2001 年发掘报告》，文物出版社，2016 年。

⑤ 逄博、张海、方燕明：《河南禹州瓦店遗址出土石铲制品的初步研究——嵩山地区夏商时期石铲生产工业管窥》，《华夏考古》2013 年第 2 期。

⑥ 张敬国、张敏、陈启贤：《线性工具开料之初步实验——玉器雕琢工艺显微探索之一》，《东南文化》2003 年第 4 期；杨建芳：《关于线切割、砣切割和砣刻——兼论始用砣具的年代》，《文物》2009 年第 7 期；方向明：《史前琢玉的切割工艺》，《南方文物》2013 年第 4 期。

⑦ 孙周勇：《玦出周原：西周手工业生产的形态管窥》，上海古籍出版社，2022 年。

图 2.2.1　出土遗物和实验品中有裁切痕的石制品

1、2. 半坡遗址发现带切割痕的石质标本（采自《西安半坡》图版陆伍）　3. 瓦店遗址出土的带切割痕的石器（采自《禹州瓦店》图版五二）　4、5. 两城镇遗址出土的带裁切痕的石器（采自《两城镇——1998—2001 年发掘报告》图 13—62，3、4）　6. 瓦店遗址石器实验中的片切割痕迹（采自《河南禹州瓦店遗址出土石铲制品的初步研究——嵩山地区夏商时期石铲生产工业管窥》图版九，4）　7. 线切割实验玉料上的痕迹（采自《关于线切割、砣切割和砣刻——兼论使用砣具的年代》图六）

能是一条中间深且向两端逐渐变浅的槽，佟柱臣称之为划断[1]，转年遗址出土的磨制石容器上就有划断痕迹[2]。

三、剥片

剥片是将石片从石料上剥离下来并将石料加工成坯的工艺。磨制石器制作中，剥片主要是为了将石料制作成坯，以便进一步磨制，或是先琢后磨。在对瓦店遗址石铲的复制实验中使用了打制成坯和打制去薄的工艺[3]，就是对石料进

---

[1]　佟柱臣：《新石器的工艺特征》，《中国新石器研究》，巴蜀书社，1998 年。

[2]　郁金城：《从北京转年遗址的发现看我国华北地区新石器时代早期文化的特征》，《北京文物与考古》第 5 辑，北京燕山出版社，2002 年。

[3]　逄博、张海、方燕明：《河南禹州瓦店遗址出土石铲制品的初步研究——嵩山地区夏商时期石铲生产工业管窥》，《华夏考古》2013 年第 2 期。

行剥片直接制成石铲坯，或是利用剥片技术降低石铲坯的厚度。剥片工序使用的方法有直接打击、间接打击和压剥技术，其中压剥技术一般用在细石器的制作上，在磨制石器的生产中使用较少。剥片技术需要的工具是石锤，会产生大小不同的石片，因此工具石锤和剥片过程的副产品——石片是剥片过程存在的有力证据。陶寺遗址有上万件石片出土[①]，康家遗址[②]和两城镇遗址[③]也发现有大量石片，说明该陶寺和康家遗址上都曾发生过大量的石器剥片行为。王城岗遗址[④]和二里头遗址[⑤]也发现有石片，说明这两个遗址上也有石器剥片行为存在。

四、琢

琢是使用石锤对器物轻轻地进行反复打击，是磨制之前对石坯进行的修整工作。当然，有时在切割和穿孔前也会使用琢制技术，琢制技术将器物表面需要切割或穿孔的地方先琢成一个凹槽或凹坑，以便使切割工具和钻具的位置能够固定在一定范围内，有利于快速形成切割槽或穿孔。和剥片不同，琢产生的副产品不是石片，而是石屑或粉末。但石屑在遗址中因为过于细小，容易被发掘者忽略。

琢的强度与被琢物原料的物理性能有关。如果石料硬度高但韧性低，琢的使用频率就比较少，一是因为石料的硬度高，不容易被琢平；二是石料不能忍受高强度的打击力度，容易断裂。除较大较厚的石磬外，陶寺遗址出土的角岩/变质砂岩的石器上就很少发现琢痕。石锤是琢不可缺少的工具。石锤的选择取决于石料的硬度和形态。石锤的硬度一般比被琢物的硬度高或与石坯的硬度一致，而且形状易于手握。陶寺石器实验中用角岩/变质砂岩制成的石锤比用砂岩制成的石锤更适用，前者比后者使用的频率高而且琢后重量仅降低少许。

---

① 翟少冬、王晓毅、高江涛：《山西陶寺遗址石制品及相关遗迹调查简报》，《考古学集刊》（19），2013年。

② 孟凡宁、秦小丽：《陕西临潼康家遗址石制品研究——以T26出土石制品为例》，《东方考古》2023年第2期。

③ 科杰夫（Geoffrey Eugene Cunnar）著，王强、林明昊译：《石器研究》，《两城镇——1998—2001年发掘报告》，文物出版社，2016年。

④ 北京大学考古文博学院、河南省文物考古研究所：《登封王城岗考古发现与研究（2002—2005）》，大象出版社，2007年。

⑤ 中国社会科学院考古研究所：《二里头：1999—2006》，文物出版社，2014年。

石锤的形状也很重要。实验中大部分琢制活动（69 分钟）由 1 号石锤进行，2号石锤仅使用了 32 分钟。这与两个石锤的形状有关，有钝尖的石锤可能更适合作为琢制工具。之前学者的研究也有这样的结论。麦奎维尔（M'Guire）将美国国家博物馆收集的石锤分为椭球形、球形型和槽形三种类型，认为前两种类型更适合用于琢，而第三种沟槽型可能只用于装柄[1]。奥奇（Allchin）将贝拉里（Bellary）收藏的石锤分类为球形、盘形、圆柱形和斧形。其中球形、盘形和斧形锤占多数，斧形锤的两端都是使用面[2]。他的研究表明，用于琢打的石锤表面一般弯曲而非扁平，所以实验中钝尖石锤使用得更多。

五、磨

磨是将石坯放在磨石上来回摩擦以使器物表面光滑、刃部锋利。磨比剥片耗费时间，陶寺石制品复制实验中一个泥岩的小石刀在粗磨石上磨了 102 分钟，在细磨石上磨了 40 分钟，一个变质砂岩小石锛在粗磨石上磨了 209 分钟，在细磨石上磨了 7 分钟，与同一器物的打片行为耗费的时间（35 分钟）相比，磨耗费的时间要长很多。磨的时间取决于被磨器物石料的坚硬程度，磨坚硬程度高的器物较坚硬程度低的器物耗费的时间更长。上面两个例子可以看出，磨制变质砂岩的石锛比磨制尺寸较之略大的泥岩石刀花费的时间要长。磨石一般用砂岩制成，因为砂岩比较粗糙，摩擦性好。根据磨石中砂质颗粒的大小，可以将磨分为粗磨和细磨。粗磨和细磨在磨制过程中有着不同的作用。粗磨用来磨去器物表面明显的凹凸，磨后器物表面会留下较为明显的磨制痕迹，这时需要使用细磨来减少这些痕迹。磨有时需要在磨石和被磨的器物间添加砂子和水来提高摩擦力。金刚砂可以用来做研磨剂[3]，石英砂也可以。陶寺石器复制实验中使用的砂子石英含量较低，加水磨时泥化严重。刚玉也可以用作研磨剂，因为它硬度高（达到莫氏硬度 9），可以增加石质物体和磨石之间的摩擦力[4]。制作

---

[1]　M'Guire, J. D. 1891. The stone hammer and its various uses. *American Anthropologist* 4.

[2]　Allchin, F. R. 1957. The Neolithic stone industry of the North Karnataka region. *Bulletion of the School of Oriental and African Study* 19.

[3]　Lu P. J., N. Yao, J. F. So, et al. 2005. The earliest use of corundum and diamond in prehistoric China, *Archaeometry* 47(1).

[4]　Lu, P. J., N. Yao, J. F. So, et al. 2005. The earliest use of corundum and diamond, in prehistoric China. *Archaeometry* 47(1).

鉴定岩性的薄片时，就在研磨过程中加入了刚玉。

六、穿孔

　　磨制石器中有些是有孔的，如有孔石刀和有孔石铲，这说明磨制石器生产中存在穿孔行为。佟柱臣将磨制石器的穿孔分为琢钻、先琢后钻、划钻、先划后钻、挺钻、管钻等方式[1]。琢钻在半坡、庙底沟的环状石器、新砦遗址的石刀、齐家文化扁长孔的石斧、岳石文化长方形孔的锄形石器上都可以见到；先琢后钻在客省庄、新砦等遗址出的石刀上都可以见到；划钻出现在庙底沟龙山文化时期的石刀上；先划后钻可见于下孟村、横阵遗址的石刀上；挺钻的孔为漏斗状，管穿孔为圆柱状，上面略大，下面略小，在新石器时代的石刀和石铲上可以广泛看到这两种穿孔。钻头可以分为棱锥形钻头和圆锥形钻头两种。棱锥形实心钻比圆锥形实心钻产生的摩擦力大，因此如果在穿孔的最初阶段使用棱锥形实心钻的话，效率比圆锥形实心钻高。棱锥形的钻头可以手持穿孔，陶寺石器的复制实验中就是使用手持棱锥形钻头给石刀穿孔，良渚古城钟家港南段也出土有燧石质的棱锥形石钻头[2]。这种钻头可以安装在木质钻杆上进行"弓钻"，但木质钻杆难以保存，遗址上很难发现使用弓钻的证据。周原齐家制玦遗址出土的棱形石钻头为我们认识弓钻提供了实物依据（图 2.2.2 ）。棱锥形钻头分为上、下两部分，上部为多棱形，可能嵌入钻杆，下部为圆柱形，当为钻头[3]。圆锥形石钻头还有一个名称叫作"环砥石"[4]，在小南山、北福地、方家洲、凌家滩、罗家角、洛阳西干沟、周原齐家等遗址较多出现，被认为是用来琢钻后扩孔或管钻后研磨孔壁的[5]，但一些学者认为在研磨孔壁的同时也可以作为石钻使用[6]。当然也有学者根据宝镜湾等遗址的发现并结合实验认为这种器物是当

　　① 佟柱臣：《新石器的工艺特征》，《中国新石器研究》，巴蜀书社，1998 年。

　　② 闫凯凯、赵晔、王永磊、刘斌、王宁远：《杭州市余杭区良渚古城钟家港南段 2016 年的发掘》，《考古》2023 年第 1 期。

　　③ 孙周勇：《玦出周原：西周手工业生产的形态管窥》，上海古籍出版社，2022 年。

　　④ 邓聪、郑炜明：《澳门黑沙》，香港中文大学出版社，1996 年。

　　⑤ 张之恒：《环砥石与穿孔技术》，《华夏考古》2001 年第 4 期；方向明：《轴承还是研孔——澳门黑沙和桐庐方家洲发现的启示》，《南方文物》2013 年第 4 期。

　　⑥ 李永强：《环玦类石制品扩孔工艺的实验考古研究》，《东南文化》2015 年第 6 期；李永强：《轴承与环砥石争议再辨析》，《南方文物》2019 年第 6 期；孙周勇：《玦出周原：西周手工业生产的形态管窥》，上海古籍出版社，2022 年。

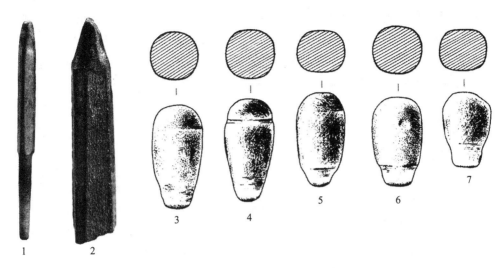

图 2.2.2　周原齐家制玦作坊出土的钻具
（采自《玦出周原：西周手工业生产的形态管窥》图 3.4 和图 3.81）
1、2. 棱锥形石钻头　3—7. 圆锥形石钻头

作辘轳轴承器使用 [1]。穿孔是一个耗费时间的过程，陶寺石制品复制实验中，用棱锥形实心钻在泥岩石刀上钻一个 0.56 厘米深的孔，花费了 92 分钟。穿孔需要使用钻头，桯钻钻头一般为石质，容易保存下来，因此遗址上如果发现有石钻头，就表明存在穿孔行为。

七、抛光

抛光是用质地较细腻的物品对器物表面进行打磨以使其出现光泽。抛光不同于磨，磨是为了使器物表面平整，抛光是为了使器物表面形成光泽，使其更加美观。不同的原料，例如木头、石头和兽皮 [2]，都可以用来抛光。陶寺的石制品实验中，抛光一个泥岩制成的石刀时，最初用没有去油脂的猪皮打磨了 109

①　李世源、邓聪：《珠海文物集萃》，香港中文大学出版社，2000 年；徐飞、邓聪、叶晓红：《史前玉器大型钻孔技术实验研究》，《中原文物》2018 年第 2 期。

②　Best, Elsdon 1974. *The Stone Implements of the Maori*. A. R. Shearer, Government Printer, Wellington; Lu, Jianfang & Tao Hang 2002. Prehistoric jade working based on remains at the site of Dingshadi, in *Enduring Art of Jade Age China*, Elizabeth Childs-Johnson (eds.), Throckmorton Fine Art；科杰夫（Geoffrey Eugene Cunnar）著，王强、林明昊译：《石器研究》，《两城镇——1998—2001 年发掘报告》，文物出版社，2016 年。

分钟，但没有明显效果。将猪皮去油脂又打磨了 121 分钟后，石刀变得细腻光滑，并且磨痕不见了，但仍没有光泽。陶寺石器的抛光实验最后没有成功，但从中可以看出，抛光是一个很费时的工序。新英格兰石斧的制作也说明了这一点，一件凝灰岩石斧抛光需要 6—10 个小时，一件燧石石斧抛光需要 22—24 个小时[①]。这可能是大多数磨制石器不进行抛光的原因之一。

八、装柄

磨制石器是一种复合工具，大多装柄使用。柄延长了人的手臂，有利于更好地发挥工具的作用。尽管学者们在实验中用各种捆绑方式来使用石器，但陶器上的图像和南方一些饱水环境中出土的木柄为一些磨制石器的安柄方式提供了实物证据。

根据江苏溧阳沙河、江苏吴县澄湖、江苏海安青墩等遗址中出土的带柄石斧和石锛的装柄方式，肖梦龙总结出石斧和石锛的装柄方式大多为"榫卯法"，不同的是，石斧的刃部与木柄平行，石锛的刃部与木柄垂直（图 2.2.3，1、2）[②]。卯眼大部分未凿通，浙江井头山遗址出土的 20 余件带卯眼的木柄也是卯眼未凿通（图 2.2.4）[③]。但也有凿通的例子，江苏吴县澄湖一古井里所出的带柄石斧的卯眼是凿通的，斧顶端穿过卯眼（图 2.2.3，3）[④]。江苏海安青墩出土的一件有柄陶斧的装柄方式虽也为榫卯法，但陶斧上有孔，柄上有卯，卯上部有三个孔，这件斧的装柄方式应该是榫卯加穿孔捆绑的方式（图 2.2.3，4）[⑤]。陵阳河遗址一件陶缸上带柄斧的图像显示的也是这种装柄方式（图 2.2.3，6）[⑥]。河姆渡遗址出土的带柄石锛的安装方式则为鹤嘴式，用曲叉的树枝或鹿角的分叉

① Bradley R, M Edmonds. 2005. *Interpreting the Axe Trade: Production and Exchange in Neolithic Britain*. Cambridge University Press.

② 肖梦龙：《试论石斧石锛的安柄与使用——从溧阳沙河出土的带木柄石斧和石锛谈起》，《农业考古》1982 年第 2 期。

③ 浙江省文物考古研究所、宁波市文化遗产管理研究院、余姚市河姆渡遗址博物馆：《浙江余姚市井头山新石器时代遗址》，《考古》2021 年第 7 期。

④ 南京博物院、吴县文管会：《江苏吴县澄湖古井群的发掘》，《文物资料丛刊》第 9 辑，文物出版社，1985 年。

⑤ 纪仲庆：《江苏海安青墩遗址》，《考古学报》1983 年第 2 期。

⑥ 山东省文物管理处、济南市博物馆：《大汶口》，文物出版社，1974 年。

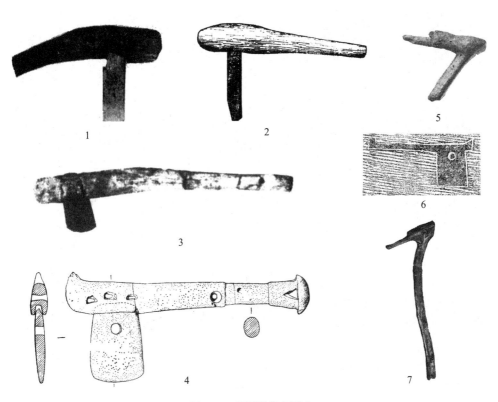

图 2.2.3　石器的装柄形式

1、2. 江苏溧阳出土带木柄有段石斧和有段石锛（采自《试论石斧石锛的安柄与使用》图二、三）　3. 吴县澄湖遗址出土的装柄石斧（采自《良渚文化石器装柄技术探究》图七）　4. 海安青墩遗址出土的有柄陶斧（采自《江苏海安青墩遗址》图一〇）　5. 河姆渡遗址出土的鹤嘴锄（采自《河姆渡遗址第一期发掘报告》图版八）　6. 莒县陵阳河遗址出土灰陶缸上的图像（采自《大汶口》图九四）　7. 井头山遗址出土的鹤嘴锄（采自《浙江余姚市井头山新石器时代遗址》图二五）

处绑扎装柄（图 2.2.3，5）[①]。井头山也出土有这种鹤嘴式的石锛木柄（图 2.2.3，7）[②]。赵晔在肖梦龙的基础上，根据浙江余杭南湖、北湖、东苕溪等遗址出土的带柄石器和一些博物馆中收藏的带柄石器，将榫卯法的装柄方式细分为"斧头式"（L 形）、"标枪式"（一字形）和"刨子式"（T 字形），不同的装柄方式表明不同的石器功能[③]。

[①]　浙江省文物管理委员会、浙江省博物馆：《河姆渡遗址第一期发掘报告》，《考古学报》1978 年第 1 期。

[②]　孙国平、梅术文、陆雪蛟、王永磊、郑云飞、黄渭金：《浙江余姚市井头山新石器时代遗址》，《考古》2021 年第 7 期。

[③]　赵晔：《良渚文化石器装柄技术探究》，《南方文物》2008 年第 3 期。

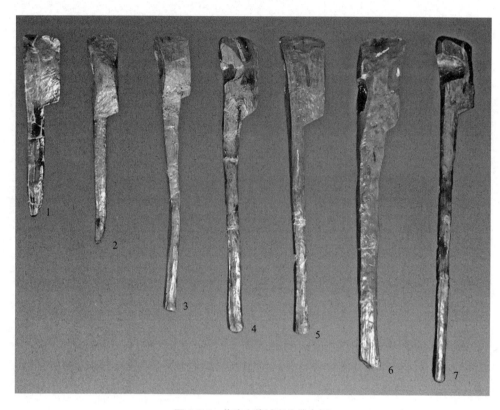

图 2.2.4　井头山遗址出土的木柄
（采自《浙江余姚市井头山新石器时代遗址》图二五）

　　大部分磨制石器需要装柄使用，从这个意义上来说，磨制石器的制作也应该包括一部分木器的制作，例如制作木柄。

　　以上这些工艺都是磨制石器制作过程中需要使用的技术，也是磨制石器制作过程中的环节。磨制石器制作的技术流程，包括选料选形、剥片、琢、磨、穿孔、裁切、抛光这些工序。但正如前文所述，并不是每件磨制石器的制作都需要这些工序。根据石料的尺寸、形状和岩性，结合目标石器的形状，有些工序往往可以省略，如形状、大小合适的石料不需要切割，斧一般不需要穿孔，有较好解理的石料通常不需要琢，大多数日常使用的石器不需要抛光。因此，只有剥片和磨是磨制石器制作的必要工序，也就成为磨制石器制作的关键技术。另外，在磨制石器的制作技术中，琢、磨、穿孔的操作比较耗费时间，但难度并不大，因为陶寺石制品复制实验中的操作者没有任何石器制作经验，依然出色地完成了石器的复制，且没有出现废品。

第三节　磨制石器制作技术的出现

磨制石器被认为是新石器时代开始的标志之一。与旧石器时代的打制石器不同，新石器时代开始，磨制石器逐渐代替打制石器成为主要的生产工具。但前一节提及的制作磨制石器的工艺技术大多在旧石器时代已经产生，只是有些技术在新石器时代才开始运用到石器上，而另外一些技术从旧石器时代开始就已经在石器上使用了。

一、剥片

剥片是打制石器最基本的工艺，是将石片从石核上剥离下来。剥片技术包括直接打击技术和间接打击技术，另外还有压剥技术。直接打击技术自旧石器时代早期开始就一直使用，间接打击技术到了旧石器时代晚期才出现[1]。剥片技术的发展在旧石器时代晚期达到顶峰，各种剥片技术都被运用到石器的制作中，在华北地区还出现了细石器技术和石叶技术。这种技术需要制作者对剥片过程有很强的控制力，对打击的角度和力度都有精准的把握，如雕刻器刃口的制作[2]，细石器的代表性器物——楔形石核和锥形石核，也需要精确的打击力度和方向，以最大限度地利用石料，剥取尽量多的尺寸相同的薄石叶[3]。剥片是磨制石器制作的第一步，在新石器时代的许多磨制石器上依然可以看到剥片的痕迹。在磨制石器的制作过程中，剥片工序相较于其他工序，耗费的时间相对较少。

二、琢

琢的目的是修整石坯，就是将剥片后留下的棱脊取平，使器物表面保持平

---

① Bordes, F. 1968. *The Old Stone Age*. McGraw-Hill.

② 王幼平：《雕刻器实验研究》，《考古学研究（一）》，文物出版社，1992 年。

③ 王建、王益人：《下川细石核形制研究》，《人类学学报》1991 年第 1 期；Robert G. Elston, P. Jeffrey Brantingham, 2008. Microlithic technology in Northern Asia: a risk minimizing strategy of the late Paleolithic and early Holocene, in Robert G. Elston, Steven L. Kuhn, Thinking small: Global perspectives on microlithization. *Archaeological Papers of the American Anthropological Association* 12.

整。琢并不是新石器时代才出现的技术。在宁夏水洞沟遗址第 12 地点（距今
1.1 万年左右）第 3、4 水平层都发现有琢锤，型体较小，上面有修理小型石制
品或骨制品的琢打痕迹[1]。在广西桂林甑皮岩遗址第一期（距今 1.2 万—1.1 万
年）出土的穿孔石器中就有采用琢凿的方式成孔的，在同时期的广东阳春独石
仔、封开黄岩洞、广西柳州白莲洞、桂林庙岩等遗址也都发现有琢凿成孔石
器[2]。表明琢制技术至迟在旧石器时代向新石器时代过渡的时期就已经出现，在
新石器时代中期遗址发现的石磨盘和石 磨 棒 上，已经普遍采用了琢制技术[3]；
在新石器时代晚期出土的一些石器，如垣曲古城东关一期的一些石斧上仍可见
到琢制痕迹[4]。

三、磨

磨是新石器时代普遍使用的一种工艺，但并不是到新石器时代才出现的一
项工艺技术。早在山西峙峪旧石器时代遗址（距今约 2.89 万年）中就发现一
件石墨制作的装饰品，虽仅残留一半，但仍可以看出一面穿孔，一面光滑，边
缘都经磨制，摩擦痕迹清晰[5]；陕西宜川龙王辿遗址第一地点（距今约 2.5 万—
2.1 万年）第 4 文化层发现一件磨刃石器[6]；河北阳原虎头梁遗址（距今约 1 万
年）发现一件穿孔石珠，一面经磨光[7]；河南新密李家沟遗址细石器文化层（距
今约 1.05 万年）发现局部磨制的石锛，由石英岩砾石制成，一端磨制出锛形
刃口，前后两面有轻微磨制，刃口有明显的使用痕迹[8]。但在旧石器时代晚期，

---

①　宁夏文物考古研究所、中国科学院古脊椎动物与古人类研究所：《水洞沟：2003-2007 年度考古发掘与研究报告》，科学出版社，2013 年。

②　陈远琲：《史前遗址器物穿孔探源》，《史前研究（2009）》，宁波出版社，2010 年。

③　杨虎、刘国祥：《内蒙古敖汉旗兴隆洼聚落遗址 1992 年发掘简报》，《考古》1997 年第 1 期；开封地区文管会、新郑县文管会：《河南新郑裴李岗新石器时代遗址》，《考古》1978 年第 2 期。

④　中国国家博物馆考古部、山西省考古研究所、垣曲县博物馆：《垣曲古城东关》，科学出版社，2001 年。

⑤　贾兰坡、盖培、尤玉柱：《山西峙峪旧石器时代遗址发掘报告》，《考古学报》1972 年第 1 期。

⑥　中国社会科学院考古研究所、陕西省考古研究院：《龙王辿遗址第一地点：旧石器时代晚期遗址发掘报告》，文物出版社，2021 年。

⑦　盖培、卫奇：《虎头梁旧石器时代晚期遗址的发现》，《古脊椎动物与古人类》1977 年第 4 期。

⑧　北京大学考古文博学院、郑州市文物考古研究院：《河南新密市李家沟遗址发掘简报》，《考古》2011 年第 4 期。

磨制技术在石制品上使用得较少，大多使用在骨制品上。辽宁海城小孤山遗址（距今3万—2万年）发现的骨锥和骨针，用动物肢骨磨制而成[1]；北京周口店山顶洞遗址（距今约1.88万年）发现的骨针长82厘米，表面磨削，针身圆平；这里还发现有磨光的鹿角和鹿下颌骨，磨光的石珠和鸟骨坠[2]；另外在宁夏灵武水洞沟遗址第2地点第2文化层（距今3.13万—2.99万年）也发现有磨制的骨针[3]。从旧、新石器时代开始，磨制技术开始较多地使用在石器上。但在新石器时代中期，虽然磁山遗址第一层文化遗存中，磨制石器的数量已经占到57%[4]，但在华北大多数地区，磨制石器还不是主体。直到新石器时代晚期，虽然燕山南北和山西东南部打制石器的比例仍较高，但在华北其他地区，磨制石器已逐渐成为主要的生产工具。

四、穿孔

新石器时代的一些磨制石器上有穿孔，例如石刀、石铲等。到新石器时代晚期，穿孔已经很普遍[5]。但穿孔技术并不是新石器时代才出现，早在旧石器时代中期已经存在。世界上最早使用穿孔技术的是距今约5万年前的尼安德特人，最初的穿孔技术出现在骨器上。旧石器时代晚期，穿孔技术有所发展，被扩大运用到贝、螺、兽牙和石头上[6]。在中国，辽宁海城小孤山遗址（距今约3万—2万年）发现3根骨针，针眼为对钻而成，带孔的牙饰，为剔挖、刮挖结合和单纯钻制而成，还发现有穿孔的蚌饰[7]；周口店山顶洞的骨针针眼为刮挖而成，磨光的石珠上有穿孔，还有用剔挖成孔的牙齿以及带孔的鱼骨做成的装饰品[8]；宁夏灵武水洞沟遗址第2地点第2文化层（距今约3.13万—2.99万年）

---

①　张镇洪、傅仁义、陈宝峰、刘景玉、祝明也、吴洪宽、黄慰文：《辽宁海城小孤山遗址发掘简报》，《人类学学报》1985年第1期。

②　裴文中：《周口店山顶洞之文化》（中文节略），《文物春秋》2002年第2期。

③　陈福友、李锋、王惠民等：《宁夏水洞沟遗址第2地点发掘报告》，《人类学学报》2012年第4期。

④　河北省文物管理处、邯郸市文物保管所：《河北武安磁山遗址》，《考古学报》1981年第3期。

⑤　佟柱臣：《新石器的工艺特征》，《中国新石器研究》，巴蜀书社，1998年。

⑥　王强：《史前穿孔技术初论》，《四川文物》2009年第6期。

⑦　张镇洪、傅仁义、陈宝峰、刘景玉、祝明也、吴洪宽、黄慰文：《辽宁海城小孤山遗址发掘简报》，《人类学学报》1985年第1期。

⑧　裴文中：《周口店山顶洞之文化》（中文节略），《文物春秋》2002年第2期。

发现有磨制的骨针和 70 余件用穿孔的鸵鸟蛋壳制成的串珠装饰品[①]；在山西峙峪旧石器时代遗址（距今约 2.89 万年）发现一件残的有穿孔的石墨装饰品[②]；在柿子滩遗址（距今约 2.6 万—1 万年）发现的 28 件鸵鸟蛋壳饰品上，24 件有穿孔或是穿孔痕迹，有的孔为对钻而成[③]；河北阳原虎头梁遗址（距今约 1 万年）发现穿孔的贝壳、穿孔的鸵鸟蛋皮制成的扁珠和穿孔的石珠[④]。另外，在旧石器晚期的遗址中还发现一些钻具。在山西吉县柿子滩遗址发现 2 件用厚石片制成的锥钻，断面呈梯形和三角形。钻尖皆制成三棱状，非常尖锐，穿刺得力。其中一个锥钻和现今木工的钻头非常相似[⑤]；陕西宜川龙王辿遗址第一地点（距今 2.6 万—2.1 万年）第 4 文化层发现由较厚的石片或细石核改制成的石钻头[⑥]。此外，旧石器晚期遗址中的尖状器和雕刻器可能也承担了钻的功能，许家窑遗址中出土的三棱尖雕刻器很可能就是钻具[⑦]。

五、裁切

砂绳切割和片切割技术在旧石器时代的打制石器上都没有发现。砂绳切割技术最早在黑龙江饶河小南山遗址出土的玉器上发现。小南山遗址 2015 年发掘的早期墓葬共出土 12 件玉器，有些玉器表面可见明显的砂绳切割留下的不平整的弧形痕迹。早期墓葬的年代经对采自 15M2 和 15M3 的炭粒进行碳十四测试并校正后确立为距今 8 775—8 595 年（95.4%）和 9 135—9 010 年（95.4%）[⑧]。但砂绳切割技术在磨制石质工具上一直没有发现。玉石器上普遍使用的片切割技术在东北亚全新世以后就很发达，比较早的发现是距今 5 000 多年前红山文

　① 陈福友、李锋、王惠民等：《宁夏水洞沟遗址第 2 地点发掘报告》，《人类学学报》2012 年第 4 期；宁夏文物考古研究所、中国科学院古脊椎动物与古人类研究所：《水洞沟：2003—2007 年度考古发掘与研究报告》，科学出版社，2013 年。

　② 贾兰坡、盖培、尤玉柱：《山西峙峪旧石器时代遗址发掘报告》，《考古学报》1972 年第 1 期。

　③ 宋艳花、石金鸣：《山西吉县柿子滩旧石器时代遗址出土装饰品研究》，《考古》2013 年第 8 期。

　④ 盖培、卫奇：《虎头梁旧石器时代晚期遗址的发现》，《古脊椎动物与古人类》1977 年第 4 期。

　⑤ 山西省临汾行署文化局：《山西吉县柿子滩中石器文化遗址》，《考古学报》1989 年第 3 期。

　⑥ 中国社会科学院考古研究所、陕西省考古研究院：《龙王辿遗址第一地点：旧石器时代晚期遗址发掘报告》，文物出版社，2021 年。

　⑦ 王幼平：《雕刻器实验研究》，《考古学研究（一）》，文物出版社，1992 年。

　⑧ 黑龙江省文物考古研究所、饶河县文物管理所：《黑龙江饶河县小南山遗址 2015 年 III 区发掘简报》，《考古》2019 年第 8 期。

化牛河梁遗址使用锯片切割技术制成大型片状玉器素材[1]。但片切割技术在旧石器时代可能就已经应用在骨器制作上了。陕西龙王辿遗址第一地点（距今 2.6 万—2.1 万年）第 4 文化层发现 1 件硅质页岩制成的石锯，以长方形石片为毛坯，在一侧以软锤正向加工修整出呈锯齿状连续均匀分布的鳞状。第 4、5 和 6 文化层还发现有带切割痕的骨角器，共 16 件[2]。从发表的照片来看，切割痕不是特别直，说明可能不是使用片切割技术切割而成。所以裁切技术有些也是从旧石器时代就已经开始使用，但新石器时代才运用在磨制石器制作上。

六、抛光

抛光工艺是新石器时代才出现的一项新技术[3]，虽在新石器时代早期的东胡林遗址出土的一件磨制石锛就经过了抛光[4]。但在新石器时代早期和中期的石器上比较少见。虽然木头、石头和兽皮等都可以用来抛光[5]，但目前陶寺、两城镇[6]和灰嘴[7]的抛光实验都不成功，因此尚不清楚新石器时代的磨制石器是如何抛光的。

七、装柄

磨制石器大多作为复合工具来使用，然而对石器的装柄使用并不是从磨制石器开始。研究者根据对苏丹 8-B-11 遗址上石器的微痕观察，将人类利用复合工具的历史提前到 20 万年前的旧石器时代中期[8]。箭作为远程射杀的武器，

①　邓聪：《玉技术与玉作坊》，中国社会科学网，2022 年 7 月 28 日。

②　中国社会科学院考古研究所、陕西省考古研究院：《龙王辿遗址第一地点：旧石器时代晚期遗址发掘报告》，文物出版社，2021 年。

③　佟柱臣：《新石器的工艺特征》，《中国新石器研究》，巴蜀书社，1998 年。

④　北京大学考古文博学院、北京大学考古学研究中心、北京市文物研究所：《北京市门头沟区东胡林史前遗址》，《考古》2006 年第 7 期。

⑤　Bradley, R.&M. Edmonds. 2005. *Interpreting the Axe Trade: Production and Exchange in Neolithic Britain.* Cambridge University Press.

⑥　科杰夫（Geoffrey Eugene Cunnar）著，王强、林明昊译：《石器研究》，《两城镇——1998—2001 年发掘报告》，文物出版社，2016 年。

⑦　Owen, D. 2007. An exercise in experimental archaeology on Chinese stone spades, *Bulletin of the Indo—Pacific Prehistory Association* 27.

⑧　张晓凌、沈辰、高星、陈福友、王春雪：《微痕分析确认万年前的复合工具与其功能》，《科学通报》2010 年第 3 期。

是一种复合工具，由箭镞和箭杆组成。我国打制的箭镞早在距今约 6.5 万—5
万年鄂尔多斯高原上的乌兰木伦遗址 [①] 和距今约 2.8 万年的山西峙峪遗址就有
发现 [②]。骨柄石刃刀也是旧石器时代晚期出现的一种复合工具，一般是在骨制或
木质的柄上刻槽，将细石叶嵌入柄中使用。目前比较早的证据是在宁夏水洞沟
遗址第 12 地点（距今 1.1 万年左右）发现的一件带刃槽的骨柄，遗址中还发现
大量的细石叶和石叶 [③]。北京东胡林遗址（距今 1.1 万—0.9 万年）发现 1 件嵌
有细石叶的骨柄石刃刀 [④]。之后骨柄石刃刀在东北和北方的诸多遗址都有发现。
锛是磨制石器中较常见的器型，但在河北阳原虎头梁遗址（距今约 1 万年）也
发现有打制石锛，研究者通过微痕观察发现，11 件锛状器和 3 件尖状器上有装
柄痕迹 [⑤]。因此装柄也不是从磨制石器才开始使用的技术。

　　上面提到的这些工艺都是磨制石器制作的基本技术，这些技术中除抛光
外，其他都不是新石器时代才出现的工艺。剥片技术无论在打制还是磨制石器
上都有使用；琢制在旧石器时代已经开始使用，但更多的是运用在穿孔石器的
穿孔上；装柄技术也不是从一开始就运用在磨制石器上，虽然旧石器时代已经
使用的箭和骨柄石刃刀的柄还不能真正发挥抡动的作用，但旧、新石器时代过
渡的虎头梁遗址打制石锛的柄和之后磨制石锛的柄的功能应该是一致的。磨制
和穿孔技术在旧石器时代可能更多是运用在骨器制作上，同样砂绳切割技术可
能在新石器时代才开始运用在玉器制作上，但其他裁切方式在旧石器时代可能
就已经运用在骨料切割上了。

　　文化进化理论认为，人类社会，尤其是史前社会的发展，表现为生产技术
由低级向高级、由简单向复杂的进化。但就华北地区而言，从打制石器到磨制
石器，磨制石器的剥片技术较旧石器时代晚期的打制技术更易于操作，技术上
也趋于简单。但从磨制石器制作的整个操作链角度来讲，磨制石器的制作工序

　　① 刘杨：《鄂尔多斯乌兰木伦遗址发现的带铤石镞及其对现代人迁徙研究的启示》，《鄂尔多斯文化
遗产》，2013 年。
　　② 贾兰坡、盖培、尤玉柱：《山西峙峪旧石器时代遗址发掘报告》，《考古学报》1972 年第 1 期。
　　③ 宁夏文物考古研究所、中国科学院古脊椎动物与古人类研究所：《水洞沟：2003—2007 年度考古
发掘与研究报告》，科学出版社，2013 年。
　　④ 北京大学考古文博学院、北京大学考古学研究中心、北京市文物研究所：《北京市门头沟区东胡
林史前遗址》，《考古》2006 年第 7 期。
　　⑤ 张晓凌、沈辰、高星、陈福友、王春雪：《微痕分析确认万年前的复合工具与其功能》，《科学通
报》2010 年第 3 期。

增多，制作过程似乎略微复杂。然而对于大多数日常使用的工具来说，只需剥片和磨两道工序，因此无论是从制作技术还是制作工序来讲，似乎都并不复杂，只是相对于打制石器来讲比较耗费时间，因为磨的过程需要时间。

很难讲磨制石器制作技术是复杂还是简单了，因为技术的选择与社会发展需要有很大关系，它取决于人们所从事的工作性质[①]。库恩（Kuhn）的技术装备论将人类生计方式、聚落形态和石器技术联系起来。他认为外出从事狩猎和采集的装备人员所使用的工具比较精致，并且个体小，功能多，适合流动性强的特点；而用于特定的装备地点，如居住地、水源和猎物必经之地的石制品则主要是石料或石器的半成品，或是简单加工的权宜石器，因为这些地方富集原料，而且人们待在一个地方可以随时加工，适合居住模式相对稳定的人群[②]。

华北地区磨制石器技术的广泛应用是该地区人类为适应当时社会生业方式变化的需要而采取的相应措施。相关研究结果显示，在中国北方地区，距今 1 万年前后，处于半定居状态的一些群体开始耕种粟、黍；距今 8 000 年前后，旱作农业生产开始普遍出现，但仍以采集狩猎为主；在距今 6 500 年前后的仰韶文化中期，旱作农业取代采集狩猎成为仰韶文化分布范围内的经济主体[③]。而磨制石器的发展也如上文所述，在这几个阶段从开始出现到数量逐渐增多，到最后成为新石器时代的主要生产工具。这种时间上的契合说明磨制石器的使用与数量增多可能和农业的发展及定居模式的复杂化有关。尽管磨制石器的形体较大，但定居生活使人们不必再为工具的尺寸担心，因为他们不需要考虑携带的问题，同时也能够有充足的时间来加工农业生产所需的磨制石器。另外，无论是为建造房子进行的树木砍伐，还是农业中的谷物收割，都需要耐用性强的工具。实验表明，磨制石器的加工尽管耗费的时间长，但使用寿命和功效要远远高于打制石器[④]。而磨制石器制作技术难度低的特点，可以使更多的人，尤其是女性参与到石器生产中；石料选择的多样，使得人们可以更广泛地利用周围的石料大量生产磨制石器，从而满足社会发展对于生产工具数量的需求。因

---

① Hayden B. 1989. From chopper to celt: the evolution of resharpening techniques, Torrence R. eds. *Time Energy and Stone Tools*. Cambridge University Press.

② Kuhn, S. L. 1995. *Mousterian Lithic Technology: an Ecological Perspective*. Princeton University Press.

③ 赵志军：《中国古代农业的形成过程——浮选出土植物遗存证据》，《第四纪研究》2014 年第 1 期。

④ Hayden B. 1989. From chopper to celt: the evolution of resharpening techniques, Torrence R. eds. *Time Energy and Stone Tools*. Cambridge University Press.

此，磨制石器生产得以迅速发展，并取代打制石器，成为新石器时代晚期以来的主流生产工具。

第四节　磨制石器和打制石器的区别

磨制石器被认为是新石器时代开始的标志之一。新石器时代开始，磨制石器逐渐代替打制石器成为主要的生产工具。但制作磨制石器的工艺技术大多在旧石器时代就已经产生，只是有些技术在新石器时代才开始使用在石器上。可能正是这些技术的运用使磨制石器较打制石器更加适应社会的发展，从而取代打制石器成为社会的主要生产工具。磨制石器和打制石器在工艺技术和石料选择上都存在着显著区别。

一、工艺技术比较

在人类工具发展史上，打制石器是最早出现并且存在时间最长的工具，之后逐渐被磨制石器取代。那磨制石器为什么会逐渐取代打制石器呢？这是人类随着生产生活方式的变化做出的适应性策略改变。更新世末期全新世早期，随着末次冰期的结束，气候逐渐转暖[①]，人类开始从洞穴中走出，在山脚和平原地带定居下来，并开始栽培植物，寻找周围可以利用的石料制作石器，这些石料远不如打制石器常使用的燧石、石英岩坚硬，但刃部打磨后比打制石器耐用，装柄后也能产生比打制石器更大的力量，规整的刃部和多样的器型也能满足更加精细的需求。从打制石器到磨制石器，技术难度虽然没有提高，但程序增多，工艺更加多样，器型更加丰富，符合社会逐渐复杂、需求逐渐多样化的趋势。

磨制石器的制作工序虽然包括剥片、琢、磨、穿孔和抛光，但是正如上文所分析，这些工艺操作起来并不难，只是比较耗费时间，而且并不是每件磨制

---

① Winkler, Marjorie G., and Pao K. Wang, 1993. The Late-Quaternary vegetation and climate of China. In *Global Climates Since the Last Glacial Maximum*, edited by H. E. Wright, Jr., J. E. Kutzbach, T. Webb III, W. F. Ruddiman, F. A. Street-Perrott, and P. J. Bartlein. University of Minnesota Press.

石器的制作都需要经历这些工序。根据原料的尺寸、形状，结合目标石器的形状，有些工序往往被省略掉，如斧一般不需要穿孔，有较好解理的石料通常不需要琢，大多数日常使用的石器不需要抛光。在对陶寺遗址石器的复制实验中，仅有 1 件石斧和 1 件石锛经过琢，1 件石刀经过穿孔和抛光[①]。因此，只有剥片和磨是磨制石器制作的必要工序，剥片技术和磨也就成为磨制石器制作的关键技术。

实验证明，磨是一项耗费时间的工艺，但是操作起来比较简单。而磨制石器制作中的剥片技术和打制石器相比，也要简单得多，这和剥片的目的有关。打制石器制作过程中，剥片的目的是打制成一定形状的器物，器物的刃部也需要靠剥片来制成。这就对剥片时方向和力度的把握提出了较高要求，尤其是细石器的制作，需要比较精确地控制剥片的方向和力度以连续剥下理想的石片，雕刻器的制作就是一个例子。雕刻器的一个重要特点是雕刻器小面，雕刻器小面的加工需要修理台面并修出合适的台面角，台面角的大小直接决定能否成功获得雕刻器小面[②]。而台面角的修理就需要对剥片的力度和方向进行精确的控制。再如，作为细石器主要特征的细石核是连续剥制石叶的结果，但不论什么类型的细石核，都需要预制一个单一的固定台面和连续剥制石叶的棱锥状剥片面，这样才能最大限度地利用石料、剥取尽量多尺寸相同的薄石叶，可以说"细石叶工艺的目的是尽可能运用最少的石料生产最多标准化的锋利刃口"[③]。

相比之下，磨制石器制作过程中剥片工艺的目的只是将石料加工成坯，也就是加工成一定形状，之后再经过琢、磨等工序将石坯加工成工具。因此，虽然磨制石器的制作工序较打制石器多，但操作过程往往简化。另外，磨制石器的制作虽然需要更多的工序，但正如前文所分析的，这些工序的操作难度并不大，只是比较耗费时间。尽管有学者认为抛光技术略有难度[④]，但抛光在日常使用的石质工具上很少发现。因此，从技术操作难度的角度来讲，磨制石器的制作比打制石器容易，但比较耗费时间。

---

① 翟少冬：《陶寺遗址石制品复制实验与磨制工艺》，《人类学学报》2015 年第 2 期。
② 王幼平：《雕刻器实验研究》，《考古学研究》（一），文物出版社，1992 年。
③ 陈胜前：《史前的现代化——中国农业起源过程的文化生态考察》，科学出版社，2013 年。
④ Cunnar, Geoffrey Eugene, 2007. *The Production and Use of StoneTools at the Longshan Period Site of Liangchengzhen, China,* Doctor of philosophy thesis, Yale University.

二、石料比较

磨制石器和打制石器在石料的使用上有着显著区别。旧石器时代早中期，石器制作使用较多的是石英岩、石英、角页岩等，旧石器时代晚期石器的原料在旧石器时代早中期的基础上增加了燧石、硅质岩[1]，这些石料一般脆性较大、质地较匀、硬度较高，适合打制或压剥，但不易打磨。而磨制石器则不同。制作磨制石器的石料大多就地取材，种类也较打制石器丰富得多。例如，磁山遗址的石料有闪长岩、透辉石、方解石、石英岩、板岩、矽化石灰岩等[2]，裴李岗遗址的石料主要有石灰岩和砂岩两类[3]，垣曲古城东关遗址的石料主要有石英岩、玄武岩、大理岩、辉绿岩、千枚岩、板岩、安山岩、凝灰岩、黏土岩等[4]。这些石料大多韧性较大、硬度较低，便于琢磨。

原料对石器的制作有着重要影响，不同的石料使得石器在制作技术、形状以及组合等方面有较大的区别[5]。西蒙诺夫认为，东亚大陆缺乏优质的石料，是旧石器时代该地区缺少类似于欧洲和北非那样精致石制品的原因[6]。而硬度较低的石料的使用，使得之前运用在骨器上的磨制技术得以运用在石器上。考虑到磨制时间的问题，开始只是器身局部或刃部磨光，后来逐渐通体磨光。另外，华北地区在旧石器时代晚期有明显的小石器和细石器文化传统的特征，以下川—峙峪—虎头梁遗址为代表，石器的最大径一般不超过 6 厘米[7]，而到了新石器时代，器型普遍增大，裴李岗遗址发现有长 33.5 厘米的石铲和长 17 厘米的石镰[8]，磁山遗址发现有长 24.5 厘米的石斧和长 24.3 厘米的石铲[9]。这在华北地区旧石器时代尤其是旧石器时代晚期并不多见。可能正是硬度较低的石料的使用

---

① 王幼平：《石器研究——旧石器时代考古方法初探》，北京大学出版社，2006 年。

② 河北省文物管理处、邯郸市文物保管所：《河北武安磁山遗址》，《考古学报》1981 年第 3 期。

③ 开封地区文管会、新郑县文管会：《河南新郑裴李岗新石器时代遗址》，《考古》1978 年第 2 期。

④ 中国国家博物馆考古部、山西省考古研究所、垣曲县博物馆：《垣曲古城东关》，科学出版社，2001 年。

⑤ 陈淳：《旧石器研究：原料、技术及其他》，《人类学学报》1996 年第 3 期；谢光茂：《原料对旧石器加工业的影响》，《广西民族研究》2001 年第 2 期。

⑥ Semonov S. A., 1964. *Prehistoric Technology: an Experimental Study of the Oldest Tools and Artefacts from Traces of Manufacture and Wear*. Adams and Mackay.

⑦ 中国社会科学院考古研究所、山西省考古研究所：《下川——旧石器时代晚期文化遗址发掘报告》，科学出版社，2016 年。

⑧ 开封地区文管会、新郑县文管会：《河南新郑裴李岗新石器时代遗址》，《考古》1978 年第 2 期。

⑨ 河北省文物管理处、邯郸市文物保管所：《河北武安磁山遗址》，《考古学报》1981 年第 3 期。

和磨制技术的应用，使得制作如此大型的石器成为可能。

用来制作磨制石器的石料并不是在新石器时代才出现在遗址周围，只是到了新石器时代，人们才逐渐认识到它们的使用价值，渐渐用来制作磨制石器。同样，如上文所述，磨制石器的很多制作工艺，如剥片、琢、磨、穿孔，在旧石器时代晚期就已经出现，只是那时并没有普遍使用在石器制作上。而随着越来越多的硬度较低的石料被用来制作各种各样的工具，磨制石器的数量也就逐渐增多。

磨制石器在中国旧、新石器时代过渡时期就已经出现[1]，并且在农业的形成与发展过程中发挥了重要作用。从距今 1 万年前后，中国南北方出现植物栽培行为，到距今 6 000 年—5 000 年长江中下游地区稻作农业经济的确立，再到距今 4 000 年前后外来的小麦逐渐取代北方的小米成为旱作农业的主体农作物，中国南稻北麦的农业生产格局基本奠定[2]。与农业起源的过程相契合，磨制石器在出现后也随着农业的发展逐渐取代打制石器成为人们日常的主要生产工具[3]。

第五节　判断磨制石器生产存在和生产方式的标准

磨制石器在新石器时代乃至青铜时代一直是主要生产工具，因此磨制石器的生产在这一时期应该普遍存在。但随着社会的发展和手工业生产的逐渐专业化，磨制石器的生产在各遗址也出现不均衡的现象，有些遗址可能生产磨制石器，有些遗址则可能较多地侧重其他器物的生产，较少生产或者不生产磨制石器。研究磨制石器的生产变迁可以为我们研究社会发展模式、社会结构、组织方式、交换网络等内容提供重要的分析依据。如何判断一个遗址存在磨制石器生产则是研究磨制石器生产变迁首先面临的问题。

考斯汀（Costin）认为有两种方法来判断是否存在手工业生产：直接证据和间接证据。直接证据是指生产地点和废弃物。间接证据是指通过对成品的分

---

[1]　向金辉：《中国磨制石器起源的南北差异》，《南方文物》2014 年第 2 期。

[2]　赵志军：《中国古代农业的形成过程——浮选出土植物遗存证据》，《第四纪研究》2014 年第 1 期。

[3]　翟少冬：《华北地区磨制石器制作工艺考察》，《中原文物》2015 年第 1 期。

析所获得的信息，如标准化、效率、技能和地区差异等，这些被视为专业化的特征，用来描述专业化的程度[①]。虽然间接证据可能可以说明这些成品的专业化程度，但并不能代表这些专业化特征就是出土这些成品遗址的手工业生产特征，因为成品可以从其他遗址带过来。因此在讨论遗址上是否存在磨制石器生产的判断标准时，仅使用直接证据的方法。

确定生产发生的地点是确定工艺生产最直接的方法。永久性设施、生产工具和废弃物的存在被认为是确定手工业活动地点的主要证据。生产工具（如石锤、石片和压剥棒）和废弃物（如坯料、石核、断裂或打坏的残次品和石屑）在确定生产地点方面比永久性设施更为重要，因为在非工业生产中可能不需要永久性设施。对石器生产的研究表明，可以使用生产区域不同数量和种类的岩屑来识别不同的生产行为和不同的制作阶段，因为某些种类的废弃物与某些制作方法和生产阶段有关[②]。例如，大尺寸的石片通常意味着石器剥片过程的早期阶段。

大多数情况下，新石器时代和青铜时代的遗址都会出土磨制石器，但正如考斯汀所言，讨论一个遗址是否存在石器生产仅考察是否存在成品石器是不够的，因为成品石器有可能从其他遗址输入，所以除成品石器外，还需要考察是否发现原材料、石屑、石片、生产石器的工具等石器生产的副产品。正如本章第二节讨论的，磨制石器的生产存在一个制作流程，剥片、琢、磨、穿孔、切割、抛光等工艺会发生在不同石器的制作上。每个工艺步骤都会使用一些工具，也都会有副产品产生。剥片阶段需要石锤，可能也需要石砧，会产生石片和石屑；琢的阶段也会使用石锤，更多的石屑会产生；剥片和琢之后，或者仅仅剥片之后，一些石器的坯子就制作好了。石坯需要经过打磨才会最终形成磨制石器，而磨石则是打磨石器必备的工具。对于有些石器如石刀来说，穿孔也常常是必备的步骤。穿孔需要钻头，管钻会产生钻芯。对于较大的石料，除了

---

① Costing, C. L. 1991. Craft specialization: issues in defining, documenting and explaining the organization of production, *Archaeological Method and Theory* 3.

② Abadi-Reiss, Yael & Steven A. Rosen 2008. A chip off the old millstone: grinding stone production and distribution in the Early Bronze Age of the Negev, in *New Approaches to Old Stones: Recent Studies of Ground Stone Artifacts*, Yorke M. Rowan & Jennie R. Ebeling (eds.), Equinox Publishing Ltd；Andrefsky Jr., William 2005. *Lithics: Macroscopic Approaches to Analysis.* Cambridge University Press；Owen, Dale 2006. *When to Call a Spade a Spade: an Exercise in Experimental Archaeology on an Ancient Chinese Stone Tool.* M.A. thesis, La Trobe University.

剥片将其变小外，切割也是方式之一。粗糙的石器通常使用片切割，石锯则是切割需要使用的工具，而片切割也会在石料或石器上留下 V 型或 U 型底的直槽。这些石锤、磨石、钻头、石锯等制作石器的工具和石片、石屑、石坯等石器制作过程中产生的副产品就成为判断一个遗址上是否存在石器生产活动的直接证据。另外，根据遗址上发现的不同种类的制作工具和副产品，还可以判断遗址上存在哪些石器生产活动的步骤，例如，石片的发现意味着剥片行为的存在，石屑意味着剥片或琢的行为存在，而磨石的发现则意味着磨制活动的存在，钻头的发现则意味着可能有穿孔活动的发生。

目前在不少遗址上都发现了大量石器生产的副产品和制石工具。在湖北枝江红花套遗址发现上万件大溪文化晚期至屈家岭文化时期的石料、废料、石器成品、残次品、小石片、碎屑等，制石工具有石锤、砺石、石砧、尖状器等。这些发现表明红花套遗址上存在石器生产活动，该遗址曾经是石器生产地点[①]。在浙江桐庐方家洲遗址发现大量马家浜、崧泽时期与玉石器加工有关的遗存，表明玉石器生产在该遗址大量存在[②]。沈家畈遗址出土 1.5 万余件良渚文化时期的石器成品和半成品、毛坯等石器加工不同阶段的石制品及石料、石砧、石锤、磨石等石器生产所需的工具，表明遗址上存在石器加工活动[③]。在沈家里遗址发现海量良渚文化时期石制品，大多为石核及石器加工过程中的废料，也有少量半成品和残次品，罕见成品。另外还发现有石堆、工作坑和红烧土面。石堆大多为有人工取料痕迹的大石块，在遗址上分组摆放；工作坑出土大量石制品；红烧土面发现于石堆间隙。红烧土面和工作坑往往局部被石堆围绕，可能与石器制作相关，发掘者认为是一座石器加工场[④]。浙江嘉兴西曹墩遗址出土大量良渚文化时期与石器加工相关的遗物，包括 136 件砺石，有的扁平，有的呈条状，有的呈多棱形，有的含多个磨面，有的有深磨槽，还有大量石料、半成品、边角料、残石器，表明遗址上存在石器加工活动，并且灰沟南侧可能是主要的石器加工区，因为砺石、石料、残石器主要出土于灰沟南侧[⑤]。在灰嘴遗址

---

① 张弛、林春：《红花套遗址新石器时代的石制品研究》，《南方文物》2008 年第 3 期。

② 方向明：《方家洲：新石器时代的专业玉石制造场》，《中国文化遗产》2012 年第 6 期。

③ 《桐庐分水沈家畈遗址考古发掘专家论证会召开》，《之江文物》微信公众号 2023 年 5 月 16 日。

④ 李唯、施梦以、杨国梅：《从沈家里遗址看良渚文化石器工业》，《学习时报》2024 年 4 月 26 日第 7 版。

⑤ 赵晔、时西奇：《浙江嘉兴西曹墩遗址发现良渚文化石器加工遗存》，《中国文物报》2021 年 4 月 30 日第 8 版。

上发现数以千计的龙山至二里头文化时期白云岩和鲕粒灰岩的石片、石料、石铲坯、半成品、石片、石屑等，表明该遗址是一个以生产白云岩和鲕粒灰岩石铲为主的石器生产地点[①]。在王城岗遗址发现有龙山时期的石料、石片、石坯和钻芯，表明王城岗龙山时期有包括剥片和穿孔在内的石器生产活动存在[②]。两城镇遗址出土大量日常使用的工具坯和镞坯、矛坯、石料、石核、石片、石屑等石器加工过程的产品和磨石、石锤、石钻、石锯等制作石器的工具，表明遗址上曾存在大量的石器生产活动[③]。

来自生产地点的信息不仅有助于确定生产地点，而且还有助于区分手工业生产的组织形式。在一些遗址上不仅发现了石器生产的副产品和石器加工工具，还发现了与石器生产相关的场所，展现了不同的石器生产方式。

辽西地区兴隆洼和赵宝沟文化时期的许多房址内都发现有石器、石料、石坯，如南台子 F2[④]、小山 F1、F2[⑤]、赵宝沟 F7[⑥]，这些石制品在房址中的某个区域集中分布，其他区域还有磨盘、磨棒、陶器、兽骨、窖穴、墓葬等遗物或遗迹。李新伟认为这些遗址的房址内存在功能分区，有生活区、工作区、储藏区和仪式区，工作区包括食物加工和石器加工，可能还有骨器加工等，此时期的细石器生产出现初步专业化[⑦]。内蒙古高原南缘新石器时代中期的遗址中也发现有石核、石叶、石料、废片出土于房址中的情况，如内蒙古裕民遗址 F3、F6[⑧]，河北尚义四台遗址 2015 年发掘的 F1、F2[⑨]（图 2.5.1）。这些遗址上的石制品和其他生产生活用品共同出土于房址内，说明生产生活没有明显区分，石器生产方式可能不是专门的手工业作坊，而属于家户式。

---

① 中国社会科学院考古研究所河南省第一工作队：《2002—2003 年河南偃师灰嘴遗址的发掘》，《考古学报》2010 年第 3 期。

② 北京大学考古文博学院、河南省文物考古研究所：《登封王城岗考古发现与研究（2002—2005）》，大象出版社，2007 年。

③ 中美联合考古队：《两城镇：1998—2001 年发掘报告》，文物出版社，2016 年。

④ 内蒙古文物考古研究所：《克什克腾旗南台子遗址》，《内蒙古文物考古文集》第二辑，中国大百科全书出版社，1997 年。

⑤ 杨虎、朱延平：《内蒙古敖汉旗小山遗址》，《考古》1987 年第 6 期。

⑥ 中国社会科学院考古研究所：《敖汉赵宝沟——新石器时代聚落》，中国大百科全书出版社，1997 年。

⑦ 李新伟：《仪式圣地的兴衰：辽西史前社会的独特文明化进程》，上海古籍出版社，2017 年。

⑧ 内蒙古自治区文物考古研究所、乌兰察布市博物馆、化德县文物管理所：《内蒙古化德县裕民遗址发掘简报》，《考古》2021 年第 1 期。

⑨ 张家口市文物考古研究所：《河北尚义县四台新石器时代遗址发掘简报》，《考古》2018 年第 4 期。

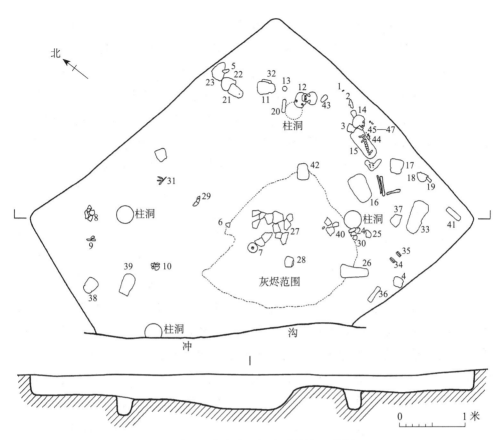

图 2.5.1　尚义四台遗址 2015 年发掘的 F1 平剖面图
（采自《河北尚义县四台新石器时代遗址发掘简报》）

1. 刻纹骨饰　2. 带齿石器　3、4、11、12、17、18、21—23、30、38、42. 石铲　5、14、20、36、41. 石磨
棒　6、8、10、25. 陶片　7. 有孔石器　9、29. 蚌器　13. 石饼形器　15、16、26、33、37—39. 石磨盘　19、
24、32、43. 石斧　27. 附加堆纹筒形陶罐　28. 素面筒形陶罐　31. 骨锥　34、35. 石整直器　40. 圈点纹筒形
陶罐　44. 穿孔石珠　45. 石核　46、47. 石叶

　　峡江地区大溪文化时期至屈家岭文化时期的石器生产则表现出另外一种
方式。1981 年，在湖北宜昌杨家湾大溪文化中晚期遗址东北部发现一处面积
1 000 平方米以上的花岗岩原生台面，其上遍布用作石料的大小砾石、石片、
石核、石坯和成型的石器，可能是一处石器制作场所[1]，属于利用户外天然地形
作为石器制作的场所。在巴东官渡口遗址也发现一处石器制作场所，有石料、

————————

　　[1]　林邦存：《宜昌杨家湾遗址的重要考古发现和研究成果》，《中国文物报》1994 年 10 月 23 日第
3 版。

半成品和部分成品堆积在一起，面积 20 平方米[①]，但不清楚其具体情况。

　　周原齐家遗址是目前发现为数不多的石制品作坊遗址。根据是否出土石玦生产资料、残次品和生产工具等为标准，可以确认遗址上有 5 处工作间和 40 座灰坑与石玦生产有关。工作间为较浅的半地穴式，形状比半地穴式房址更加不规则，但室内面积较大，是同期普通房址的 2 倍以上，有用火痕迹和踩踏面；出土了石料、石玦残次品及生产工具等；空间上靠近出土制玦遗存的灰坑；周边没有柱洞及其他与建筑相关的附属设施，可能是工棚之类的生产空间。40 座灰坑中有些出土了大量与石玦生产相关的石料、残次品和工具等，有些仅有少量出土，推测这些灰坑可能分工不同，是具有原石备料、产品及工具储藏、废料收纳等不同功能的设施。有些灰坑中还出土石刀和石斧的毛坯，说明遗址上也有少量石刀和石斧的生产活动。[②]周原齐家遗址与制玦活动有关的浅穴式工作间等永久性生产设施为石器生产场所的辨别提供了重要参考。

　　此外，目前发现的玉石器生产场所，也可以为石器生产场所的形式判定做参考。浙江桐庐方家洲遗址和良渚遗址群内的塘山遗址发现有与玉石器加工相关的场所遗迹。方家洲遗址出土砾石原料、石器半成品、石片、石锤、石砧、磨石、海量废弃石片等与玉石加工有关的石制品 2 万余件，还发现 3 座底部有柱痕的灰坑，其中一座近方形的 H30，坑内出土有石片、坯料、石砧、砾石、红烧土块，坑底一角还发现一个深 50 厘米的柱痕，可能与玉石制造有关[③]。塘山遗址出土 400 余件良渚晚期的制玉工具，包括砂岩的砺（磨）石，凝灰岩的切磋用石和黑石英的雕刻用石，另外还发现百余件带有切割痕迹的玉料、管钻内芯和残玉器。没有发现确定是作坊的室内场所，但发现 3 处用石块砌成特殊形状的遗迹，在不到 1 平方米的范围内，用若干较平整的石块布列成一处"工作台"，有的平整放置，有的直立入土中，围成一个小空间。在其东侧还有近 10 块同一平面的块石[④]。不同于北方地区和峡江地区，这里玉石器的制作场所不确定是户外还是室内，但经过人工搭建。塘山遗址平整的工作台也许是因为

---

　　① 王然：《巴东官渡口新石器时代、商周及汉代遗址》，《中国考古学年鉴（1995）》，文物出版社，1997 年。

　　② 孙周勇：《玦出周原：西周手工业生产形态管窥》，上海古籍出版社，2022 年。

　　③ 方向明：《方家洲：新石器时代的专业玉石制造场》，《中国文化遗产》2012 年第 6 期。

　　④ 王明达、方向明、徐新民、方忠华：《塘山遗址发现良渚文化制玉作坊》，《中国文物报》2002 年 9 月 20 日第 1 版。

本身是一处制玉遗址的关系，但对于分析石器生产场景仍具有重要参考意义。

　　河南黄山遗址提供了判断玉石器加工作坊的参考标准。该遗址发现大量与玉石器加工有关的遗存，其中主要是仰韶文化中晚期和屈家岭文化时期的。仰韶文化中晚期建筑址 24 座，包括长方形木骨泥墙多间套式长房、墙基式建筑、柱列式建筑和圆形地面式建筑。木骨泥墙式长房为"前坊后居"或"坊居合一"式建筑，多发现有磨石墩、玉石器、制玉砂岩质工具及少量的骨器和独山玉料，一些地面有磨玉石残留的"砂石浆"沉积。长房主要用来居住，并有磨制玉石器作坊的功能，还生产骨镞和骨锥。柱列式建筑包括带围墙的大作坊和长方形、圆形作坊，作坊内发现较多的砂岩制玉石工具和一些玉石器半成品、废品、坯料、石核，有的屋外还有较厚的"砂石浆"沉积。另外，部分灰坑内出土较多玉石料。房址内发现的制玉石工具包括磨石墩、钻杆帽、钻头、锤、磨石棒、磨石片，还发现有玉料和石耜坯。屈家岭文化时期建筑址 22 座，17 座为残存柱洞的柱列式、长方形墙基式、圆形半地穴式建筑，5 座为长方形柱列式工棚作坊和露天式作坊，活动面上均有排列有序的磨石墩。大中型墓葬中发现有制玉石的工具、玉料和玉石坯料。制石工具包括陀螺形钻头、菱形薄片式钻头、钻杆帽、磨石墩、磨石棒等。还发现有打制的器坯、琢制的器坯、粗磨器坯等，包括石耜琢坯①。虽然目前还没有发现类似黄山制玉作坊这样单纯制作日常石器的作坊，但黄山制玉作坊无疑为判断制石作坊提供了标准。

　　从以上发现可以看出，石器生产副产品和制石工具的发现可以表明遗址上存在石器生产活动，但单凭此还难以确定石器生产的场所形式。石器生产场所的形式多样，上面列举的制石场所的不同形式，也许是由于地域、年代、生产阶段、产品的不同所致，但也说明石器生产形式既可以是天然地形、露天工棚，也可以是家户生产，确定的室内作坊形式目前没有发现，但也不是没有可能。而制石场所的确立除了石器生产副产品和制石工具外，至少还需要有一个制作石器的活动面，同时根据这个活动面周围是否有柱洞和柱洞的分布，判断是否属于一所房子，以及其他相关遗迹现象来判断石器生产场所的形式。而生产场所上具体的生产内容则需要根据石器生产副产品和制石工具的种类及其在活动面上的空间位置来判定。

---

　　① 河南省文物考古研究院、南阳市文物考古研究所：《河南南阳市黄山新石器时代遗址》，《考古》2022 年第 10 期。

第三章
华北地区磨制石器的出现及其
取代打制石器的过程

磨制石器是指石器全身或局部磨光的石器，对于有刃石器来讲，局部磨光一般是刃部磨光。磨制石器的磨光是制作磨光，有别于使用形成的磨光，例如石磨盘和石磨棒的磨光。王强在对石磨盘和石磨棒进行制作实验后认为石磨盘和石磨棒的加工是一种打制或琢制过程，并不存在磨制程序，亦不主张将其划归磨制石器[①]。吴加安将石磨盘分为打制、带腿、三角形长体、马鞍形、不规则形五类，这五类中均未提到石磨盘需要磨制[②]。因此打制和琢制而成但由于使用形成磨光的石磨盘和石磨棒，本书不归入磨制石器的范畴。石臼和石杵等石研磨器的磨光属于制作磨光，因为石臼石杵的研磨面如果不打磨难以将物质研磨成粉，宜归入磨制石器。磨制石器在旧、新石器时代过渡时期出现，之后数量逐渐增多，并取代打制石器成为主要生产工具。本章主要梳理磨制石器在华北地区的出现及取代打制石器的过程，并对这一现象背后的动力机制进行分析。

第一节　旧、新石器时代过渡时期和新石器
时代早期——磨制石器出现

磨制石器是新石器时代的标志之一，它的出现可以追溯到旧、新石器时代过渡时期。这一时期的磨制石器在华北华南部分遗址都有出现，但打制石器仍是主要的工具类型，磨制石器的数量很少，而且一般只是局部磨光，器型也多限于小型斧、锛等。本节包括旧、新石器时代过渡时期和新石器时代早期，年

---

① 王强：《海岱地区史前时期磨盘、磨棒研究》，科学出版社，2018年。
② 吴加安：《石器时代的石磨盘》，《史前研究》1986年第Z2期。

代范围参照龙王辿遗址第一地点第 4 层出土的华北地区最早的局部磨制的铲形器的年代，定为大约距今 25 000 年—9 000 年。

一、华北北部——内蒙古高原南缘至燕山南麓

华北北部地区主要指内蒙古高原南缘至燕山南麓地区。这一地区发现的旧、新石器时代过渡时期的遗址主要有河北阳原于家沟遗址、虎头梁遗址、康保兴隆遗址、尚义四台遗址、北京的东胡林遗址、转年遗址。

河北阳原于家沟遗址出土大量的石制品，大多为细石器和打制石器，少量为磨制石器，还发现陶片数件，第 3b 文化层发现陶片 8 件，第 4 文化顶部发现陶片 3 件，另外还有装饰品。其中通体磨制的石斧③：259（图 3.1.1，2）出土于 3a 层，年代约 1.1 万年。单面局部磨制的石矛头（图 3.1.1，1）和陶器共出于第 4 层上部[1]，碳十四测定陶片的校正年代约为 1.36 万年，早于南庄头、转年和东胡林遗址出土的陶片，是目前中国北方地区最早的陶器[2]。第 4 层还发现石磨盘，可能用于研磨颜料[3]。

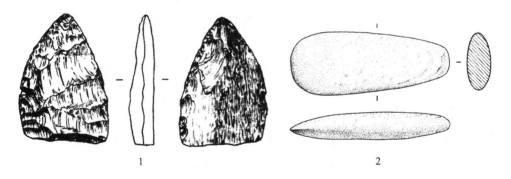

图 3.1.1　河北阳原虎头梁遗址出土的磨制石器

（采自《泥河湾盆地旧、新石器时代的过渡——阳原于家沟遗址的发现与研究》图 3-52，1 和图 3-28）

1. 第 4 层出土的单面局部磨制的石矛头　2. 第 3a 层出土的通体磨光的石斧

---

① 梅惠杰：《泥河湾盆地旧、新石器时代的过渡——阳原于家沟遗址的发现与研究》，北京大学博士研究生学位论文，2007 年。

② 林杉、敖红、程鹏、卫奇、张鹏、舒培仙、李兴文：《泥河湾盆地于家沟遗址 AMS-^{14}C 年代学研究及其考古学意义》，《地球环境学报》2018 年第 2 期。

③ 梅惠杰：《泥河湾盆地旧、新石器时代的过渡——阳原于家沟遗址的发现与研究》，北京大学博士研究生学位论文，2007 年。

　　阳原虎头梁遗址也是旧石器时代晚期较晚阶段的遗址，楔状石核和尖状器是这里的代表性器物[1]，虽然也发现了几件锛状器，但均为打制，非磨制[2]。此外同样属于虎头梁文化的马鞍山遗址也发现有打制的锛状石器[3]。

　　河北康保兴隆遗址位于内蒙古高原南缘的低山丘陵地区较为宽阔的山谷中，遗址周围地貌形似山间盆地。遗址上发现旧、新石器时代过渡遗存和新石器时代遗存，年代为距今 13 500 年—10 000 年。旧、新石器时代过渡遗存主要发现在 G5 的第 6 层堆积中，包括细石核、细石叶、石片、磨石、动物骨骼等，未发现磨制石器[4]。

　　河北尚义四台遗址位于一个南北狭长的小盆地，盆地中间是一个天然的水淖。发现的遗存可以分为五组，第一、二组的年代分别为距今 10 400 年—10 000 年和 9 400 年—9 000 年，属于旧、新石器时代过渡时期和新石器时代早期遗存。第一组发现的遗迹主要为 6 座近方形或长方形半地穴式房址，内有柱洞、地面灶，多为灰烬堆积，不见红烧土堆积。出土石器、石片、石磨盘、石磨棒、骨角器、石块、陶片，以石器和石片数量最多，石器主要为打制石器、细石器和研磨器。第二组发现的遗迹主要为 4 座圆角方形或长方形的半地穴房址，内有柱洞和浅灶坑或地面灶，出土遗物主要有石器、石片、动物骨骼、骨角牙器、陶片，其中石器和石片数量最多，石器主要为打制石器、研磨器和细石器[5]。

　　对坝上地区早期农业发展与气候环境变化关系的研究表明，距今 11 500 年之前，气候较干，植被景观以草原为主；中全新世早期距今 8 500 年—7 000 年，剖面的有机质含量和磁化率达到最高值，指示这一地区的气候条件最为温暖湿润，植被覆盖和生产力达到最高值[6]。考古记录揭示，早全新世时期先民的生存方式为单一的狩猎采集经济，中全新世早期出现了狩猎采集和农业种植混

① 盖培、卫奇：《虎头梁旧石器时代晚期遗址的发现》，《古脊椎动物与古人类》1977 年第 4 期。

② 朱之勇：《虎头梁遗址中的锛状器》，《北方文物》2008 年第 2 期。

③ 梅惠杰：《泥河湾盆地旧、新石器时代的过渡——阳原于家沟遗址的发现与研究》，北京大学博士研究生学位论文，2007 年。

④ 中国国家博物馆、河北省文物考古研究院、张家口市文物考古研究所、康保县文物局、暨南大学历史学系：《河北康保县兴隆遗址 2018—2019 年发掘简报》，《考古》2021 年第 1 期。

⑤ 河北省文物考古研究院、张家口市文物考古研究所、尚义县文化广电和旅游局：《河北尚义县四台新石器时代遗址》，《考古》2023 年第 7 期。

⑥ 赵克良、刘俊池、赵战护、魏惠平、白广一、石宇翔、周新郢、李小强：《中国北方坝上草原早—中全新世环境变化与农业活动》，《第四纪研究》2024 年第 5 期。

合经济，中全新世早期温暖湿润的气候促进了这一地区
森林草原植被的发育，土地生产力提高，为定居和低水
平旱作农业在中国北方的发展提供了有利条件。

北京门头沟东胡林遗址距今 11 000 年—9 000 年，
发现有火塘、灰坑、墓葬，遗物有打制石器、磨制石
器、细石器、骨蚌器等。石器以打制石器居多，其次
是细石器，磨制石器的数量很少，器型为小型斧、锛，
一般局部磨光，器身仍保留打击疤痕，个别器物通体
磨光，如小石锛 T9 ⑥：44（图 3.1.2）。另外还出土了
石臼和用于研磨赤铁矿的石研磨器，以及石磨盘、石
磨棒和陶器[①]。东胡林遗址上浮选出 1 663 粒炭化植物种
子，其中 900 多粒是黄檗树种子，只有 14 粒炭化粟粒
和 1 粒炭化黍粒。根据对东胡林遗址周围环境及发现的
遗迹和遗物的综合判断，东胡林先民的生业形态仍为狩
猎采集[②]。

图 3.1.2　东胡林遗址出
土的磨制石锛
（采自《北京市门头沟区东
胡林史前遗址》图版贰，2）

北京怀柔转年遗址距今 1 万年左右，出土石制品
18 000 余件，主要为打制的小型石器和细石器，以及少
量的磨制石器，磨制石器包括小石斧、锛状器和石容器残片。该遗址还发现石
磨盘、石磨棒和少量陶片[③]。

二、华北南部——华北平原区

华北南部地区主要指华北平原地区，这一地区发现的旧、新石器时代过渡
时期的遗址主要有河北徐水南庄头遗址和新密李家沟遗址。

河北徐水南庄头遗址位于人行山前洪积扇形平原区，距今 1 万年左右。遗
迹发现有灰坑、灰沟和灶。发现的石制品有打制石器、石锤、石核、石片、石

①　北京大学考古文博学院、北京大学考古学研究中心、北京市文物研究所：《北京市门头沟区东胡
林史前遗址》，《考古》2006 年第 7 期。

②　赵志军、赵朝洪、郁金城、王涛、崔天兴、郭京宁：《北京东胡林遗址植物遗存浮选结果及分
析》，《考古》2020 年第 7 期。

③　郁金城：《从北京转年遗址的发现看我国华北地区新石器时代早期文化的特征》，《北京文物与考
古》第五辑，北京燕山出版社，2002 年。

磨盘、石磨棒，不见细石器和磨制石器，还发现一些陶片、骨角器。另外还发现有大量动物骨骼，以野生动物为主，同时发现了中国最早的驯化狗骨骼，是否存在家猪目前存在争议。1987 年的发掘发现一根带有人工凿孔的木棒，孔径 1.3 厘米，碳十四年代测定为距今 9 810 ± 100 年。还发现一件带有人工凿割凹槽的长 1 米、宽 0.2 米的木板，碳十四年代测定为距今 9 875 ± 160 年[①]。南庄头遗址区是人类获取动植物资源以及就地加工、进食的场所[②]，目前无论从考古发现还是古植被和古环境演变的角度，都没有足够的证据表明当时农业已经出现[③]，生业经济还是采集狩猎。

图 3.1.3　李家沟遗址细石器层出土的局部磨光的石锛（采自《河南新密市李家沟遗址发掘简报》图版三，2）

河南新密李家沟遗址是旧石器时代晚期向新石器时代过渡时期的遗址，北区 4—6 层年代为距今 10 200 年—8 500 年，南区第 6 层的年代为距今 10 500 年—10 300 年，第 5 层的年代为距今 10 000 年—9 000 年[④]。其中北区 5—6 层和南区第 5 层发现有新石器时代早期文化遗存，发现陶片超过 200 件，并发现有石磨盘，细石器明显减少。南区第 6 层为细石器文化层，发现有石块聚集的"石圈"，2 件陶片和打制石器、细石叶、石核、石片和一件局部磨光的石锛 10XL∶0282（图 3.1.3）[⑤]。李家沟遗址的发现表明旧、新石器时代过渡时期，人类流动的狩猎活动逐渐从大型动物转向小型动物，肉类资源利用减少，利用植物性资源的稳定性生活逐渐开启[⑥]。

①　保定地区文物管理所、徐水县文物管理所、北京大学考古系、河北大学历史系：《河北徐水县南庄头遗址试掘简报》，《考古》1992 年第 11 期；河北省文物研究所、保定市文物管理所、徐水县文物管理所、山西大学历史文化学院：《1997 年河北徐水南庄头遗址发掘报告》，《考古学报》2010 年第 3 期。

②　王辉、鲁鹏、郭明建、陈盼盼、饶宗岳：《徐水南庄头遗存的沉积学考察及相关问题》，《南方文物》2020 年第 4 期。

③　李月从、王开发、张玉兰：《南庄头遗址的古植被和古环境演变与人类活动的关系》，《海洋地质与第四纪地质》2000 年第 3 期。

④　北京大学考古文博学院、郑州市文物考古研究院：《河南新密市李家沟遗址发掘简报》，《考古》2011 年第 4 期。

⑤　北京大学考古文博学院、郑州市文物考古研究院：《河南新密市李家沟遗址发掘简报》，《考古》2011 年第 4 期；《河南新密李家沟遗址南区 2010 年发掘简报》，《中原文物》2018 年第 6 期。

⑥　王幼平：《新密李家沟遗址研究进展及相关问题》，《中原文物》2014 年第 1 期。

三、华北东部——海岱丘陵山区

华北东部地区主要指海岱地区的丘陵山区。这一地区发现的旧、新石器时代过渡时期的遗址主要有山东沂源扁扁洞遗址和黄崖遗址、临淄赵家徐姚遗址。

山东沂源扁扁洞遗址的文化层年代为距今 10 120 年——9 550 年[①]，在新石器时代文化层中发现烧土面、灰坑、陶片（可辨器型有釜、钵）、石磨盘、石磨棒、石核、小石片、石屑、兽骨等，不见典型细石器加工工艺产品[②]。植物和动物遗存分析表明，当时人类的生活主要以采集狩猎为主，植物资源的利用仅限于朴树和核桃的果实，其他草本植物，除豆科植物可能用作食物外，其他种属可能用于取火[③]。

山东沂源黄崖村一个山洞中也发现新石器时代早期遗存，但该址可能不是人类活动的主要场所，而是堆积垃圾的地方。其年代比扁扁洞可能略晚，陶器较扁扁洞进步，较接近后李文化[④]。

山东临淄赵家徐姚遗址位于淄河下切之前的冲积扇前缘，是一处旧石器时代向新石器时代过渡的遗址，距今 15 000 年—11 000 年，遗址上发现多频次红烧土堆积，在红烧土西侧发现了一处保存完整的临时性人类活动营地（距今 13 300 年—13 100 年）。营地面积 400 平方米，出土火塘和陶片、陶塑、动物骨骼、蚌壳制品和石制品等千余件，其中陶片 250 余件，陶塑 100 余件，石制品 50 余件，多为石灰岩的权宜性工具，可能与动物骨骼加工有关。遗址上还发现一些有明显切割和使用痕迹的蚌质工具。赵家徐窑遗址陶器和多频次红烧土的发现表明当时人类活动流动性降低[⑤]。

四、华北西部——太行山以西的晋陕高原

华北西部主要指太行山以西的晋陕高原地区。这一地区发现的旧、新石器时代过渡时期的遗址主要有山西吉县柿子滩遗址和蒲县薛关遗址。另外，在旧

[①]　徐珍珍、高华中：《山东沂源扁扁洞遗址古人食物结构分析》，《农业考古》2016 年第 1 期。
[②]　孙波、崔圣宽：《试论山东地区新石器时代早期遗存》，《中原文物》2008 年第 3 期。
[③]　徐珍珍、高华中：《山东沂源扁扁洞遗址古人食物结构分析》，《农业考古》2016 年第 1 期。
[④]　孙波、崔圣宽：《试论山东地区新石器时代早期遗存》，《中原文物》2008 年第 3 期。
[⑤]　赵益超、孙倩倩：《从临淄赵家徐姚遗址看旧、新石器过渡阶段》，《中国社会科学报》2023 年 5 月 18 日。

图 3.1.4　龙王辿遗址第一地点第 4 层出土的局部磨制的铲形器

（采自《龙王辿遗址第一地点：旧石器时代晚期遗址发掘报告》图版九四）

石器时代晚期距今约 2.5 万—2.1 万年的陕西宜川龙王辿遗址第一地点发现了一件局部磨制的铲形器。

陕西宜川龙王辿遗址第一地点第 4 文化层是该地点年代最晚的旧石器时代地层，距今 2.5 万—2.1 万年，共出土石制品 10 336 件，其中大多是石块、断块、石片和碎屑，石器中数量最多的是细石器。出土 1 件磨制石器（2005I ④：1126），铲形，页岩制成，顶端刃部两面磨制呈弧形刃（图 3.1.4）。根据对第四层出土石磨盘的残留物分析，表明龙王辿第一地点第 4 文化层时古人采集和加工的主要种子植物是黍族和小麦族[①]。

山西吉县柿子滩遗址是一个旧石器时代晚期以小型石片石器和细石器为主的遗址[②]，属于旷野型古人类临时营地[③]。各地点都发现有大量石核、石片和细石器，没有发现磨制石器，但在多个地点均发现石磨盘，如年代最早的 S29 地点第 7 文化层（距今约 2.6 万—2.4 万年）[④]，S14 地点的第 2—4 文化层（年代分别为距今 18 611—17 901 年、21 150—19 550 年和 23 021—22 353 年）[⑤]以及年代最晚的 S9 地点（距今约 1 万年，但 S9DH01 用火遗迹中心炭块碳 14 测年数据为 8 340 ± 130BP）[⑥]。对 S14 地点和 S9 地点出土石磨盘上的淀粉粒[⑦]和出土动物的骨骼研究表明，柿子滩先民仍以狩猎采集为主，但狩猎对象转向中型鹿类以及小型哺乳动物，对植物型资源利用增强。

---

① 中国社会科学院考古研究所、陕西省考古研究院：《龙王辿遗址第一地点：旧石器时代晚期遗址发掘报告》，文物出版社，2021 年。

② 赵静芳：《柿子滩遗址 S12 地点发现综述》，《考古学研究（七）》，科学出版社，2008 年。

③ 柿子滩考古队：《山西吉县柿子滩旧石器时代遗址 S14 地点》，《考古》2002 年第 4 期。

④ 山西大学历史文化学院、山西省考古研究所：《山西吉县柿子滩遗址 S29 地点发掘简报》，《考古》2017 年第 2 期。

⑤ 柿子滩考古队：《山西吉县柿子滩旧石器时代遗址 S14 地点 2002—2005 年发掘简报》，《考古》2013 年第 2 期。

⑥ 柿子滩考古队：《山西吉县柿子滩遗址第九地点发掘简报》，《考古》2010 年第 10 期。

⑦ 刘莉、希恩·贝斯泰尔、石金鸣等：《中国北方地区旧石器时代末次盛冰期人类对植物性食物的利用》，《南方文物》2017 年第 4 期；宋艳花、石金鸣、刘莉：《从柿子滩遗址 S9 地点石磨盘的功能看华北粟作农业的起源》，《中国农史》2013 年第 3 期。

山西蒲县薛关遗址是另外一处旧石器时代晚期以小型石片石器和细石器为主要特征的遗址，年代距今 13 550 ± 150 年，没有发现磨制石器，也没有发现石磨盘和石磨棒[①]。

五、旧、新石器时代过渡时期的石器特征和磨制石器出现原因分析

从目前的考古资料来看，华北地区出现局部磨制石器的遗址有北部的阳原于家沟遗址、东胡林遗址、转年遗址，南部的李家沟遗址和西部的陕西宜川龙王辿遗址。其中龙王辿遗址刃部有磨制痕迹的铲形石器的年代为距今约 2.5 万—2.1 万年，但器型不似人工制作而成。尽管目前全世界范围内超过 3 万年的磨刃工具已经出现在澳大利亚、日本、韩国等地[②]，但与龙王辿遗址仅隔黄河相望的柿子滩遗址（距今约 2.6 万—1 万年）的众多石器地点均未发现一件磨制石器的情况来看，我们不得不思考龙王辿这件局部磨制石器的偶然性。于家沟遗址第 4 层出土的距今约 1.36 万年的单面磨光的矛头状石器与新石器时代的磨制石器相比也显示出较强的原始性。而于家沟遗址第 3 层出土的磨制石器和东胡林遗址、转年遗址及华北南部的李家沟遗址出土的距今 1 万年左右的磨制石器则显示出更为成熟的形态和磨光工艺。

旧石器时代晚期世界范围内的考古发现表明，这一时期冰期逐渐结束，气候开始转暖，人类从洞穴走向旷野，开始在河湖附近阶地平原露营，因而对居住地和居住方式有所要求，这就产生对建筑材料的要求。而中国和日本、澳大利亚早期磨制石器的类型几乎都是与木作有关的斧、锛等器型，因此有学者认为磨制石器的出现可能是为了满足定居对建筑房屋的需求[③]。

从华北地区的考古发现来看，锛状器和磨制石锛乃至磨制石斧出现的时间与以房址出现为标志的定居出现的时间较为契合。打制锛状器在华北地区泥河湾盆地的虎头梁、马鞍山[④]、籍箕滩[⑤]和燕山南麓孟家泉[⑥]等旧石器时代和旧、新

---

①　王向前、丁建平、陶富海：《山西蒲县薛关细石器》，《人类学学报》1983 年第 2 期。

②　陈宥成、曲彤丽：《旧大陆东西方比较视野下磨制石器起源探讨》，《考古》2020 年第 10 期。

③　钱耀鹏：《略论磨制石器的起源及其基本类型》，《考古》2004 年第 12 期。

④　冯玥、梅惠杰、谢飞、孙秀丽、王幼平：《河北阳原马鞍山遗址 1997—1998 年发掘基本材料与初步认识》，《人类学学报》2024 年第 1 期。

⑤　河北省文物研究所：《籍箕滩旧石器时代晚期细石器遗址》，《文物春秋》1993 年第 2 期。

⑥　河北省文物研究所、唐山市文物管理所、玉田县文保所：《河北玉田县孟家泉旧石器遗址发掘简报》，《文物春秋》1991 年第 1 期。

石器过渡时代遗址中已经出现，磨制石锛也在万年前后华北平原的李家沟细石器文化层和燕山南麓的北京东胡林、转年等新石器时代早期遗址中出现。于家沟遗址 3a 层还发现有距今 1.1 万年的磨制石斧。华北地区目前发现的最早的房址——尚义四台第一组房址的年代也为距今万年左右，这显示了磨制石器和定居形式之间的关系。另外在东北地区，黑龙江小南山遗址第一期[①]和吉林白城双塔遗址第一期[②]等也都发现有旧、新石器时代过渡时期的房址，其中小南山遗址第一期房址的年代可以早到距今 1.5 万—1.35 万年[③]，在黑龙江伊春桃山[④]和吉林白城双塔等东北地区旧、新石器时代过渡时期的遗址中同样发现有打制锛状器和磨制石锛及石斧。说明在东北地区磨制石器的出现和定居之间同样有着紧密关系。作为重要的木作工具，旧、新石器过渡时期的先民们在使用了一段时间的打制斧、锛后可能发现，刃部经过磨制的石斧、锛在作用于木头时的效率似乎更高，因此在使用过程中逐渐对其刃部进行改进，由打制变为磨制，以更加适合木作加工。看来华北乃至北方地区磨制石器的出现可能确实和人类生活流动性的降低、定居生活方式的逐渐确立关系较大。而对于有着诸多天然洞穴作为居住地的南方地区来说[⑤]，磨制石器的出现和定居之间的关系可能远不如华北和东北地区。

　　另一个值得注意的现象是，旧、新石器时代过渡时期的大多数遗址都发现有石磨盘和石磨棒，吉县柿子滩遗址（距今 2.6 万—1 万年）的多个地点均发现有石磨盘和石磨棒，东胡林、转年等遗址均发现有石磨盘和石磨棒。对柿子滩遗址出土的石磨盘和石磨棒的研究表明，这些工具与植物性资源的利用有关。而对东胡林遗址出土石磨盘和石磨棒提取的淀粉粒的分析表明，带有野生狗尾草特点的淀粉粒逐步减少，带有驯化粟性状的比例从早期到晚期不断上升，表明对植物性资源利用的增强[⑥]。转年遗址出土陶片上提取的淀粉粒分析表

　　① 黑龙江省文物考古研究所、饶河县文物管理所：《黑龙江饶河县小南山遗址 2015 年 III 区发掘简报》，《考古》2019 年第 8 期。

　　② 吉林大学边疆考古研究中心、吉林省文物考古研究所：《吉林白城双塔遗址新石器时代遗存》，《考古学报》2013 年第 4 期。

　　③ 李有骞：《黑龙江饶河小南山遗址 2019—2020 年度考古发掘新收获》，《中国文物报》2021 年 3 月 19 日。

　　④ 岳健平、侯亚梅、杨石霞等：《黑龙江省桃山遗址 2014 年度发掘报告》，《人类学报》2017 年第 2 期。

　　⑤ 向金辉：《中国磨制石器起源的南北差异》，《南方文物》2014 年第 2 期。

　　⑥ 赵志军、赵朝洪、郁金城等：《北京东胡林遗址植物遗存浮选结果及分析》，《考古》2020 年第 7 期。

明,部分小米淀粉粒应当来自驯化过程的粟[①]。南庄头遗址石磨盘和石磨棒上提取到的淀粉粒分析表明,具有驯化性状的粟淀粉含量将近50%[②],与东胡林差不多。虽然大量的发现和研究表明,这一时期华北地区的生业经济形式依然是狩猎和采集[③],但对植物的资源利用确实也在不断增强。华北地区这一时期磨制石器的出现虽然看上去可能和植物资源的利用关系不大,但也并非毫无关系。人类为什么会开始定居的生活方式? 这也许和植物性资源利用的增强有关。对植物性资源利用的增强使得人类在一个地方的停留的时间逐渐开始增多,对斧、锛等木作工具的需求也相应增多,打制的锛、斧逐渐发展成为刃部经过磨制的锛、斧。与华北地区不同,南方地区磨制有孔石器的出现则可能与南方地区对块茎类植物资源的大量利用有关,穿孔石器与木棒结合用于挖掘植物根茎,使用斧锛等工具加工木棒[④]。

　　这一时期华北地区的石器生产有着明显的旧石器时代晚期的特征,各遗址普遍发现有细石器,且都发现有较多的石核、石片等石器加工的副产品。石器的生产和加工一般分布在火塘周围,在发现有火塘的地方一般都有石片、石核的集中分布。如转年遗址发现大量石核、石片、石屑,成品石器较少,显示出其石器制造场的性质[⑤]。柿子滩遗址S14地点和S9地点发现有多处用火痕迹,其中多有炭块、炭屑、动物骨骼和石制品[⑥]。尚义四台遗址的第一组房址里则发现有细石核和细石叶,F6和F10的居住面上都出土有细石器[⑦]。这一时期石器生产是各遗址生产生活必需的日常性活动,与人类生产生活紧密相关。

　　另外,目前早期磨制石器在华北北部山区和南部平原地区的发现要多于东部丘陵山地和西部高原地区,这显示出华北不同地区的先民对环境变化适应速率的不同,这种不同也许和各区的自然环境有关。

---

　　① Yang X Y, Mazk, Wang T. et. al. 2014. Starch grain evidence reveals early pottery function cooking plant foods in North China. *Chinese Science Bulletin*, 59(32).

　　② Yang X Y, Wan Z W, Perry L, et. al. 2012. Early millet use in northern China, *Proceedings of the National Academy of Sciences*, 109(10).

　　③ 张弛:《中国新石器化的最初进程》,《史前考古》2024年第1期。

　　④ 向金辉:《中国磨制石器起源的南北差异》,《南方文物》2014年第2期。

　　⑤ 郁金城:《从北京转年遗址的发现看我国华北地区新石器时代早期文化的特征》,《北京文物与考古》第五辑,北京燕山出版社,2002年。

　　⑥ 柿子滩考古队:《山西吉县柿子滩旧石器时代遗址S14地点》,《考古》2002年第4期;柿子滩考古队:《山西吉县柿子滩遗址第九地点发掘简报》,《考古》2010年第10期。

　　⑦ 河北省文物考古研究院、张家口市文物考古研究所、尚义县文化广电和旅游局:《河北尚义县四台新石器时代遗址》,《考古》2023年第7期。

第二节　新石器时代中期——磨制石器的
比例和类型逐渐增多

新石器时代中期（约距今 9 000 年—7 000 年）开始，磨制石器的数量逐渐增多，器型也逐渐丰富。在磁山遗址第一层文化遗存中，磨制石器的数量已经占到石器总数的一半以上，但制作粗糙，种类不多。裴李岗遗址已发现有通体磨光的石铲、石斧。但华北地区范围广大，各地情况不同，华北平原周围各地区的石器表现出与华北平原不一样的面貌。

一、华北北部——内蒙古高原南缘至燕山南麓

该地区新石器时代中期的遗址主要有裕民遗址、四麻沟遗址、乃仁陶勒盖遗址、尚义四台遗址、康保兴隆遗址、阳原姜家梁遗址房址、北京平谷上宅遗址早期、北京镇江营新石器时代第一期等。

裕民遗址位于锡林郭勒草原和冀北坝上相接地带的丘陵山地，第 4 层出土木炭、人骨、动物骨骼样品的碳十四测定结果显示年代范围为 8 400 年—7 600 年。第 4 层下发现有 14 座半地穴式房址和 1 条灰沟，遗物主要出自第 4 层和房址。4 500 余件遗物中 98% 为石制品，以打制石器为主，还有一些研磨器和少量磨制石器。打制石器包括锛状器、端刮器、刮削器、石核、尖状器、砍砸器等，碾磨器包括磨盘、磨棒、磨石，磨制石器包括石斧 3 件、石凿 1 件、石锛 1 件、石球 1 件、箭杆整直器 2 件（图 3.2.1）。出土陶器较少，类型有尖圜底釜、圜底筒形罐、片状器、杯等。部分房址中有集中出土打制石器废片的现象。另外发现大量骨器。石器和陶器上提取的残留物分析表明，利用的植物类型包括小麦族、黍亚科及块茎类植物[1]。

四麻沟遗址西距裕民遗址 6.5 公里，可能为季节性营地式聚落，裕民遗址为冬季营地，四麻沟遗址为夏季营地。根据对出土木炭和动物骨骼的碳十四年代测定，早段的年代和裕民遗址第 4 层接近，中、晚段的年代为距今 7 500

---

[1]　内蒙古自治区文物考古研究所、乌兰察布市博物馆、化德县文物管理所：《内蒙古化德县裕民遗址发掘简报》，《考古》2021 年第 1 期。

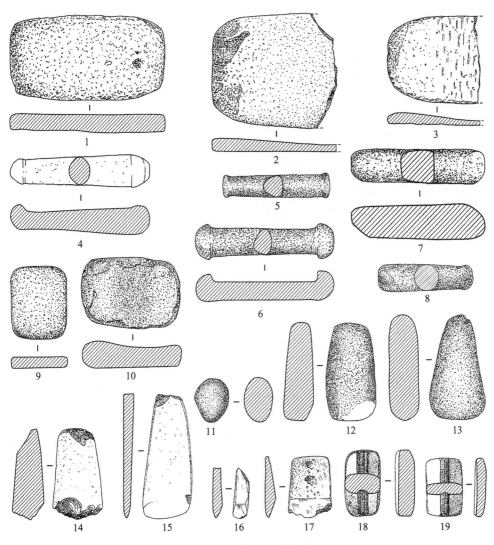

图 3.2.1　裕民遗址出土的部分石器
（采自《内蒙古化德县裕民遗址发掘简报》图十六）

年—7 000 年左右。共发现半地穴式房址 19 座、室外灶 21 座。遗物主要出土于第 4 层和房址。4 000 余件遗物中大部分为石制品，骨器其次，少量陶器残片和兽骨。石制品主要有磨盘、磨棒、磨石、铲、锄、犁、镰、镐、饼形器、斧、杵、刀、锛、锛状器、砍砸器、敲砸器、刮削器、石核、石刃、镞、穿孔器、尖状器，其中除少量斧、刀、锛、穿孔石器为局部或通体磨制外（图 3.2.2），其他均为打制石器和碾磨器。陶器数量较少，可辨器型为筒形罐、敞

图 3.2.2　四麻沟遗址出土的磨制石斧和石铲
（采自《内蒙古化德县四麻沟遗址发掘简报》图二十一）

口小底罐、圜底杯等。与裕民遗址相比，四麻沟遗址石器的种类更加丰富，重型工具比例较高，锛状器减少，细石叶与端刮器比例下降。四麻沟遗址房址内集中出土的打制石器废片极少，出土较多为大型破土工具[1]。

此外，在阴山北麓还发现距今8 000年的裕民文化时期的乃仁陶勒盖遗址，发现半地穴房址，出土大量石制品，包括锛状器[2]。

康保兴隆新石器时代第一期遗存年代为距今8 700年—8 100年，发现至少有4座房址，圆角方形或圆角长方形，面积多较小，仅10余平方米，室内流行石灶，内部有灰烬和烧结的红烧土。室内出土物以动物骨骼为最多，F8出土有狗骨一具，上压有一大型牛角，其次为石器和石片，再次为骨、角、牙、蚌和陶器。陶器较少，为釜和板状器。石器主要有细石器、打制石器和研磨器。打制石器主要为锛形器，没有发现磨制石器。第二期距今8 000年—7 600年，第三期距今7 450年—7 150年。第二、三期发现的遗迹依然主要为房址，遗物中仍以动物骨骼和石器及石片的数量为多，陶器、骨器较少。石器与第一期相比，依然主要是细石器、打制石器和研磨器，但出现了通体磨光的石斧和局部磨制的石刀。陶器由平底筒形罐代替大口圜底釜为炊器，麻点纹依然是特色，花边装饰较为流行[3]。

尚义四台遗址第三组遗存年代距今7 600年—7 400年，第四组距今7 200年—7 000年。第三组遗存主要是21座半地穴式房址，房址填土和居住面上多有陶制品和石制品。遗物也多出自房址，以石器为主、其次为陶、骨、角器，还有少量牙饰和蚌饰。石制品主要有磨盘、磨棒及铲、穿孔器、整直器、细

①　内蒙古自治区文物考古研究所、故宫博物院、乌兰察布市博物馆、化德县文物管理所：《内蒙古化德县四麻沟遗址发掘简报》，《考古》2021年第1期。

②　陈文虎、胡晓农、包青川：《内蒙古乃仁陶力盖遗址发现距今8000年新石器时代早期大型聚落》，《中国文物报》2020年10月9日第8版。

③　中国国家博物馆、河北省文物考古研究院、张家口市文物考古研究所、康保县文物局、暨南大学历史学系：《河北康保县兴隆遗址2018—2019年发掘简报》，《考古》2021年第1期。

石器等，其中磨盘、磨棒和铲的数量最多（图 3.2.3），有的房址居住面上还有
铲坯。陶器主要为小平底罐。房址堆积中还浮选出炭化的粟、黍和橡子壳等植
物遗存。第四组遗存主要为 14 座半地穴式房址，居住面上一般有石磨盘、石
磨棒和陶片等。出土遗物不多，主要出于房址内，以动物骨骼为主，其次为
陶片、石器、骨器，石器主要是磨盘、磨棒及通体磨光的石斧、整直器和穿孔
器。陶器主要为筒形罐。年代与裕民文化二期（兴隆二期）偏晚阶段相当[①]。

阳原姜家梁遗址房址炭化物的碳十四测年数据经树轮校正后为距今 7 507
年—6 075 ± 30 年[②]，重新选取遗址出土动植物和土壤样品进行碳十四测年并经贝
叶斯统计模型运算后，房址的起始年代为距今 8 772 年—5 047 年[③]。姜家梁遗址 I
区和 II 区共发现 14 座房址，有的房址居住面上发现石制品、陶片、牙饰、蚌

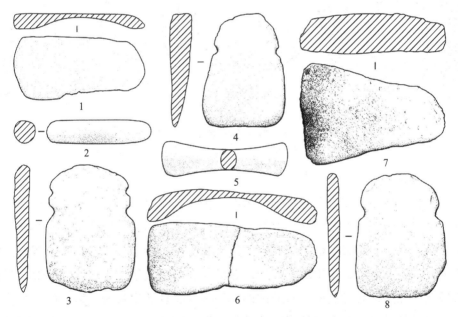

图 3.2.3　尚义四台遗址第三组出土的部分石器
（采自《河北尚义县四台新石器时代遗址》图三一）
1、6、7. 磨盘　2、5. 磨棒　3、4、8. 铲

①　河北省文物考古研究院、张家口市文物考古研究所、尚义县文化广电和旅游局：《河北尚义县四
台新石器时代遗址》，《考古》2023 年第 7 期。
②　山西大学历史文化学院、河北省文物考古研究院：《河北阳原县姜家梁新石器时代遗址 II 区发掘
简报》，《考古》2022 年第 3 期。
③　侯亮亮、李君、安婧：《河北阳原姜家梁遗址的绝对年代》，《文物季刊》2024 年第 1 期。

片、动物骨骼。Ⅱ区发现石制品较少，Ⅰ区较多。Ⅰ区共发现499件，以细石器为主，有少量磨制石器。细石器有刮削器、细石叶等，磨制石器有8件斧[①]。

北京镇江营遗址新石器时代第一期遗存的年代约为距今9 000年—7 000年。出土大量石器，大多就地取材，利用河卵石稍加打制而成，包括砍砸器、刮削器等，一面保留河卵石的光滑面，一面为劈裂面，刃部极少进行二次加工，器物形状不一。磨制石器极少，器型有斧、凿，且多仅磨刃部（图3.2.4）。还有磨盘、磨棒和石片、石核等细石器[②]。

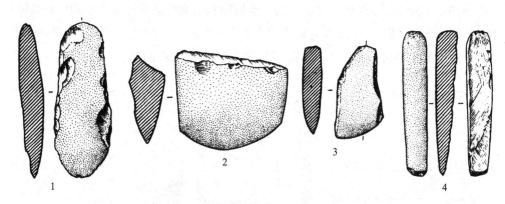

图 3.2.4　镇江营遗址第一期出土的部分磨制石器
（采自《镇江营与塔照：拒马河流域先秦考古文化的类型与谱系》图 57）
1、2、3.斧　4.凿

华北北部地区新石器时代中期的石器仍具有明显的旧、新石器时代过渡和新石器时代早期石器的特征，打制石器和细石器较多，打制的锛状器在这一时期仍然存有一定数量，但磨制石器的数量和类型开始增多，器型除了新石器时代早期的斧、锛外，还出现了石铲，石铲与辽西兴隆洼文化的形状相似，有亚腰型和穿孔型，有打制的也有磨制的。四麻沟遗址还出现锄、犁、镰、镐等器型。但打制石器、细石器和碾磨器仍是主流。四麻沟遗址虽然出土的石器类型众多，但大多为打制。阴山以北裕民文化的石器较兴隆和四台遗址的磨制石器数量更少。多数遗址房址中出土石片和石核的现象表明遗址上存在过石器生产活动。

---

① 河北省文物考古研究所：《河北阳原县姜家梁新石器时代遗址的发掘》，《考古》2001年第2期。
② 北京市文物研究所：《镇江营与塔照：拒马河流域先秦考古文化的类型与谱系》，中国大百科全书出版社，1999年。

二、华北南部——华北平原区

　　该地区新石器时代中期的遗址主要有北福地、磁山、裴李岗、贾湖、唐户、莪沟北岗、沙窝李、石固等遗址。

　　河北易县北福地遗址第一期遗存与磁山早期遗存相近，年代距今约 8 000 年—7 000 年。第一期遗迹有灰坑、房址、祭祀场，其中房址 14 座。房址 F1 填土内出土包括石质品、陶器、果壳等在内的遗物 2 801 件，但 1 503 件（遗物总数的 53.4%）是砾石；562 件（约遗物总数的 20%）是石片、石核、断块、废块；细石器 247 件（遗物总数的 8.8%，石质品总数的 10.1%）；包括基本完整品、半成品、残缺品和废品（含小废片）在内的石制品计有 110 件（遗物总数的 3.9%），其中砾石 73 块，占石制品总数的 66.3%；而包括残缺品、废品在内的其他类成型石器（不含小废片）仅 18 件，占石制品总数的 16.3%。出土石制品中基本完整品及残缺品（不含砾石残块）6 件，有锛 1 件，磨盘 1 件，磨棒 2 件，卵形坠 1 件，板型坠 1 件。废品 9 件，有斧 8 件，耜 1 件。半成品 1 件，为斧形坯。另有斧形器 1 件，杵形器 1 件，石碗残片 4 件。与其他房址相比，F 1 出土数量如此多的砾石表明该房屋可能是一处石制品专门制造场所。F2 填土内也出土天然砾石块、石料、各类石制品、陶器等共计 1 246 件，其中砾石 44 件；石片、石核、断块、废片 906 件，约占遗物总数 72.7%；细石器 31 件；各类石制品 71 件（含小废片），其中砾石 55 件，板形坠 2 件，斧 2 件，耜 1 件，磨盘 3 件，石球 2 件，饼形器 1 件，石碗残片 1 件。F3 填土内出土天然砾石块、石制品、陶器残片等 49 件，其中砾石 17 件，石片、石核、断块、废片等 21 件，细石器 1 件，半成品、残缺品和废品等石制品 8 件，其中包括砾石 6 件，铲 1 件，斧形坯 1 件。其他房址的填土内出土遗物的数量或多或少，但各类遗物的比例都差不多，陶器较少，石质品较多，且各类石质品的比例都差不多，均以砾石、石片、石核、断块、废块为主，石制品尤其是石质工具数量较少，除去细石器、残块砾石和容器外，只有 157 件。种类也不多，主要有斧、锛、坠、砾石、磨盘、磨棒、耜，大多是残缺品和废品。其中斧的数量最多，其次是铲（图 3.2.5）。工具多用砾石制作而成，许多表面还留有砾石的石皮。制作方式多为琢磨兼制，通体磨光的较少。细石器 359 件，远多于石制工具的数量，包括刮削器、雕刻器、石叶、石核、石片等。祭祀场出土遗物 91 件，其中陶器 35 件，石器工具 41 件，玉器 6 件，水晶 2 件，绿松石 4

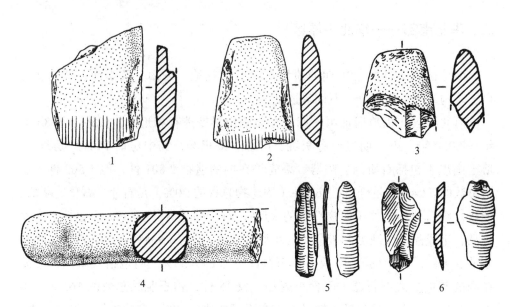

图 3.2.5　北福地遗址一期 F1 出土的部分石器
（采自《北福地：易水流域史前遗址》图一四）
1、3.斧　2.锛　4.磨棒　5、6.细石器

件，石雕 1 件，砾石 2 件。石质工具中耜 1 件，斧 16 件，铲 12 件，锛 3 件，凿
2 件，刀 1 件，磨棒 1 件，磨盘 1 件，卵坠 4 件。耜为通体磨光，长 46 厘米。石
制工具基本都完整且制作精致，使用较少[①]。北福地遗址大量石核、石片、废片、
石坯等石器生产副产品的发现表明该遗址上存在大量石器生产活动，不仅生产
打制石器、细石器，而且生产磨制石器，但磨制石器在整个石器中的比例较小。

河北武安磁山遗址的两个灰坑中的木炭样品经碳十四测定，年代为距今
7 355 ± 100 年和 7 235 ± 105 年。第一文化层发现土沟 3 条，灰坑 186 个，有
些灰坑较大，内有土坡或土台，坑内发现有烧土和兽骨、陶器等，有些烧土块
上有苇席痕迹。62 个长方形灰坑内发现有粮食堆积，厚 0.3—2 米，粮食堆积
中常发现有完整的陶器。另外有的粮食坑中发现有猪骨架或狗骨架。出土石器
193 件，类型包括斧、锛、凿、铲、锤、敲砸器、磨盘和磨棒等，制作粗糙，
磨制石器占多数，为 57%（包括磨盘和磨棒各 4 件），但打制石器仍有 34.2%，
打磨兼制的为 8.8%，各类器型基本都有打制和磨制者。陶器主要是夹砂陶，
器型主要为陶盂和支架，其次为深腹罐、直沿罐和杯、盘等。第二文化层发现

---

①　河北省文物研究所：《北福地：易水流域史前遗址》，文物出版社，2007 年。

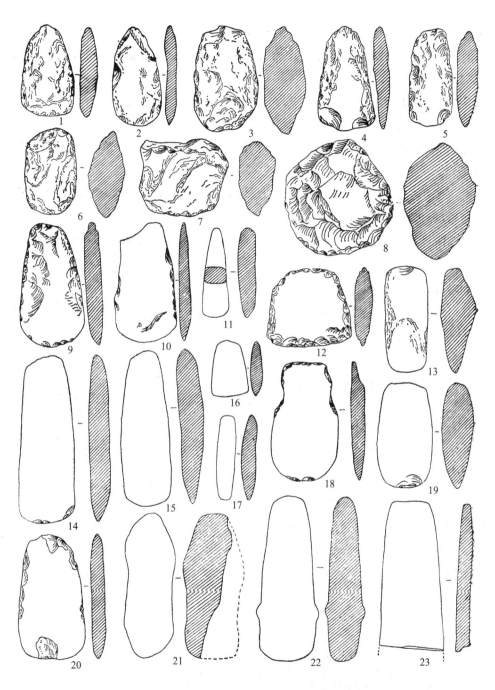

图 3.2.6　磁山遗址第一文化层出土的部分石器

（采自《河北武安磁山遗址》图七）

1、2、9、10、18、20、23. 铲　3、4、5、6、7、13、14、15、19. 斧　8. 敲砸器　11、17. 凿　12. 刮削器
16. 锛　21. 锤　22. 棒

的遗迹有房址 2 座、灰坑 282 个，此外还有烧土面、卵石面等。其中一座房址内堆积丰富，有陶器、骨器和较多的石器。长方形灰坑中发现有粮食堆积的 18 个，树籽堆积的 2 个。出土的粮食堆积中发现有黍的痕迹。出土石器 687 件，约 65.4% 为磨制（包括磨盘 52 件，磨棒 50 件），21.8% 为打制，12.8 为打磨兼制。器型有斧、锛、凿、铲、刀、镰、锤、磨盘、磨棒等，各类器型基本都有打制和磨制者。陶器数量约为石器的一半，80% 为夹砂陶，器型数量最多的为盂、罐、支架，另外还有三足钵、碗、钵等①。虽然磨制石器的比例超过一半，第 2 层中比例甚至达到 65.4%，但如果去掉石磨盘和石磨棒的数量，可以发现磨制石器和打制石器的比例相差并不多。

河南新郑裴李岗遗址 20 世纪 70 年代曾进行过三次发掘，2018 年之后开启第四次发掘，目前发掘仍在进行。1977 年发掘出土的木炭样品碳十四检测结果为距今 7 885±480 年②，1978 年发掘出土木炭样品的碳十四检测结果为距今 7 145±300 年和 9 300±1 000 年，渠东遗址比渠西墓葬年代略早③。1979 年发掘出土的样品碳十四检测获得 3 个有效年代，分别为 7 445±200 年、7 185±200 年和 7 145±300 年④。对 2018—2019 年Ⅰ区（即渠东区）发掘所出的炭化果壳样品进行的碳十四检测校正结果为距今 7 927 年—7 627 年⑤。裴李岗遗址的历次发掘都发现灰坑和墓葬，1977 年的发掘报告中列举出土和调查所得石器 86 件，其中出土的为 25 件，类型有铲、斧、镰、弹丸、磨盘、磨棒等。磨盘、磨棒为琢制，其他为磨制。出土和调查所得石器中石铲的数量最多，35 件，斧 10 件，镰 4 件，磨盘 40 件，磨棒 8 件。有的打磨精致，有的粗糙。1978 年发掘渠西墓葬出土石器 32 件，种类有铲、斧、镰、磨盘、磨棒，铲数量最多，9 件，斧 3 件，镰 4 件，磨盘、磨棒各 8 件。渠东出土少量细小燧石片和石英石核。1979 年发掘出土的石器种类包括刀、斧、凿、矛、镰、铲、磨盘、磨棒、刮削器等，大多出土于墓葬。其中铲超过 35 件，镰 15 件，斧 13 件，刀 3 件，

①　河北省文物管理处、邯郸市文物保管所：《河北武安磁山遗址》，《考古学报》1981 年第 3 期。

②　开封地区文管会、新郑县文管会：《河南新郑裴李岗新石器时代遗址》，《考古》1978 年第 2 期。

③　李友谋：《裴李岗遗址一九七八年发掘简报》，《考古》1979 年第 3 期。

④　中国社会科学院考古研究所河南一队：《1979 年裴李岗遗址发掘报告》，《考古学报》1984 年第 1 期。

⑤　中国社会科学院考古研究所河南第一工作队、郑州市文物考古研究院、新郑市文化广电旅游体育局：《河南新郑裴李岗遗址 2018—2019 年发掘》，《考古学报》2020 年第 4 期。

凿 1 件，矛 1 件，磨石 5 件，带窝石器和长条形石器各 1 件，磨盘磨棒 9 套，为琢制。此外地层和少数墓葬中还出土了一些燧石片和石英石片。2018—2019 年主要发掘了墓葬出土的器物，其中石器种类有磨棒、磨制精致的铲、镰、小型斧、凿等工具。地层、灰坑、灰沟中多见磨盘、磨棒残块，砾石石料残块，带凹窝的石器及残石铲、石镰等（图 3.2.7），还有磨制的小石珠，水洗后发现少量细石器、燧石石核和石叶制成的刮削器。但遗址中几乎不见磨制石器的石料，也很少见与磨制石器制作相关的石片、石锤等。四次发掘的石器以磨制石器为主，石磨盘和石磨棒是数量最多的石器类型，另外细石器也占一定的比例，其他打制石器较少。

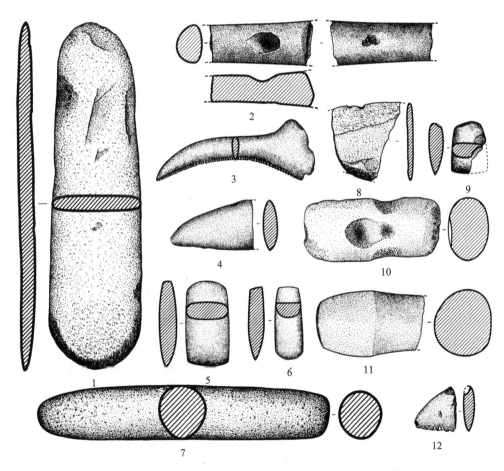

图 3.2.7　河南新郑裴李岗遗址 2018—2019 年出土的部分石器
（采自《河南新郑裴李岗遗址 2018—2019 年发掘》图一五）
1. 铲　2、7、10、11. 磨棒　3、4、12. 镰　5、9. 小斧　6. 小凿　8. 刀

河南新郑唐户遗址于 1978 年正式试掘[①]，2006 年、2007 年因南水北调工程正式发掘，遗址面积达 30 万平方米，是目前发现面积最大的裴李岗文化时期的聚落。2006 年发现房址、灰坑、墓葬、壕沟等遗迹，出土石器、陶器和动物骨骼。石器有铲 4 件，镰 3 件，刀 1 件，斧、凿 1 件，锥 1 件，石饼 2 件，砍砸器 3 件，砺石 5 件（图 3.2.8），另外还发现大量石片和石料，质地有石英岩、石灰岩、石英砂岩。20 世纪 70 年代的试掘中还采集到磨盘 5 件，磨棒 3 件，斧 1 件，还出土尖状器和敲砸器。2007 年的发掘发现房址、灰坑、墓葬、灰沟，出土遗物主要是陶器、石器和动物骨骼。磨制石器有铲、镰、刀、凿等，还发现较多石器残件和石料，另外还有磨盘、磨棒和石核、石片、砍砸器、刮削器、尖状器等打制石器。在 F26 和 F39 中发现了石器加工的迹象。这些房址地面均不平整，有扇形分布的碎小石片，F39 内发现一件细石核，说明这些房屋可能不仅是居所，也是用于加工石器的场所[②]。

河南新郑沙窝李遗址是一处裴李岗文化时期的遗址，经对出土木炭标本的碳十四测定，推断年代为公元前 5220 ± 105 年。发现的遗迹主要有灰坑和墓葬，遗物大多为石器，主要出自墓葬。共发现石器 92 件，其中 83 件出自墓葬。石器包括磨盘、磨棒各 4 件，铲 29 件，斧 14 件，镰 7 件，凿 6 件，小石斧 1 件，石锤 1 件，磨石 6 件，石料 2 件，打制石器 11 件，为石片和刮削器[③]。墓葬出土的石器与日常石器有所不同，但一定程度上可以反映当时的石器类型和组合状况。这些石器说明当时以磨制石器为主，但打制石器仍占一定比例。

河南密县莪沟北岗遗址是一处裴李岗文化时期的遗址，对出土木炭的碳十四检测为距今 7 240 ± 80 年和 7 265 ± 160 年。发现有房址 6 座、灰坑 44 个、墓葬 68 座，墓葬中大多有随葬品，随葬品包括陶器和石器。出土遗物主要为石器和陶器。石器较完整的有 60 余件，以磨制石器为主，打制石器次之。磨制石器包括铲、斧、镰、磨盘、磨棒、砺石、石弹丸，其中石弹丸 22 件，石

①　马洪路：《河南新郑唐户新石器时代遗址试掘简报》，《考古》1984 年第 3 期。

②　河南省文物管理局南水北调文物保护办公室、郑州市文物考古研究院：《河南新郑市唐户遗址裴李岗文化遗存发掘简报》，《考古》2008 年第 5 期；郑州市文物考古研究院、河南省文物管理局南水北调文物保护办公室：《河南新郑市唐户遗址裴李岗遗址 2007 年发掘简报》，《考古》2010 年第 5 期。

③　中国社会科学院考古研究所河南一队：《河南新郑沙窝李新石器时代遗址》，《考古》1983 年第 12 期。

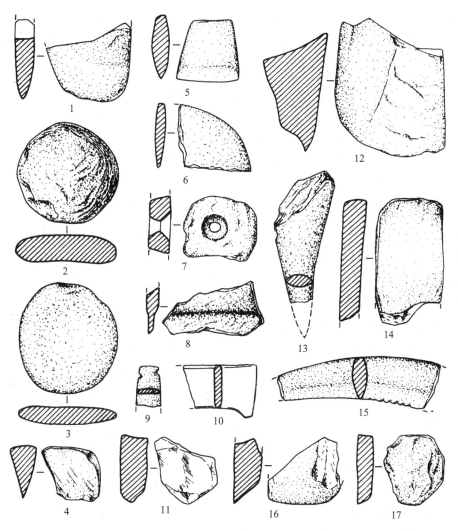

图 3.2.8　河南新郑唐户遗址出土的部分石器
（采自《河南新郑市唐户遗址裴李岗文化遗存发掘简报》图一五）

1、7. 铲　2、3. 石饼　4. 石片　5. 凿　6. 刀　8、14. 砺石　9. 坠　10、15. 镰　11、17. 石料　12、16. 砍砸器　13. 锥

铲 15 件，石斧 8 件，石镰 1 件，砺石 1 件，磨盘 1 件，一般用页岩或鹅卵石打制后磨制而成，磨制不精致，大多仍留有石皮和打制痕迹。打制石器有锥状石核、尖状器、刮削器及一些石片[1]。从不同石器种类的数量可以看出，虽然以

① 杨肇清：《河南密县莪沟北岗新石器时代遗址发掘报告》，《河南文博通讯》1979 年第 3 期；《河南密县莪沟北岗新石器时代遗址发掘简报》，《文物》1979 年第 5 期。

磨制石器为主，但磨制的工具数量并不多，打制石器仍占一定比例。

河南长葛石固遗址报告分为八期，其中第一至四期为裴李岗文化时期，根据对出土木炭进行的碳十四检测，其年代为第二期 7450＋90 年，第四期 7010＋50 年，延续 440 年，若算上第一期的年代，应该会更长些。第一期出土石器 3 件，铲、斧、凿各 1 件；第二期出土石器 18 件，有斧 3 件，凿 1 件、铲 3 件、锥 1 件、磨盘 2 件、磨棒 1 件、杵 2 件、研磨器 1 件、石饼 1 件，石砧 2 件，砺石 1 件；第三期出土石器 22 件，包括石斧 5 件，石铲 3 件，小石凿 1 件，石镰 2 件，磨盘、磨棒各 1 件，石球 3 件，石砧 2 件，砺石 2 件，还有打制的尖状器 1 件。第四期出土石器 35 件，其中磨制石斧 4 件，石铲 8 件，石凿 1 件，石镰 1 件，磨盘、磨棒各 2 件，圆形石器 2 件，石弹丸 1 件，石砧 2 件，砺石 2 件，打制石器 10 件，包括尖状器 4 件，刮削器 4 件，球状器 2 件[①]。石固遗址出土的石器数量不多，主要是磨制石器，但也有一定数量的磨盘、磨棒，打制石器较少。

河南舞阳贾湖遗址第一期年代为距今 9 000 年—8 500 年，第二期年代为距今 8 500 年—8 000 年，第三期年代为距今 8 000 年—7 500 年。从 1983 年至 2013 年前后共经过八次发掘。前六次发掘共出土石制品 1 147 件，其中数量最多的是磨盘残块和砺石残块，石磨盘 50 件，磨盘腿 16 件，磨棒 98 件；其次是在石器制作过程中产生的残石块、碎屑等废料，也有一部分是河卵石和原料，还有石核 70 件，石片 94 件，坯料 65 件，大多为斧、锛、凿及镰、刀等工具类制坯和琢磨两个阶段的产品；制作石器的工具有石锤 109 件，石砧 28 件，钻头 8 件，钻帽 8 件，砺石 63 件；成品工具有石铲 87 件，石镰 45 件，石刀 29 件，石斧 92 件，石锛 13 件，石凿 10 件，石矛头 2 件。石刀、石镰有的磨制精美，有的仅磨刃部；石斧有的通体磨光，有的仅磨刃部；器身打制痕迹明显，有的器身保留石料面，未经打磨。碾磨类石器有石杵 22 件，研磨器 8 件；另有琢制的石球 12 件，自然砾石制成的石弹丸和石纺轮 1 件（圆形片状河卵石中间穿孔而成），打制石片制成的刮削器 34 件，砍砸器 8 件；磨刃石片 2 件；有使用痕迹的石片和石块各 18 件。2001 年第七次发掘共获石制品 60 件，包括原料、加工工具、生产生活工具和装饰品，以工具为主，共 21 件；其次为石铲 11 件，石斧 10 件，石锛 6 件，石凿 1 件，石楔 4 件，这些工具一般都通体打磨；石磨

---

① 郭天锁、陈嘉祥：《长葛石固遗址发掘报告》，《华夏考古》1987 年第 1 期。

盘2件，石磨棒2件，石臼1件，石杵1件，石弹丸4件，石镞1件。另外还
有琢锤1件，石料5件，砺石6件（图3.2.9）[①]。从七次发掘出土的石制品种类来
看，石核、石片、石坯、石锤、砺石的数量都不少，贾湖的石器制作比较发达，
还出土不少砺石，有些石器上仍保留砺石面，可能用砺石制作的石器数量较多。
石制工具通体磨光的已经较多，数量超过打制石器，但打制石器和碾磨器仍占
一定的比例，其中磨盘和磨棒是数量较多的类型。

　　华北南部地区这一时期的石器普遍来讲以磨制石器为主，出现石铲，而
且数量较多。石器中碾磨器仍占一定比例，裴李岗遗址碾磨器的比例可高达
26%，坞罗河上游山区的铁生沟遗址碾磨器的比例更是可以达到39%[②]。锯齿石

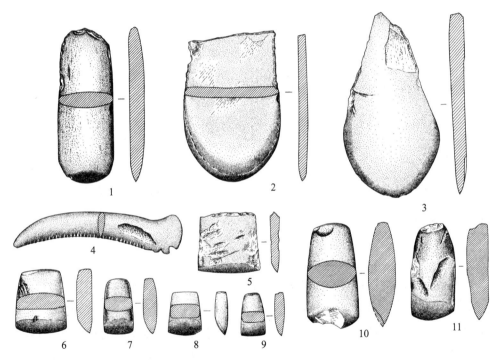

图3.2.9　贾湖遗址出土的部分石器
（采自《舞阳贾湖（二）》图5—34、35、36、37）
1—3.铲　4.镰　5.钺　6—9.锛　10、11.斧

①　河南省文物考古研究所：《舞阳贾湖》，科学出版社，1999年；河南省文物考古研究院、中国科
学技术大学科技史与科技考古系：《舞阳贾湖（二）》，科学出版社，2015年。

②　Li Liu & Xingcan Chen, 2012. *The Archaeology of China: from the Late Paleolithic to the Early Bronze
Age*, Cambridge University Press.

镰也是该地区这一时期石器的特色之一。另外除石固遗址外，打制石器和细石器也普遍占有一定的比例。整体来看，从北到南，磨制石器的比例越来越高，靠近燕山南麓的北福地遗址仍以打制石器为主，磨制石器的数量较少。磁山遗址磨制石器的比例已经和打制石器差不多，裴李岗遗址就已经是磨制石器为主了。此外，北福地和唐户遗址还发现有可能在房子中存在加工石器的现象，显示出这一地区该时期石器生产可能的组织方式。

三、华北东部——海岱丘陵山区

海岱地区这一时期主要是后李文化，距今 9 000 年—7 000 年前后[1]，典型遗址有后李、西河、月庄、小荆山、张马屯、前埠下等遗址，石器发现较丰富的遗址有长清月庄、章丘西河、章丘小荆山遗址。

山东章丘西河遗址发现后李文化时期的遗存，两次发掘共发现半地穴式房址 27 座，灰坑 19 个。房址居住面上发现有石器和陶器。根据居住面上石器和陶器的发现情况，大房子的居住面可以分为储藏区、灶区、活动区和睡眠区。遗物有陶器、石器和骨器。1997 年的发掘发现石器有斧、锛、镰、锤、研磨器、磨盘、磨棒、支脚、砺石、支垫石等，其中支脚和碾磨器类器物数量较多。制作方法有打、琢和磨三种。支垫石和支脚的下半部多为打制，磨盘和磨棒及支脚的上半部多为琢制，斧、锛、镰多为磨制。2008 年发掘的石器中亦以支脚数量为大，为打制和琢制而成；石锤 4 件，石斧 3 件，石锛 1 件，斧、锛、锤均为通体磨光；磨盘 2 件，磨棒 3 件（图 3.2.10）[2]。

山东章丘小荆山遗址位于泰沂山脉北支脉北侧的冲积平原上，主要为后李文化时期遗存。调查和钻探资料显示，聚落外围有一圈壕沟[3]，环壕内有半地穴式房址 8 座、灰坑 22 个和墓葬 20 余座，房址和墓葬都排列有序。房址地面上不同位置发现有不同的石器和陶器，有功能分区。遗物有陶器、石器和少量

---

① 栾丰实：《试论后李文化》，《海岱地区考古研究》，山东大学出版社，1997 年。
② 山东省文物考古研究所：《山东章丘市西河新石器时代遗址 1997 年的发掘》，《考古》2000 年第 10 期；山东省文物考古研究所、章丘市城子崖博物馆：《章丘市西河遗址 2008 年考古发掘报告》，《海岱考古》第五辑，科学出版社，2012 年。
③ 山东省文物考古研究所、章丘市博物馆：《山东章丘市小荆山后李文化环壕聚落勘探报告》，《华夏考古》2003 年第 3 期。

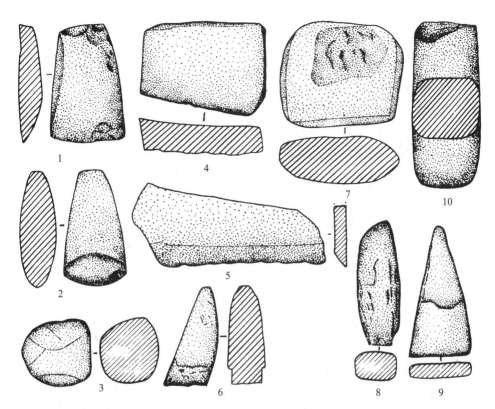

图 3.2.10　西河遗址出土的部分后李文化石器
（采自《山东章丘市西河新石器时代遗址 1997 年的发掘》图一八）
1. 锛　2. 斧　3. 锤　4. 磨盘　5. 镰　6、8、9. 支脚　7. 研磨器　11. 磨棒

骨器。其中石器类型有斧、锤、研磨器、磨盘、磨棒、磨石、凿、犁形器、支脚、装饰品等，数量最多的是支脚和碾磨器类，支脚 76 件，磨盘 16 件，磨棒 2 件，磨石 11 件，研磨器 2 件，磨板 1 件；斧、凿数量不多，斧 11 件，凿 2 件；犁形器 6 件。制作方式有打、琢、磨三种，以打制为主，斧、凿等多通体磨光、加工精致（图 3.2.11）。数量最多的石支脚主要利用天然石块打制而成，个别支脚经过琢制；磨盘、磨棒、研磨器、磨石等为琢制成形，使用时形成不同的磨面；石锤利用破损的斧稍加修整而成。骨器数量不多，有骨镞和骨鱼镖[1]。

① 山东省文物考古研究所、章丘市博物馆：《山东章丘市小荆山遗址调查、发掘报告》，《华夏考古》1996 年第 2 期；济南市文化局文物处、章丘市博物馆：《山东章丘小荆山遗址第一次发掘》，《东方考古》第 1 集，科学出版社，2004 年。

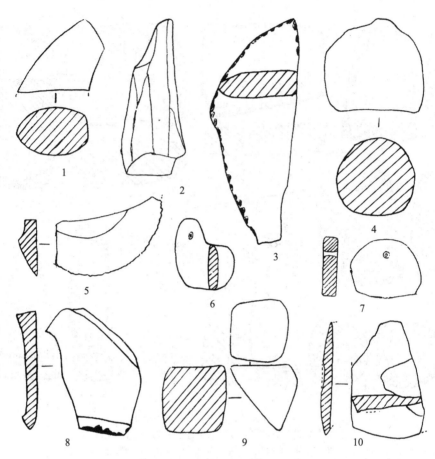

图 3.2.11 小荆山遗址出土后李文化石器
（采自《山东章丘市小荆山遗址调查、发掘报告》图一四）
1—4. 支脚 5、6. 犁形器 7、8. 石饰 9. 柱础 10. 凿

　　山东长清月庄遗址出土后李文化时期石制品 135 件，但基本不见完整或可复原的石制品。出土可辨识的石制品种类有磨盘、磨棒、磨石、球、斧、锛、锤、支脚等，其中磨盘 50 件，磨棒 40 件，磨石 14 件，另有石球 7 件，斧 4 件，锛 3 件，锤 2 件，支脚 1 件。制作方法有打制、琢制和磨制三种，其中磨盘、磨棒、石球为先打后琢或直接琢制而成，斧、锛制作得较为精致，石锤是用残损石斧加工而成[①]。

―――――――――――

　　① 王强：《月庄遗址后李文化石制品的初步研究》，山东大学硕士学位论文，2005 年；山东大学东方考古研究中心、山东省文物考古研究所、济南市考古研究所：《山东济南长清区月庄遗址 2003 年发掘报告》，《东方考古》第 2 集，科学出版社，2005 年。

后李文化石器的考古发现表明，这一时期磨制石器在生产工具中的占比极低，碾磨器类的石器数量最多。据统计，月庄遗址碾磨器类石器占石器总数的77%，小荆山遗址碾磨器类石器占石器总数的57%，这两个比例都不包括石支脚的数量[①]，磨制工具的种类也不多，主要是斧和锛，还有少量的凿。

四、华北西部——太行山以西的关中地区

华北西部太行山以西晋陕高原上目前没有发现这一时期的遗址，但在关中地区有大地湾一期的白家村、北刘等遗址。

陕西临潼白家村遗址距今8 000年—7 000年，分早、晚两期，但都属于大地湾文化。早期遗迹有2座圆形半地穴式房址、10个灰坑、多人合葬和单人屈肢葬各1座墓葬。遗物有石器、骨器、蚌器、角器，蚌器所占比重较大。石器29件，其中打制石器14件，主要为砍砸器，6件，另外还有刮削器、敲砸器、尖状器和少量细小石片；碾磨器有石磨盘1件和石磨棒4件；磨制石器10件，一般通体磨光，至少刃缘都磨制得比较精细，器型有铲、斧、锛、刀、弹丸，其中铲的数量最多，6件。骨器有锥、矛、镞、刀、针。蚌器有锯齿蚌镰4件和无齿蚌刀8件。晚期遗迹主要是39个灰坑、红烧土堆积和公共墓地，红烧土堆积可能是烧制陶器的遗迹，公共墓地内分组排列整齐，还有儿童瓮棺葬集中分布。晚期生产工具包括石器、骨器和蚌器。石器63件，其中磨制石器32件，占石器总数的50%左右，大多加工精致，通体磨光，器型有铲、斧、锛、凿、刀、镢头、弹丸、杵形器，其中铲数量最多，14件，碾磨器有磨棒14件。另有打制石器17件，器型有砍砸器、刮削器、盘状器、尖状器、敲砸器、石片（图3.2.12）。骨器和蚌器在数量和类型上也都多于早期，除锥、镞、矛等早期已有的类型外，新增铲、镢、锯。蚌器有无齿蚌刀25件和锯齿蚌镰12件[②]。

陕西渭南北刘遗址早期（距今8 000年—7 000年）的石器皆为打制，主要是砍砸器和刮削器。这类打制石器不见于白家村。北刘早期遗迹有灰坑和墓葬，遗物有石器、陶器和骨器、蚌器。石器有三棱尖状器；石斧，用砾石打出刃即使用；石刀，用石片制成；石矛为磨制。骨器有骨铲、骨镞、骨鱼叉、骨

---

① Li Liu & Xingcan Chen, 2012. *The Archaeology of China: from the Late Paleolithic to the Early Bronze Age*, Cambridge University Press.

② 中国社会科学院考古研究所：《临潼白家村》，巴蜀书社，1994年。

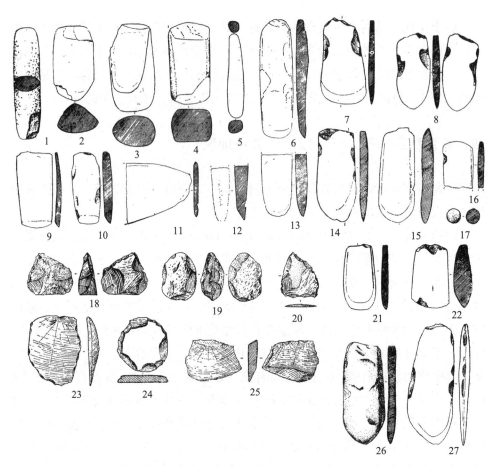

图 3.2.12　白家村遗址晚期出土的部分石器
（采自《临潼白家村》图四三、四四、四五）

1—4. 磨棒　5. 杵　6、11. 镢头　7、8. 锛　9. 刀　10. 凿　12—15. 铲　17. 弹丸　18、20. 尖状器　19. 敲砸器　23、25. 石片　24. 盘状器　21、26. 铲　22、27. 斧

粗。还有蚌刀[1]。

　　白家村遗址和北刘遗址出土石制品的情况表明，关中地区这一时期各遗址石器的加工技术差别较大，北刘遗址的石器较为粗糙，除了石矛为磨制外，不见磨制的石制工具，刀是使用石片的远端作为刃部使用，斧是对天然砾石打出刃使用。白家村遗址早期，打制石器在石器中的比例较高，占到一半，而如果不将碾磨器算入磨制石器，打制石器的数量则要多于磨制石器。到了晚期，磨

————————————

　　① 西安半坡博物馆、渭南市博物馆、陕西省考古研究所：《渭南北刘遗址第二、三次发掘简报》，《史前研究》1986 年第 Z1 期。

制石器的比重明显增加，占石器总数的一半，但碾磨器和打制石器的比重仍较多，二者数量差不多。根据对白家-大地湾文化四处遗址（李家村、白家、关桃园、大地湾）石器构成的统计，白家遗址打制石器在石器总数中的比例是最低的（33.7%），碾磨器除了陇东的大地湾遗址外，也都占一定的比例，白家最高，占21.7%。白家磨制石器的比例也是最高的，占45.7%[①]。整体来看，这一时期关中地区打制石器和碾磨器在石器中所占比例仍较高。磨制石器的一些功能可能由骨器和蚌器代替。

五、新石器时代中期华北地区的石器特征

与旧、新石器时代过渡时期和新石器时代早期相比，新石器时代中期华北地区的磨制石器的数量、在石器中的比重以及磨制石器的类型都明显增多，打制石器的比例下降。磨制石器的类型除了斧、锛外，出现了铲。但华北不同地区的表现区别较大，磨制石器的发展表现出一定的不平衡性。

华北南部地区是磨制石器最发达的地区，大部分遗址以磨制石器为主，磨制石器中数量最多的是铲。但南北有差异，越靠近南部，磨制石器的比重越大，石铲的数量越多；越靠近北部，打制石器的比重越高。磁山遗址打制和磨制石器的比例差不多，而接近华北北部地区的北福地遗址仍以打制石器为主，磨制石器中斧的数量最多。华北北部地区这一时期打制石器、细石器和碾磨器仍是主流，磨制石器数量较少，阴山以北的遗址磨制石器的数量更少，具有明显的新石器时代早期的石器特征。打制的锛状器在这一时期仍然存在一定的数量，裕民文化的锛状器和在旧、新石器时代过渡时期的虎头梁、籍箕滩等遗址发现的锛状器很相似，不同的是裕民文化的为双面打制技术制成，虎头梁、籍箕滩遗址的为单面打制技术制成[②]。石铲的形状和制法与兴隆洼文化的相似，体现了该地区与辽西之间的交流。与华北北部地区相似，华北东部和西部关中地区打制石器也仍是主流，关中地区白家村的磨制石器比例最高，但也不超过石器总数的一半，蚌刀和带齿蚌镰比较常见。这两个地区碾磨器在石器中的比例

---

① 　Li Liu & Xingcan Chen, 2012. *The Archaeology of China: from the Late Paleolithic to the Early Bronze Age*, Cambridge University Press.

② 　叶灿阳、陈胜前、赵潮、胡晓农、郭明建、包青川：《冀蒙交界裕民文化锛状器的制作技术》，《人类学学报》2023年第3期。

普遍比较高，尤其是华北东部后李文化地区，碾磨器在石器中的比例最高可达 77%，同华北北部地区一样，磨制石器中数量最多的是斧和锛。但与华北北部地区不同的是，这两个地区细石器的数量很少。华北北部的房址中普遍发现石片、石核等石器加工的副产品，可能存在石器生产活动，华北南部地区的北福地、唐户遗址的部分房子内也发现类似遗存，可能存在石器生产活动。其他遗址上石器生产的迹象较少，这可能与发掘面积、发掘地点、遗物采集方式有关，也可能这些遗址的石器生产以其他方式进行。

和新石器时代早期一样，碾磨器依然是这一时期的一个重要石器种类，在华北东部地区数量超过石器总量的一半。碾磨器的数量虽然多，但对各遗址出土的磨盘磨棒上的残留物分析表明，他们虽然和生计方式有关，但并不是农业的象征。北京平谷上宅遗址出土的石磨盘石磨棒上提取到的淀粉粒最多的是栎属果实橡子，其次是粟的淀粉粒，还有一定量的黍和小豆属的淀粉粒[1]。裴沟北岗遗址出土磨盘磨棒上提取的淀粉粒和微痕分析表明它们主要用于加工橡子，还用于处理少量豆类、块茎和粟黍[2]。唐户遗址石磨盘、石磨棒和陶器的残留物分析表明用于加工粟、稻、小麦族、栎属等植物果壳和块茎[3]。贾湖遗址石磨盘残留物分析发现有小麦族、菱属、薯蓣属、豇豆属、薏苡属、睡莲科、稻族淀粉粒[4]，小荆山遗址磨盘和磨棒的残留物分析表明主要用于加工坚果[5]，月庄遗址石磨盘的残留物分析表明用来加工坚果、谷物及豆类植物遗存[6]。齿刃石镰也是这一时期的一个石器特色，对贾湖和石固遗址出土的齿刃石镰进行的微痕和残留物分析表明，他们可能用于割芦苇和草，同时可能用来从树上采集水果和坚果[7]。

① 杨晓燕、郁金城、吕厚远、崔天兴、郭京宁、刁现民、孔昭宸、刘长江、葛全胜：《北京平谷上宅遗址磨盘磨棒功能分析：来自植物淀粉粒的证据》，《中国科学：地球科学》2009 年第 9 期。

② Liu, Li, Judith Field, Richard Fullagar, Sheahan Bestel, Xiaolin Ma, and Xingcan Chen, 2010. What did grinding stones grind? New light on Early Neolithic subsistence economy in the Middle Yellow River Valley, China. *Antiquity* 84.

③ 杨玉璋等：《淀粉粒分析揭示的河南唐户遗址裴李岗文化古人类植物性食物资源利用》，《第四纪研究》2015 年第 1 期。

④ 崔启龙：《河南舞阳贾湖遗址石制品研究》，中国科学技术大学博士学位论文，2018 年。

⑤ 王强、栾丰实、上条信彦等：《山东月庄遗址石器表层残留物的淀粉粒分析：7000 年前的食物加工及生计模式》，《东方考古》第 7 集，科学出版社，2010 年。

⑥ 王强：《海岱地区史前时期磨盘、磨棒研究》，科学出版社，2018 年。

⑦ Fullagar, R., Liu, L., Bestel, S., Jones D., Ge, W., Wilson, A., & Zhai, S. 2012. Stone tool-use experiments to determine the function of grinding stones and denticulate sickles. *Bulletin of the Indo-Pacific Prehistory Association* 32.

从各遗址出土的植物遗存来看，虽然发现有栽培的粟和稻，但野生植物的种类和数量更多。在贾湖遗址发现大量炭化栽培稻，但从浮选结果来看仍以硬壳果核为主[①]。磁山遗址有一定数量的栽培粟黍[②]，裴李岗遗址植物种子浮选发现稻、黍等，对鼎的残留物分析也发现稻、黍等植硅石，但数量少，出土概率小，而炭化果壳出土概率极高[③]。月庄遗址浮选出的炭化种子中，栽培作物约占31%，种类包括水稻、粟、黍和无法鉴定种属的黍族，其中粟黍是驯化植物[④]。西河遗址植物遗存发现有炭化稻米和稻的植硅体[⑤]。张马屯遗址浮选出的1 000多粒炭化植物种子和果实中栽培植物有粟、黍和麦，出土概率为6.25%。[⑥]小荆山遗址人骨的C、N同位素分析表明主要食物来源以采集野生植物和肉食为主，粟类所占比例较低[⑦]。北刘遗址人骨同位素分析显示，早期粟类食物在北刘遗址中占有一定比重，粟作农业已经出现[⑧]。出土植物遗存和对其的相关研究表明，农业虽然已经出现，但在生业经济中的比重较低，植物性食物来源仍以采集为主。但北福地遗址没有发现任何与农业有关的证据。灰坑中大量出土的核桃楸果壳表明该遗址大量利用该种植物资源，采集经济仍占重要地位[⑨]。康保兴隆遗址第一至三期植物浮选结果包括以粟黍为主的栽培作物和藜科、蒿属、山杏等为代表的野生食用植物，还有人类活动伴生的杂草，其中黍的比例和出土概率高于粟，且都还有驯化过程早期阶段的特征。从早到晚，一般农作物和杂草的比例呈增加态势，非农植物作物减少，但一直被大量利用。人骨和动物骨骼C、N同位素分析表明兴隆遗址在较晚阶段（距今8 000年—7 000年）处于

————————

①　河南省文物考古研究院、中国科学技术大学科技史与科技考古系：《舞阳贾湖（二）》，科学出版社，2015年。

②　河北省文物管理处、邯郸市文物保管所：《河北武安磁山遗址》，《考古学报》1981年第3期。

③　中国社会科学院考古研究所河南第一工作队、郑州市文物考古研究院、新郑市文化广电旅游体育局：《河南新郑裴李岗遗址2018—2019年发掘》，《考古学报》2020年第4期。

④　Gary W. Crawford、陈雪香、栾丰实、王建华：《山东济南长清月庄遗址植物遗存的初步分析》，《江汉考古》2013年第2期。

⑤　靳桂云：《后李文化生业经济初步研究》，《东方考古》第9集，科学出版社，2012年。

⑥　吴文婉、靳桂云、王兴华：《海岱地区后李文化的植物利用和栽培：来自济南张马屯遗址的证据》，《中国农史》2015年第2期。

⑦　胡耀武、栾丰实、王守功等：《利用C，N稳定同位素分析法鉴别野猪与家猪的初步尝试》，《中国科学·地球科学》2008年第6期。

⑧　郭怡、夏阳、董艳芳、俞博雅、范怡露、闻方圆、高强：《北刘遗址人骨的稳定同位素分析》，《考古与文物》2016年第1期。

⑨　段宏振：《北福地：易水流域史前遗址》，文物出版社，2007年。

C_3 环境中，但也有一定量 C_4 植物的摄入[1]。

从出土动物骨骼来看，不同地区、不同遗址有所不同。华北南部地区家养动物的比例可能比较高，虽然狩猎和捕捞仍占重要地位。磁山遗址出土动物骨骼稳定同位素的分析则表明了磁山先民对家畜饲养的干预[2]，骨器中镞、鱼镖、网梭的发现说明渔猎经济仍占有一定比例[3]。裴李岗、莪沟北岗、水泉、沙窝李等遗址先民获取肉食的方式可能以驯养为主[4]。贾湖遗址发现大量形式多样的骨镞和骨镖，出土的动物骨骼中发现驯化猪骨，但仅占哺乳动物的 10%，提供约27% 的肉食，说明先民获取肉食的方式是以狩猎和捕捞为主[5]。人骨同位素分析显示，贾湖遗址晚期狩猎采集的比例下降，稻作农业和家畜饲养成为人们主要的食物来源[6]。但华北东部和西部地区则是野生动物较多，驯化动物较少。西河遗址动物骨骼有猪、鹿和大量鱼类[7]。月庄遗址动物骨骼中以鹿为主[8]，但有初期驯化的猪[9]。济南张马屯遗址后李文化时期的动物遗存可鉴定标本中，猪的比例仅为 5%，野生动物、软体动物、鸟类、鱼类、爬行动物等占 95%[10]。因此后李文化时期野生动植物应该是遗址居民的主要肉食和植物来源，虽然居民已经掌握了水稻和粟、黍的栽培技术和动物驯化技术，但只在生业经济中占有次要地位，生业经济仍以渔猎采集为主，处于低水平的食物生产阶段[11]。关中地区的白家村遗址家畜中以猪为主，猪的骨骼占全部可鉴定标本的 34.53%[12]。农业已经出

---

① 邱振威、吴小红、郭明建、王刚：《河北康保县兴隆遗址 2018—2019 年植物遗存浮选结果及分析》，《考古》2023 年第 1 期。

② 侯亮亮、李文艳、王路平、郭怡、高建强、乔登云：《河北省武安磁山遗址动物骨骼的稳定同位素分析》，《南方文物》2023 年第 2 期。

③ 河北省文物管理处、邯郸市文物保管所：《河北武安磁山遗址》，《考古学报》1981 年第 3 期。

④ 吴文婉：《中国北方地区裴李岗时代生业经济研究》，山东大学博士学位论文，2014 年。

⑤ 吴文婉：《中国北方地区裴李岗时代生业经济研究》，山东大学博士学位论文，2014 年；崔启龙：《河南舞阳贾湖遗址石制品研究》，中国科学技术大学博士学位论文，2018 年。

⑥ 胡耀武、Stanley H. Ambrose、王昌燧：《贾湖遗址人骨的稳定同位素分析》，《中国科学·地球科学》2007 年第 1 期。

⑦ 山东省文物考古研究所、章丘市城子崖博物馆：《章丘市西河遗址 2008 年考古发掘报告》，《海岱考古》第五辑，科学出版社，2012 年。

⑧ 孔庆生：《小荆山遗址中的动物遗骸》，山东省文物考古研究所、章丘市博物馆：《山东章丘小荆山遗址调查、发掘报告（附录）》，《华夏考古》1996 年第 2 期。

⑨ 胡耀武、栾丰实、王守功、王昌燧、Michael P. Richards：《利用 C，N 稳定同位素分析法鉴别家猪与野猪的初步尝试》，《中国科学：地球科学》2008 年第 6 期。

⑩ 宋艳波：《济南地区后李文化时期动物遗存综合分析》，《华夏考古》2016 年第 3 期。

⑪ 靳桂云：《后李文化生业经济初步研究》，《东方考古》第 9 集，科学出版社，2012 年。

⑫ 中国社会科学院考古研究所：《临潼白家村》，巴蜀书社，1994 年。

现并占一定比重，但生业经济仍以采集狩猎为主。

上述对这一时期华北不同地区生业经济的分析可以说明，无论磨制石器的数量多少，在石器中的比例大小，各地区的生业经济普遍还是以采集狩猎为主，农业经济较为薄弱，仍属于低水平的食物生产阶段。

相对于新石器时代早期，虽然新石器时代中期华北地区各地农业生产都还很弱，但农业在先民的生业结构中比重明显增加，定居模式也渐趋复杂。房子、墓葬数量增多，公共墓地出现，唐户和小荆山遗址还发现环壕，环壕内房子和墓葬有序排列。但大量非祭祀性食物和器物存储行为的存在表现出短期预期返回的策略，表明定居不够稳定，流动性仍然存在[①]。磨制石器的数量和在石器中的比重增加，显示了磨制石器的发展与农业比重提升和定居模式复杂化之间的正相关关系。在遗址的不同发展阶段，也可以看到磨制石器的发展和农业、定居模式复杂化之间的相同趋势。以分期较好的贾湖遗址来说，其东、中、西区从早期到中期，活动范围不断扩大，房子数量增加，陶窑广场出现，聚落形态逐渐复杂，定居程度加深[②]。晚期农业比重增加，磨制石器的数量也在明显增加，尤其是石铲和石镰的数量增加较多[③]，这同样显示出磨制石器在取代打制石器的过程中与定居模式复杂化和农业发展的紧密关系。虽然石镰不一定是为了收割栽培作物，但大量的房子、壕沟、墓葬的挖掘都需要使用大量石铲，同时栽培作物也需要使用石铲来翻耕土地，这可能就是这一时期石铲数量剧增的原因。

第三节 新石器时代晚期——磨制石器取代打制石器

新石器时代晚期（距今约 7 000 年—5 000 年），各地遗址数量明显增多，磨制石器进一步发展，数量和类型继续增多，石器也渐趋精致，通体磨光者渐多。磨制石器制作技术普遍使用。在这一时期华北大部分地区磨制石器基本取代打制石器，成为主要的生产工具。

---

① 李彬森：《中国北方地区新石器时代早期遗址的废弃过程研究》，吉林大学博士学位论文，2018 年。
② 河南省文物考古研究院、中国科学技术大学科技史与科技考古系：《舞阳贾湖（二）》，科学出版社，2015 年。
③ 来茵：《舞阳贾湖遗址生产工具分期研究》，中国科学技术大学硕士学位论文，2009 年。

一、华北北部——内蒙古高原南缘至燕山南麓

华北北部地区在这一时期的遗址数量较前期增多，代表性遗址有上宅遗址中晚期，北埝头遗址，镇江营遗址第二、三期等。北京平谷上宅遗址[①]没有分期介绍遗物，与其中晚期年代相当的是平谷北埝头遗址。

北京平谷北埝头遗址的年代为距今 6 220 ± 110 年（未经树轮校正）。1985 年的发掘发现 10 座半地穴式房址和陶器、石器。石器 73 件，其中细石器 28 件，约占 1/3 强，燧石制成，器型有石镞、柳叶形石刀、尖状器、刮削器及石片、石核等。大型石器有盘状磨石、石斧、磨盘、磨棒、石饼、石铲、石凿、石坠等，其中盘状磨石数量最多，11 件，其次是磨盘 8 件，斧 7 件，磨棒 6 件，磨石 3 件，石饼 3 件，石铲只有 1 件（图 3.3.1）。碾磨器和细石器的数量相同，占石器总数的 1/3 强，其余不到 1/3 的石器为磨制[②]。

北京房山镇江营遗址新石器时代第二期为后冈一期文化早期阶段，出土石器数量不多，有刀、斧、磨棒。刀刃部略磨，斧为打制。第三期为雪山一期，出土石器数量极少，有磨制的石斧和打制的刮削器。直到第四期后冈二期时，打制石器仍占一定比例[③]。

可以看出，华北北部地区在这一时期细石器和打制石器仍占很大比例，比较靠南的镇江营遗址直到后冈二期时，打制石器仍占一定比例，但磨制石器的数量已经超过打制石器。

二、华北南部——华北平原区

华北南部地区这一时期的遗址较多，发表石器资料较为丰富的遗址有河北易县北福地遗址第二期、正定南杨庄遗址、磁县下潘汪遗址、武安赵窑、河南濮县西水坡、郑州大河村等遗址。

---

① 北京市文物研究所、北京市平谷县文物管理所上宅考古队：《北京平谷上宅新石器时代遗址发掘简报》，《文物》1989 年第 8 期。

② 北京市文物研究所、北京市平谷县文物管理所北埝头考古队：《北京平谷北埝头新石器时代遗址调查与发掘》，《文物》1989 年第 8 期。

③ 北京市文物研究所：《镇江营与塔照：拒马河流域先秦考古文化的类型与谱系》，中国大百科全书出版社，1999 年。

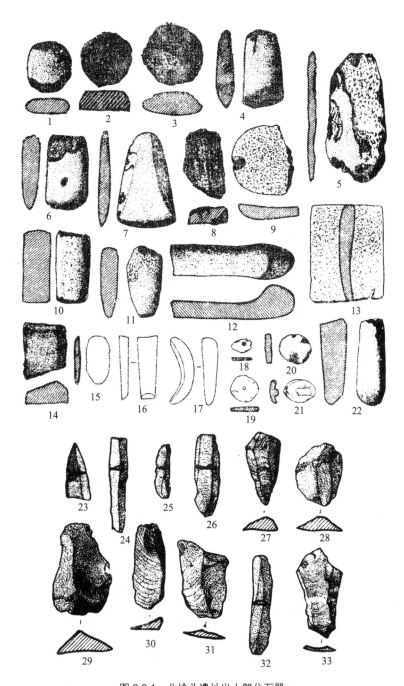

图 3.3.1　北埝头遗址出土部分石器

（采自《北京平谷北埝头新石器时代遗址调查与发掘》图一一、一二）

1—3. 磨石　4、6、7. 斧　5. 铲　8、14. 磨石　9、13. 磨盘　10、12. 磨棒　11、22. 杵　15、19、20. 石饼
16. 凿　17. 勾形器　18. 坠饰　21. 扣饰　23. 镞　24—26、32. 柳叶形刀　27. 尖状器　28—31. 刮削器　33. 石叶

河北易县北福地二期遗存年代距今约 7 000 年—6 700 年，略早于后岗一期遗存，与镇江营一期晚段，南杨庄一期遗存年代大体相当。与第一期相比，遗物丰富了许多，遗物中陶器的数量超过石质品。石质品中，在第一期占相当大比例的砾石和废弃石料的数量明显下降，细石器基本消失，但真正的石制品数量仍很少，除去砾石和石料外，人工制品的数量仍很少。石器中通体磨光的器物数量较第一期增多。石制品中石片和石核的数量很多，大多保留原砾石面。断块和废块的情况基本同第一期，只是尺寸较小的数量有所增加。石器中数量最多的是斧 14 件，其次是锛 8 件和削刀 7 件，其余还有少量的铲、磨盘和磨棒等（图 3.3.2），制作石器的工具也有一定的数量，包括砾石 27 件，带

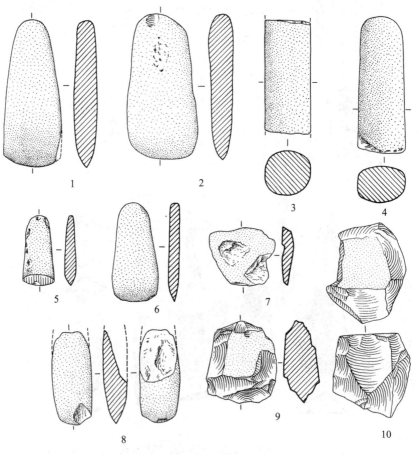

图 3.3.2　北福地遗址第二期出土的部分石制品
（采自《北福地：易水流域史前遗址》图——四、——五、——六、——八）
1、2、5、6、8. 斧　3、4. 磨棒　7. 石片　9、10. 石核

槽石器 5 件，钻头 1 件。另有废品石器 84 件，其中小废片 19 件，其余大多是斧（30 件）和斧形坯（13 件）以及磨棒（9 件）和磨盘（18 件），还有铲和铲形坯等。北福地三期与雪山一期、镇江营三期年代大体相当，其中发现一座石器制造场，平面大致为不规则圆形，东西长 230 厘米、南北宽 192 厘米，由大量天然砾石块、石料、石制品并夹杂少量陶片散乱堆积而成，厚 10—32 厘米。出土石质品中砾石 92 件，废弃石料 544 件，包括石片 76 件，石核 118 件，另外有砺石 17 件，石斧 10 件，钻头 6 件；未经加工直接使用的石器 19 件，其中砺石 18 件，斧形器 1 件；废弃的石斧 4 件，斧形坯 5 件，铲形坯 1 件[①]。

河北正定南杨庄遗址分五期，第一期相当于北辛文化早期，第二期为后冈一期的早中期，第三期为后冈一期晚期，第四期为庙底沟文化，第五期为庙底沟文化在这一地区的变异，相当于大司空文化时期。第一期出土石器较少，23 件，包括石斧 1 件、磨盘 2 件、磨棒 2 件、盘状器 3 件、石凿 1 件、石丸 1 件、石刀 1 件、石铲 11 件、网坠 1 件。大多为磨制。第二期出土石器 100 余件，器型有磨盘、磨棒、镞、敲砸器、研磨器、斧、锛、铲、刀、网坠、环、石丸，除 2 件细石器、5 件磨盘外，其余均为磨制石器，其中铲的数量最多，32 件，其次为斧，19 件。第三期出土石器数量多，种类齐全，包括斧、铲、锛、刀、网坠、石环、石丸、镞、磨盘、磨棒、研磨器、敲砸器等，其中数量最多的为斧，39 件，其次是铲，16 件，除少数为打制外，均为磨制（图 3.3.3）。第四、五期石器很少[②]。

河北磁县下潘汪遗址仰韶文化第一类型发现遗迹主要为灰坑，出土石器 13 件，包括 5 件斧、5 件铲、1 件锛、2 件盘状器，除盘状器为打制外，其余为磨制。第二类型发现遗迹有灰坑、灰沟、窑址，出土石器 24 件，包括 10 件铲、3 件斧、1 件凿、1 件刀、4 件杵、5 件环，除个别铲未经磨光外，其余全为磨制。[③]

河北武安赵窑遗址仰韶下层出土石器有斧、铲、杵、镖、盘状器、砺石等。其中盘状器为打制，数量很大；其次为斧 23 件，包括打制 18 件，磨制 5 件；其余石器为磨制。仰韶文化上层发现石器制造场所 1 处，为一圆形浅

① 河北省文物研究所：《北福地：易水流域史前遗址》，文物出版社，2007 年。
② 河北省文物研究所：《正定南杨庄——新石器时代遗址发掘报告》，科学出版社，2003 年。
③ 唐云明：《磁县下潘汪遗址发掘报告》，《考古学报》1975 年第 1 期。

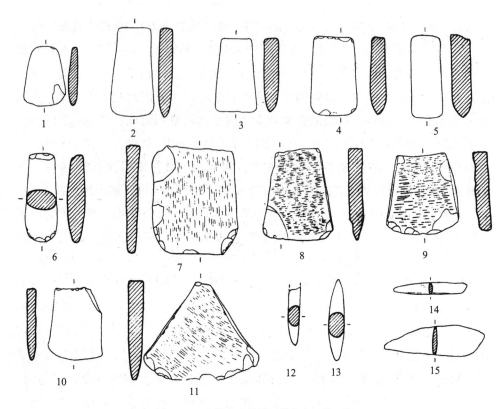

图 3.3.3　南杨庄遗址第三期出土部分石器
（采自《正定南杨庄——新石器时代遗址发掘报告》图八三）
1—6. 斧　7—11. 铲　12、13. 锛　14、15. 刀

坑，口径约 2 米、深 0.35 米，底部平整，为黄色生土，中央稍低，周边有一圈排列均匀的礓石，北部有一形状不规则的石板（砧），长 30 厘米、厚 6 厘米，东南部有两块扁平砺石，一块长约 25 厘米、厚约 4 厘米，上面有数道磨出的沟槽，周围散布着磨制的残石斧、石铲和碎石片等。此外还有细泥红陶和灰陶片。仰韶文化上层出土石器 59 件，器型有斧、铲、镰、刀、杵、砧、镞、球、环、盘状器和砺石等，其中斧（17 件）、铲（12 件）最多，大多为磨制（图 3.3.4）[1]。

　　河南濮阳西水坡遗址仰韶文化第一阶段石器均为磨制，第二阶段石器有打制也有磨制，器型有斧、铲、刀、凿、磨盘、磨棒等[2]。

①　河北省文物研究所、河北文化学院：《武安赵窑遗址发掘报告》，《考古学报》1992 年第 3 期。
②　丁清贤、张相梅：《1988 年河南濮阳西水坡遗址发掘简报》，《考古》1989 年第 12 期。

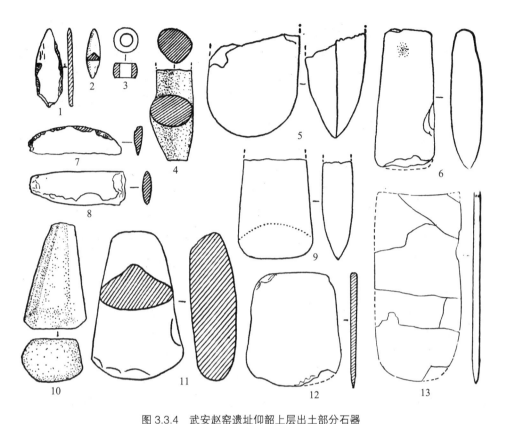

图 3.3.4　武安赵窑遗址仰韶上层出土部分石器
（采自《武安赵窑遗址发掘报告》图九）
1、2.镞　3.环　4、10.杵　5、6、9.斧　7.镰　8.刀　11.锤　12、13.铲

　　河南郑州大河村遗址仰韶文化前一期出土石器 29 件，器型有斧、铲、犁、锛、凿、镰、镞、敲砸器和砺石等，基本都为局部或通体磨制。仰韶文化第一期出土石器 14 件，器型有铲、镞、纺轮、石球、砺石等，基本均为局部或通体磨制。仰韶文化第二期出土石器 24 件，器型有斧、凿、刀、纺轮、石球、石饼和砺石等，大多局部磨制，通体磨制的较少。仰韶文化第三期出土石器 68 件，器型有斧、铲、凿、锛、刀、杵、纺轮、石球、弹丸、砺石等，大多局部磨制，少数通体磨光。仰韶文化第四期出土石器 121 件，器型有斧、铲、锛、凿、刀、镰、矛、镞、球、纺轮、刮削器、敲砸器、砺石等，除个别镞为打制外，其余均为局部或通体磨制。部分石刀和石铲有穿孔[1]。与大河村仰韶文化相

————————

[1]　郑州市文物考古研究所：《郑州大河村》，科学出版社，2001 年。

似的荥阳点军台遗址 [①] 和郑州后庄王遗址 [②] 出土的石器不多，但均为磨制。

华北平原作为华北的腹心地区，这一时期除了靠近华北北部地区的河北易县北福地遗址仍有大量的打制石器，有些遗址打制的盘状器较多外，其他地区磨制石器基本为大多数，刮削器、敲砸器等传统打制石器的数量已经很少。

三、华北东部——海岱丘陵山区

华北东部地区这一时期的遗址较多，这里主要介绍北辛、大汶口、王因等遗址除墓葬外出土的石器。

山东滕州北辛遗址北辛文化地层中包含相当多的打制石器和磨制石器，以及制作石器时打下来的石片、砾石块等。打制石器为利用打击下来的石片或石块打制而成，有的是利用残损的磨制石器加工而成，残损的磨制石器以大型石铲为主（图3.3.5）。石器的加工部位主要在刃部、安柄或手握处，其他部位大多保留原石皮，仅少数有加工打制痕迹。器型有斧、敲砸器、盘状器、铲、刀等。其中打制的石器有敲砸器110件，其次是斧106件；盘状器78件；小铲35件，用残石铲打制而成；刀7件，用石片打制而成。磨制石器以铲最多，有1 000余件残片，是用残石铲加工制成其他器物时的剩余物，完整和较完整的有15件，通体磨光。此外还有刀14件，镰6件，磨盘8件，磨棒7件，磨饼2件，斧1件，锛1件，凿4件，匕首4件，弹丸7件，杵7件，砺石198件，研磨器1件 [③]。从残石铲的数量来看，磨制石器的数量应该不少，但打制石器的数量也依然很多，占有一定的比例。

山东泰安大汶口遗址第二、三次发掘北辛文化时期出土石器115件，器型有斧、铲、锛、刀、镰、锤、球、纺轮、磨盘、磨棒、砺石、圆刮器、尖状器等。斧的数量最多，41件，大多仅刃部精磨，通体磨光的较罕见；铲14件，基本为打制，仅以沿边交互打成后使用；3件圆刮器亦为打制。数量较多的是砺石（23件）和磨棒（13件），其他数量均较少，多为磨制。大汶口文化时期除墓葬外出土石器119件，器型有斧、锛、刀、镰、弹丸、锤、纺轮、砺石

①　郑州市博物馆：《荥阳点军台遗址1980年发掘报告》，《中原文物》1982年第4期。

②　河南省文物研究所：《郑州后庄王遗址的发掘》，《华夏考古》1988年第1期。

③　中国社会科学院考古研究所山东队、山东省滕县博物馆：《山东滕县北辛遗址发掘报告》，《考古学报》1984年第2期。

图 3.3.5　北辛遗址出土的部分石器
（采自《山东滕县北辛遗址发掘报告》图四、图六）
1—4. 斧　5. 铲　6—12. 铲　13. 锛　14—16. 磨盘

等。大多仅刃部磨光，通体磨光的数量较少。石斧的数量最多，77 件，其次为砺石，12 件，其他数量都较少（图 3.3.6）①。大汶口文化时期虽然通体磨光的石器较少，但局部磨光的石器数量已经远远超过打制石器。

---

① 山东省文物考古研究所：《大汶口续集——大汶口遗址第二、三次发掘报告》，科学出版社，1997 年。

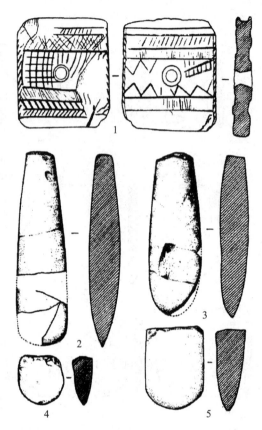

图 3.3.6　大汶口遗址大汶口文化出土部分石器
（采自《大汶口续集——大汶口遗址第二、三次发掘报告》图五八）
1. 砺石　2—5 斧

　　山东兖州王因遗址北辛文化时期出土石器器型有铲、斧、锛、镰、刀、砍砸器、锤、杵、磨盘、磨棒、磨石等，多经过磨制，仍有一定数量的打制石器。数量最多的是砍砸器，114 件，主要用残损的石铲加工而成，有些则是用原石材直接加工而成，大多为打制，周边有明显的打制和使用痕迹。磨制石铲 16 件，打制石铲 7 件，大多可能为铲坯，少数有使用痕迹。石斧 14 件，磨盘、磨棒各 7 件，穿孔磨石 12 件（图 3.3.7）。大汶口文化时期器型有铲、穿孔石铲、斧、锛、凿、镰、刀、砍砸器、刮削器、锤、杵、磨盘、磨棒、穿孔磨石、磨石、石球、纺轮等。其中石铲的数量最多，包括局部磨制的石铲 6 件，打制石铲 6 件，有的可能为磨制石铲坯，穿孔石铲 4 件，另外 26 件砍砸器也多是用残损石铲打制而成。其次为碾磨器，包括磨石 19 件，穿孔磨石 11

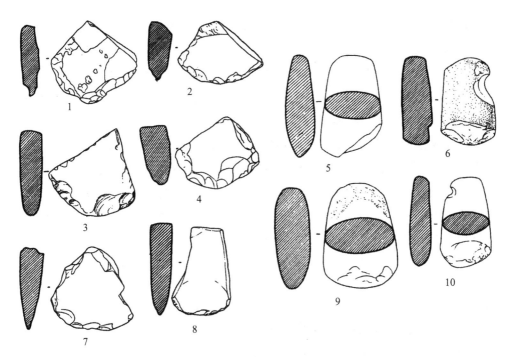

图 3.3.7　王因遗址出土的北辛文化部分石器
（采自《山东王因——新石器时代遗址发掘报告》图一七）
1—8. 砍砸器　5—10. 斧

件，磨光石器 12 件，为抛光工具，多为天然砾石，个别稍加修整。其余为斧 13 件，锛 11 件，纺轮 11 件等①。大汶口文化时期打制的砍砸器数量较北辛文化时期大大减少。

　　华北地区东部在北辛文化时期打制石器仍较多，在石器中占一定比例。到了大汶口文化时期，打制石器数量明显减少，虽然仍有打制石器存在，但磨制石器已是主流。

四、华北西部——太行山以西的晋陕高原和关中地区

　　华北西部这一时期的遗址众多，代表性遗址有山西翼城枣园、北橄遗址、河南陕县庙底沟遗址、陕西西安半坡遗址、临潼姜寨遗址、扶风案板遗址等。
　　山西翼城枣园遗址分为三期遗存，相当于前仰韶文化到仰韶文化晚期。三

———————————

① 中国社会科学院考古研究所：《山东王因——新石器时代遗址发掘报告》，科学出版社，2000 年。

期发现的石器数量都不太多，以铲最为常见，其次为斧，第一、二期还有磨盘。石器大多为磨制[1]。

山西翼城北橄遗址分为四期，相当于从仰韶文化早期到庙底沟文化时期，出土的石器有铲、斧、锛、凿、刀、研磨器、纺轮、磨石、磨棒、盘状器等和少量的打制石器，磨制石器居多[2]。

河南陕县庙底沟遗址仰韶文化时期出土石器数量最多的是盘状器，共有2 230多件，大多为利用天然砾石打制而成，个别利用石铲残片改制而成。用途不详，报告认为是日常主要工具之一，可能作为敲砸器用，锋刃者可兼作刮削器用。其次为石铲，130多件，基本为磨制；石刀的数量也较多，102件，有打制和磨制者。其余还有斧、锛、凿、纺轮、球、杵、网坠等，多为磨制，磨盘用天然扁平砾石制成（图 3.3.8）[3]。

陕西西安半坡遗址发现大量石制品，包括石斧313件，石锛71件，石凿18件，石刀67件，石铲13件，石锄19件，砍伐器59件，敲砸器88件，刮割器115件，碾磨器11件，石杵14件，石矛5件，石镞6件，石网坠320件。斧、锛、凿绝大多数为磨制，铲、锄、刀、砍伐器、敲砸器大多为打制。石刀中仅24件为磨制，其余用石片打制而成，少数用扁薄的砾石或残石斧制作而成（图 3.3.9）。另外还有大量的陶和骨质工具，数量最多的是陶刀、陶刮割器和骨镞。陶刀和刮割器也多为打制，陶刮割器1 243件，还有坯料2 638件，陶刀150件，大多用细砂硬陶片或细泥红陶片打制而成，磨制的仅26件。骨镞282件[4]。

陕西临潼姜寨遗址第一期出土石器磨制者多，打制者少，斧、铲、锛、砥磨石数量较多，磨盘、磨棒、研磨棒次之，其他较少。第一期共出土石器658件，其中石斧数量最多，150件，包括半成品86件，成品64件，大多仅刃部磨光，通体磨光者少。石锛48件，石凿15件，石镞2件，皆通体磨光。石铲127件，石刀10件，大多磨制，骨铲122件。刮割器12件，大多用砾石石片打制而成，个别用磨制石器残件改制。砍伐器19件，大多为打制，个别器表

①　薛新民、田建文、杨林中：《山西翼城枣园新石器时代早期遗址调查报告》，《文物季刊》1992年2期；山西省考古研究所：《翼城枣园》，科学技术文献出版社，2004年。

②　山西省考古研究所：《山西翼城北橄遗址发掘报告》，《文物季刊》1993年第4期。

③　中国社会科学院考古研究所：《庙底沟与三里桥》（中英文双语版），文物出版社，2011年。

④　中国科学院考古研究所、陕西省西安半坡博物馆：《西安半坡——原始氏族公社聚落遗址》，文物出版社，1963年。

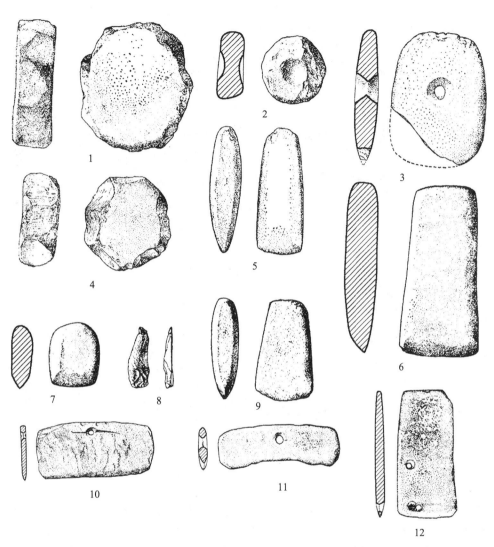

图 3.3.8 庙底沟遗址出土的仰韶文化部分石器
（采自《庙底沟与三里桥》（中英文双语版）图三七、三八）
1、2、4. 盘状器 3、5、7、9. 斧 8. 小石片 10 12. 刀

为琢制或磨制。敲砸器 8 件，皆天然砾石打制而成，留有原砾石面。细石器 4 件，刮削器 3 件，雕刻器 1 件。其他主要是砥磨器 120 件，石研棒 13 件，石臼 11 件，石磨棒 74 件，石磨盘 7 件。第二期出土石器数量较第一期少，以磨制为主，且通体磨光者增多，但打制石器仍有一定数量。石斧数量最多，46 件，磨制为主，打制较少。石锛 17 件，石铲 8 件，石锄 9 件，石凿 1 件，多

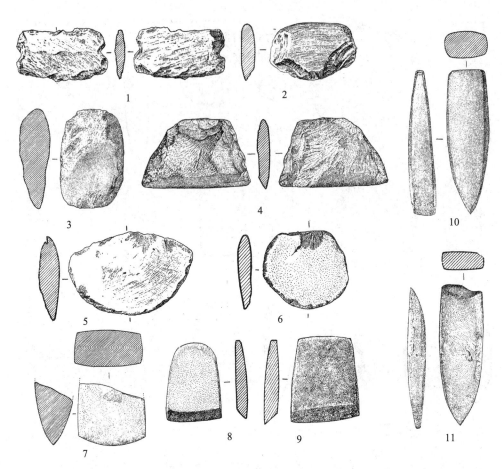

图 3.3.9　半坡遗址出土的部分石器

（采自《西安半坡——原始氏族公社聚落遗址》图五七、图五八、图六四、图八四）

1、2、4.刀　3、7.斧　5、6.刮割器　8、9.锛　10、11.凿

为磨制。其余为砥磨器 11 件，磨盘 8 件，磨棒 1 件，石杵 5 件，敲砸器 5 件，砍伐器 5 件，刮割器 6 件①。

陕西扶风案板遗址第一期相当于庙底沟时期，出土石器数量不多，主要有刀、锛、锄、球等，多局部磨制，少有通体磨光者。第二期为仰韶晚期，器型有斧、锛、铲、凿、刀、锄、镰、矛、笄、网坠、石球、砺石等，多磨制（图3.3.10）。第三期为庙底沟二期，出土石器较多，器型有斧、铲、锛、矛、刀、

① 西安半坡博物馆、陕西省考古研究所、临潼县博物馆：《姜寨——新石器时代遗址发掘报告》，文物出版社，1988 年。

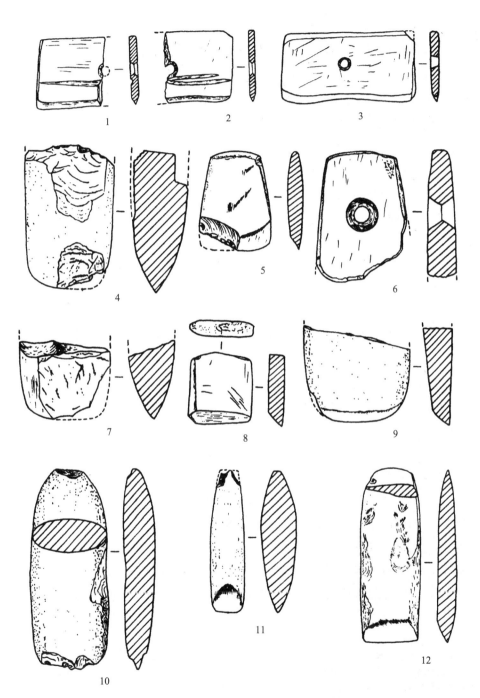

图 3.3.10　扶风案板遗址第二期出土部分石器

（采自《扶风案板遗址发掘报告》图八三、八四）

1—3. 刀　4、7、10. 斧　5、8、9、11. 锛　6. 铲　12. 凿

镞、球、环、笄等，大多为通体磨光[①]。

晋南和豫西地区在仰韶文化时期，除盘状器为打制外，其余石器大多为磨制，但也有打制现象，比如两侧带缺口的石刀。但到了仰韶晚期和庙底沟二期时，盘状器和两侧带缺口的打制石刀的数量就很少了。在陶寺遗址Ⅲ区居住址出土庙底沟二期文化早期的石制品中，成品石器大多为磨制，只有个别两侧带缺口的石刀和砍砸器、刮削器为打制[②]。打制石器遗址较多的山西东南部的垣曲盆地，在庙底沟二期文化时期磨制石器也成为主流[③]。庙底沟遗址龙山时期石器主要为磨制，仅有部分石刀为打制，直接利用剥下的石片为个别现象[④]。关中地区在半坡时期有一定的差异性，在半坡遗址打制石器的器型和数量都还相当多，但在姜寨遗址打制石器的数量则要少一些，虽然通体磨光的石器较少，但刃部磨光的石器已是主流。庙底沟时期也是局部磨光的石器多，通体磨光者少。但到了庙底沟二期时，大多就是通体磨光的了。

五、新石器时代晚期的石器特征

新石器时代晚期的仰韶文化时期，华北地区除北部外，其他地区磨制石器基本都成为主流。但各地区磨制石器取代打制石器的步伐并不一致，腹心地区的华北平原步伐较快，在新石器时代中期时，磨制石器的数量已经超过打制石器，在这一时期，打制石器的数量较新石器时代中期已经很少，磨制石器的数量和通体磨光者继续增多。华北东部和西部地区的步伐较慢，华北东部地区北辛文化时期打制石器的比例还比较高，尤其是将残损石铲改制成其他器型（如砍砸器）的情况较多。大汶口文化时期磨制石器才成为主流。华北西部地区，半坡和庙底沟文化时期打制石刀、刮割器、盘状器等打制石器的数量仍很多，在仰韶晚期和庙底沟二期时期打制石器的器型和数量才减少，磨制石器成为绝对主流。在华北北部地区，细石器和碾磨器的数量在新石器时代晚期仍超过石

---

①　西北大学文博学院考古专业：《扶风案板遗址发掘报告》，科学出版社，2000 年。

②　中国社会科学院考古研究所山西工作队、山西省临汾市文物局：《襄汾陶寺——1978—1985 年考古发掘报告》，文物出版社，2015 年。

③　中国国家博物馆考古部、山西省考古研究所、垣曲县博物馆：《垣曲古城东关》，科学出版社，2001 年。

④　中国社会科学院考古研究所：《庙底沟与三里桥》（中英文双语版），文物出版社，2011 年。

器总数的一半，磨制石器直到相当于龙山时期的雪山二期或镇江营四期时才成为主流，是磨制石器发展最慢的一个地区。

新石器时代晚期，华北地区除北部外，其余地区已经陆续进入农业种植和家畜饲养的生业经济形态。河南鹤壁刘庄遗址的浮选结果发现了粟、黍等农作物，以粟为主，表明仰韶文化晚期大司空类型已是旱作农业的经济形态[①]。华北东部地区是旱稻混作农业区，这种农业形式在后李文化时期初现，至迟在大汶口中晚期逐渐形成[②]。陕西鱼化寨遗址的浮选结果表明，仰韶文化半坡和史家类型的生业形态已经是以农耕为主，农作物主要是粟黍，还有少量的稻[③]。但旱作农业在此时期并没有完全取代狩猎采集成为生业经济的主体。陕西华阴兴乐坊遗址浮选结果和陶器石器上的残留物分析表明，庙底沟文化时期粟作农业成为生业经济主体，并在粟作农业的基础上发展了水稻种植，形成粟稻皆有、以粟为主的特点。对出土动物骨骼的定性定量分析表明家养的狗和家猪约占哺乳动物总数的89%，肉食资源中以家养动物为主[④]。华北北部的燕山南北地区和辽西地区接壤，与辽西地区交流频繁，文化相似程度很高，自然环境与辽西地区也有一定的相似性[⑤]，因此生业经济形态的发展演变可以参考西辽河地区。而辽西地区的植物考古研究表明，兴隆洼文化时期出现了粟、黍两种植物栽培作物，当地先民开始尝试农耕生产，但在红山文化时期，当地经济仍处于采集狩猎向农业经济转变的过程中，生业形态为农耕和采集并重。直到夏家店下层文化时期，农业经济才确立，当地进入农业社会发展阶段[⑥]。夏家店下层也以饲养家猪为主，家养动物中牛和羊的数量较多，畜牧业开始出现[⑦]。因此，华北北部地区在这一时期的生业形态可能也仍是以采集狩猎和农业经济并重。

居住形态上，这一时期大量的房址、墓葬、陶窑，以及环壕、中心广场等诸多建筑形式的发现，表明成熟的聚落形态逐渐形成，半坡、姜寨遗址的考古发现都展示了六千多年前农业村落的面貌。

---

① 王传明、赵新平、靳桂云：《河南鹤壁市刘庄遗址浮选结果分析》，《华夏考古》2010年第3期。
② 赵志军：《新石器时代植物考古与农业起源研究》，《中国农史》2020年第3期。
③ 赵志军：《中国古代农业的形成过程——浮选出土植物遗存证据》，《第四纪研究》2014年第1期。
④ 陕西省考古研究院：《华阴兴乐坊——新石器时代遗址考古发掘报告》，科学出版社，2019年。
⑤ 索秀芬、李少兵：《燕山南北地区新石器时代考古学文化序列和格局》，《考古学报》2014年第3期。
⑥ 赵志军：《新石器时代植物考古与农业起源研究》，《中国农史》2020年第3期。
⑦ 袁靖：《中国新石器时代至先秦时期生业初探》，《南方文物》2019年第5期。

磨制石器在华北地区自旧、新石器时代过渡时期出现，或还可以提早到旧石器时代晚期出现，在新石器时代中期得到发展，而且在华北最南部地区数量超过打制石器。在新石器时代晚期，华北大部分地区磨制石器取代打制石器成为主要生产工具。磨制石器的这一发展过程与农业经济的确立和成熟农业村落形态的形成同步。新石器时代早、中、晚期的生业形态也是一个递进式的发展过程，大部分地区从早期的采集渔猎，经中期的以采集渔猎为主、栽培作物和家养动物为辅，发展到晚期的以栽培作物和家养动物为主，以采集渔猎为辅的生业方式。只是不同地区的发展时间和方式略有不同。陕西地区在中期和晚期都存在以采集渔猎为主、栽培作物和家养动物为辅，及以栽培作物和家养动物为主、采集渔猎为辅的生业方式共存的现象。这两种生业方式共存的现象在陕西新石器时代末期依然存在①。而华北最南部地区在新石器时代中期和晚期都是以栽培作物和家养动物为主、采集渔猎为辅的生业方式。华北东部地区在新石器时代晚期的大汶口文化中晚期农业社会才基本确立。华北北部地区是农业形态发展最缓慢的地区，到相当于二里头文化时期农业经济才成为主流。而各地先民的居住方式也从新石器时代早期开始出现少数半地穴式房址；历经新石器时代中期房子、墓葬数量增多，公共墓地出现，个别遗址还发现环壕，环壕内房子和墓葬有序排列；再到新石器时代晚期有大量房址、墓葬、陶窑以及环壕、中心广场等成熟农业村落的形成。新石器时代先民从流动的生活方式逐渐发展为定居的农业村落，定居模式逐渐复杂。磨制石器这一发展过程与农业经济的确立和定居模式的复杂化同步的现象说明了磨制石器取代打制石器与农业和定居模式复杂化之间的紧密关系。农业的发展需要人们长期定居在一个地方进行耕作，长期定居在一个地方需要投入大量的人力物力盖房子居住，修壕沟护院，挖墓葬安置亡者，建造大型建筑供群体议事聚会等，这就需要斧伐木，锛、凿修木，铲挖沟、挖土等。而斧、铲等木作和土作工具先于刀等收割工具的大量出现，同样表明长期定居引起的各类建筑的修建对斧、铲类工具的巨大需求。同样农业耕种本身也需要铲翻土，刀收割，随着农业和定居程度的加深，其他非农活动的减少，人们对这些工具的需求也越来越多，磨制石器遂逐渐取代打制石器成为社会生产的主要工具。

---

① 袁靖：《黄河中游及华北地区距今 10000 至 5000 年生业状况初探》，《南方文物》2018 年第 1 期。

第四章
陶寺遗址出土石制品的原料和技术

新石器时代末期，华北各地普遍以磨制石器为主，河南登封王城岗、洛阳灰嘴、山西襄汾陶寺等遗址都发现了大量与石器生产有关的遗存。本章以陶寺遗址为例，主要分析新石器时代末期超大型遗址的石器生产。陶寺遗址自1978年发掘以来发现了高等级墓葬、城墙基址、观象台、大型宫殿基址等高等级建筑，出土了彩绘陶器、龙盘、鼍鼓、璧、琮等玉器，钺、镞等武器，以及大量的陶器和石制品，表明其是临汾盆地新石器时代末期的一处都邑性遗址。该遗址虽然已经出现个别红铜和砷铜器[①]，但石器依然是主要生产工具。

第一节　石制品的种类和原料

陶寺遗址出土了大量的石制品。目前已经发表的材料有1978—1985年的发掘资料，1999—2001年的发掘资料和2008年的石制品调查资料，另外2002IHG8的材料也有研究文章发表。1978—1985年发掘的陶寺文化时期居住址出土石器及石器的半成品、坯料共432件，出土的石器以各类生产工具为主，也有武器、生活用具和装饰品，包括铲、斧、锛、凿、楔、锤、砧、砺石、锉、研磨盘、研磨棒、钻、刀、尖锋刀、短柄刀、竖柄刀、"V"字形刀、横銎刀、曲尺形器、切割器、刮削器、杵、臼、纺轮、网坠、球、镞、鏊子、璧、环、臂环、指环、梳、环状饰件、穿孔饰件、柱状饰件、纽状饰件、斧形器、条形器、钻帽等42种器型。陶寺墓地出土玉、石质随葬品共815件（组），种类包括磬、钺、钺形器、戉、圭、璧、复合璧、环、璜、琮、双孔

---

① 高江涛、何驽：《陶寺遗址出土铜器初探》，《南方文物》2014年第1期。

刀、铲、斧、锛、凿、研磨盘、研磨棒、厨刀、镞、梳、笄、组合头饰、项饰、臂环、镶嵌腕饰、指环、指套等 26 种器型，另外还有不能确定用途的头部零散玉石件和其他零散玉石件[①]。1999—2001 年的发掘出土陶寺文化时期石制品 209 件，以生产工具为主，也有武器、生活用具和装饰品，包括铲、斧、刀、凿、锛、曲尺形刀、竖柄刀、刮削器、镞、饰品、磨石、磨盘、研磨器等[②]；2002 年 IHG8 出土成品石器 30 件，石片、石屑、石坯等 1 165 件[③]；2008 年的石制品调查和试掘共出土陶寺文化时期石制品高达 12 万余件，其中主要是石片和最大径小于 1 厘米的石屑[④]。

一、石制品类型及原料

在目前陶寺遗址出土的石制品中，墓葬和居住址出土的石制品种类有所差别（表 4.1.1），墓葬出土的石制品以礼仪用器、武器和装饰品的数量为多，数量最多的是装饰品和镞。装饰品大小不一，报告中不少没有具体数字，故表 4.1.1 中没有统计，但如果按件数计，几百件总是有的。镞也有 300 余件。其次是钺和璧，数量都超过 100 件。陶寺居住址的石制品大多出土于灰坑之中，房址和文化层中也有少量发现，器型以生产工具为主，数量最多的是长方形刀和铲。1999—2001 年出土的石制品种类和 1978—1985 年居住址出土的石制品种类相似，都是以长方形刀和铲为主。2002 年 IHG8 出土的石制品和 2008 年调查和试掘发现的石制品种类相似，都是以石片、石屑为主，另外有少量的石坯和成品石器（表 4.1.1）。

---

① 中国社会科学院考古研究所、山西省临汾市文物局：《襄汾陶寺：1978—1985 年考古发掘报告》，文物出版社，2015 年。

② 中国社会科学院考古研究所等：《襄汾陶寺：1999—2001 年考古发掘报告》，科学出版社，2025 年。

③ 严志斌：《陶寺文化石制品研究——以 HG8 为中心》，《二十一世纪的中国考古学：庆祝佟柱臣先生八十五华诞学术文集》，文物出版社，2006 年；中国社会科学院考古研究所山西队、山西省考古研究所、临汾市文物局：《山西襄汾陶寺城址 2002 年发掘报告》，《考古学报》2005 年第 3 期。

④ 翟少冬、王晓毅、高江涛：《山西陶寺遗址石制品及相关遗迹调查简报》，《考古学集刊（19）》，科学出版社，2013 年。

表 4.1.1　陶寺遗址出土石制品数量统计表

出土地 / 器型	1978—1985 年居址	1978—1985 年墓地	1999—2001 年发掘	2002 年发掘	2008 年陶寺遗址石制品调查	合计
铲	36	8	37			81
斧	19	15	19			53
凿	29	3	6		1	36
锛	12	27	8			47
楔	9		1		1	11
长方形刀	119		71		2	192
长方形刀坯	2		6	2		10
V 形刀坯	5				1	6
竖柄刀	1		1			2
尖锋刀	16					16
刻刀			1			1
切割器	6					6
纺轮	18		5			23
网坠	2					2
球	16		1			17
曲尺形刀、"V" 字形刀	17	21	4		1	43
杵	3		1			4
臼	2					2
饼形器			3			3
研磨器具	4	6	13			23
锉	1					1
刮削器	1		4			5
镞	32	333	4			369

出土地 器型	1978— 1985 年 居址	1978— 1985 年 墓地	1999— 2001 年 发掘	2002 年 发掘	2008 年陶 寺遗址石 制品调查	合计
殳		2				2
钺		99	1		1	101
钺形器		4				4
双孔刀		7				7
圭		3				3
戚			1			1
磬		4				4
璧	20	84	3			107
复合璧		8				8
琮		13				13
璜		2				2
梳	1	7				8
笄		4				4
环	1	4				5
臂环	1	5				6
指环		8				8
指套		2				2
锤	2		2	9	1	14
砧	1					1
砺石	7		5			12
钻	5					5
钻帽	5					5
矛形坯			1		8	9
镞坯	1					1

续 表

出土地 器型	1978— 1985 年 居址	1978— 1985 年 墓地	1999— 2001 年 发掘	2002 年 发掘	2008 年陶 寺遗址石 制品调查	合计
钺坯	1					1
琮坯	1					1
穿孔石料	1					1
铲坯	1		6	11	8	26
斧坯	6		8		2	16
凿坯	3		2	5	1	11
锛坯	4			7	2	13
纺轮坯	3			33		36
其他坯				61		61
石片石核				978	120 000	120 978
合计	**414**	**666**	**214**	**1 106**	**120 029**	**122 429**

注：1. 锄并入到铲统计；

2. 头饰、腕饰等饰品未统计；

3. 器物残件和石料未统计；

4. 2002IHG8 出土石器成品 30 件，但没有分类数据，无法分类统计。

陶寺遗址出土的石制品种类丰富，所用石料包括角岩 / 变质砂岩[①]、砂岩、灰岩、白云岩、页岩、燧石、大理岩、透闪石玉、蛇纹石、绿松石等几十种（表 4.1.2）。但不同种类的石制品以及不同性质的遗迹单位出土的石制品所用的原料不尽相同。陶寺墓地出土的石制品除镞外，礼仪用器、武器和装饰品

———————

① 角岩和变质砂岩是碎屑岩不同变质程度的表现，受原岩和温压条件的影响，原岩中黏土和粉砂含量较高且完全变质的为角岩，原岩中砂含量较高但没有完全变质的为变质砂岩，有些可能呈现角岩化，但没有完全变成角岩。肉眼鉴定较难把握是否完全变质，因此基本都鉴定为角岩，但岩石切片结果表明有相当一部分为变质砂岩。变质砂岩到角岩是一个渐进的变质过程，这一点在大崮堆山表现得很清楚，下一节将会对此问题进行详细讨论。本书在谈到岩性时将角岩和变质砂岩合并归为一类，称角岩 / 变质砂岩。

的原料大多是大理岩和绿松石，也有少量的透闪石玉和蛇纹石玉，其他石质的数量较少，即使是锛这类器物也是大理岩的数量较多。镞大多为角岩和页岩制成。居住址出土的铲、刀、斧、锛、凿等工具则大多为角岩／变质砂岩制成，其他石料较少。砂岩最常用于砂浆、磨石、钻头和石锤制作。2002 年 IHG8 和 2008 年出土的石片、石屑和石坯大多为角岩／变质砂岩制成，另外 2008 年还发现了一些大理岩的石片和石屑。

二、石器的原料选择

虽然陶寺遗址石器的原料种类较丰富，但使用情况较集中（表 4.1.2），以角岩／变质砂岩（包括红柱石角岩、董青红柱石角岩、绢云红柱石角岩、红柱石变质细砂岩、变质岩屑砂岩等）为主，另外还有一定数量的砂岩（包括细砂岩、长石石英细砂岩、石英细砂岩、石英中砂岩、杂砂岩、岩屑石英砂岩、粉砂岩）和大理岩，以及少量的灰岩（包括白云质灰岩、生物碎屑灰岩）和零星的燧石等。绝大多数石斧、石锛、石凿、石楔和矛形坯的石料为角岩／变质砂岩类岩石，大部分石铲和石刀也为此类岩石制成，而装饰品和戚、钺等礼仪用器则大多由大理岩制成，另外少数纺轮也由大理岩制成。陶寺遗址不同的石器种类对石料有不同的偏好选择，这可能与不同石料的机械性能有关。

1. 角岩／变质砂岩

我们挑选了 1999—2001 年出土的 8 件石片和石器残件进行了切片分析，其中 7 件为角岩／变质砂岩，1 件为大理岩化白云岩，角岩中红柱石角岩较多，也有董青石红柱石角岩（表 4.1.3）。董青石与红柱石相对含量变化较大，二者互为消长关系，在原岩基本相同时，主要与距花岗闪长岩体的远近有关，远离花岗闪长岩，董青石逐渐减少，直至消失。红柱石角岩为角岩结构，主要由红柱石、绢云母、黑云母及残余砂级碎屑组成。残余砂级碎屑石英含量变化较大。部分红柱石角岩绢云母含量很高（55%—60%），可向红柱石角岩化黏土岩过渡，红柱石含量多变化于 30%—40% 之间。变质砂岩为变余中细粒砂状结构。岩石主要由砂级碎屑、填隙物及角岩化矿物组成。砂级碎屑为长石、石英、岩屑。岩石局部石英含量高，并与角岩化矿物红柱石、黑云母定向分布，构成似变余层理构造。

表 4.1.2 陶寺遗址出土石制品岩性统计表

器类	时期 / 岩石	角岩	砂岩	白云岩、灰岩	页岩	泥岩	燧石	大理岩	透闪石阳起石软玉	含透闪石阳起石的碳酸岩玉	蛇纹石	其他	合计
斧	1978—1985 年居址	7	3									1	11
	1978—1985 年墓地	10						2				3	15
	1999—2001 年发掘	19											19
	2008 年陶寺遗址石制品调查	2											2
斧坯	1978—1985 年居址	6											6
	2008 年陶寺遗址石制品调查	4											4
凿	1978—1985 年居址	16	1										17
	1978—1985 年墓地	1		1							1		3
	1999—2001 年发掘	5	1										6
	2008 年陶寺遗址石制品调查	1											1
凿坯	1978—1985 年居址	3											3
	2008 年陶寺遗址石制品调查	1											1

续表

器类	时期	角岩	砂岩	白云岩、灰岩	页岩	泥岩	燧石	大理岩	透闪石阳起石软玉	含透闪石阳起石的碳酸岩玉	蛇纹石	其他	合计
楔	1978—1985年居址	3										4	7
楔	1999—2001年发掘	1											1
楔	2008年陶寺遗址石制品调查	1											1
锛	1978—1985年居址	8	2	1								1	12
锛	1978—1985年墓地	3	1	3		1		16			2	1	27
锛	1999—2001年发掘	8											8
锛坯	1978—1985年居址	4											4
锛坯	2008年陶寺遗址石制品调查	2											2
铲	1978—1985年居址	7	1	5							1		14
铲	1978—1985年墓地	2		3	1			1		1			8
铲	1999—2001年发掘	35	2	1									38
铲	2008年陶寺遗址石制品调查	8											8
铲坯	1978—1985年居址	1											1
铲坯	2008年陶寺遗址石制品调查	10											10

续　表

器类	时期	角岩	砂岩	白云岩、灰岩	页岩	泥岩	燧石	大理岩	透闪石阳起石软玉	含透闪石阳起石的碳酸岩玉	蛇纹石	其他	合计
长方形刀	1978—1985年居址	13	5	2		1						1	22
长方形刀	1999—2001年发掘	54	17	1						1		2	75
刀坯	2008年陶寺遗址石制品调查	2											2
刀坯	1978—1985年居址	2											2
纺轮	1978—1985年居址	1	3	2				1					7
纺轮	1999—2001年发掘	2						3					5
纺轮坯	1978—1985年居址		1					1					2
网坠	1978—1985年居址	1	1										2
竖柄刀	1978—1985年居址	1											1
尖锋刀	1978—1985年居址	4	1			1							6
刻刀	1999—2001年发掘	1											1
切割器	1978—1985年居址						1					5	6

续　表

器类	时期\岩石	角岩	砂岩	白云岩、灰岩	页岩	泥岩	燧石	大理岩	透闪石阳起石软玉	含透闪石阳起石的碳酸岩玉	蛇纹石	其他	合计
球	1978—1985年居址	2	1	1				3				1	8
	1999—2001年发掘	1											1
曲尺形刀、"V"字型刀	1978—1985年居址	7	7		1						1		16
	1978—1985年墓地	8	2	2								6	18
	1999—2001年发掘	4											4
	2008年陶寺遗址石制品调查	2											2
刮削器	1978—1985年居址						1						1
	1999—2001年发掘	2					2						4
杵	1978—1985年居址		3										3
	1999—2001年发掘	1											1
臼	1978—1985年居址		1									1	2
饼形器	1999—2001年发掘	2	2										4
研磨器具	1978—1985年居址			3								1	4
	1978—1985年墓地		1									5	6
	1999—2001年发掘	1	11	2									14

续　表

器类	时期	角岩	砂岩	白云岩、灰岩	页岩	泥岩	燧石	大理岩	透闪石阳起石软玉	含透闪石阳起石的碳酸岩玉	蛇纹石	其他	合计
锉	1978—1985年居址		1										1
殳	1978—1985年墓地							2					2
镞	1978—1985年居址				18	2	2						22
镞	1978—1985年墓地	143	14	2	157	8	2	4			1		331
镞	1999—2001年发掘	4											4
镞坯	1978—1985年居址				1								1
钺	1978—1985年墓地	3	1	18		5		48	13	1	9	1	99
钺	1999—2001年发掘							1					1
钺	2008年陶寺遗址石制品调查								1				1
钺坯	1978—1985年居址		1										1
钺形器	1978—1985年墓地		1					2	1				4
双孔刀	1978—1985年墓地	1		1		1		2	2				7
戚	1999—2001年发掘							1					1

续　表

器类	时期	角岩	砂岩	白云岩、灰岩	页岩	泥岩	燧石	大理岩	透闪石阳起石软玉	含透闪石阳起石的碳酸岩玉	蛇纹石	其他	合计
圭	1978—1985年墓地							1	2				3
磨	1978—1985年墓地	2										2	4
璧	1978—1985年居址			2				5				1	8
璧	1978—1985年墓地		1	7		1		66	7				82
璧	1999—2001年发掘							3					3
复合璧	1978—1985年墓地							1	4	1		2	8
璜	1978—1985年墓地								2				2
环	1978—1985年居址							1					1
指环	1978—1985年墓地								4				4
指套	1978—1985年墓地							5	1			2	8
琮	1978—1985年墓地							1			1		2
琮环	1978—1985年墓地			2				6	3			2	13
梳	1978—1985年居址	1											1
梳	1978—1985年居址								1				1
梳	1978—1985年墓地							5	1		1		7

续表

器类	时期	角岩	砂岩	白云岩、灰岩	页岩	泥岩	燧石	大理岩	透闪石阳起石软玉	含透闪石阳起石的碳酸岩玉	蛇纹石	其他	合计
笄	1978—1985年墓地			1				2	1				4
臂环	1978—1985年居址							1					1
臂环	1978—1985年墓地							1	4				5
砧	1978—1985年居址		1										1
砺石	1978—1985年居址		7										7
锤	1978—1985年居址		2										2
锤	1999—2001年发掘	2											2
锤	2008年陶寺遗址石制品调查	1											1
钻	1978—1985年居址		4									1	5
钻帽	1978—1985年居址		4	1									5
小计		436	104	62	178	20	8	186	46	4	17	43	1 103
石片	2008年陶寺遗址石制品调查	38 636						173					38 809
合计		39 072	104	62	178	20	8	359	46	4	17	43	39 913

注：头饰、腕饰等装饰品未计入该表，这些物品数量很庞大，质地大多为大理岩、软玉、绿松石、软玉，含透闪石的半玉及蛇纹石等。

表 4.1.3　陶寺和大崮堆山遗址样品薄片岩性检测结果

序号	样品编号	岩　性	样品照片	显微镜下照片（正交偏光＋）
1	2001JXTIT3H17：1	变粉砂质泥岩		
2	01JXTVIT1⑦A：2	红柱石变质细砂岩		
3	2001JXTIT3⑧：2	红柱石角岩		
4	01JXTVIT1⑨C：2	红柱堇青石角岩		
5	2000JS62IIT4F10：3	红柱石角岩		
6	2001JXTIT3⑧B：1	红柱堇青石角岩		

序号	样品编号	岩　性	样品照片	显微镜下照片（正交偏光＋）
7	99JS62IIT15 ③：7	含堇青石红柱石角岩		
8	99JS62IIT15 ③：4	大理岩化白云岩		
9	2023DGD02	绢云红柱石角岩		
10	2023DGD03	细晶大理岩		
11	2023DGD04	含堇青石红柱石角岩		
12	2023DGD05	变质中细粒岩屑砂岩		

序号	样品编号	岩　性	样品照片	显微镜下照片（正交偏光＋）
13	2023DGD06	阳起石变质中细粒岩屑砂岩		
14	2023DGD07-2	含堇青石红柱石角岩		
15	2023DGD08	变质化中细粒岩屑砂岩		
16	2023DGD09	红柱石变质砂岩		
17	2023DGD10	红柱石变细粒石英砂岩		

角岩/变质砂岩块状构造，野外露头为似厚层状，硬度也相对较高，角岩/变质砂岩的高硬度使其在使用过程中能够承受很大的力量。陶寺遗址大部分的斧、凿、锛和楔都是用角岩/变质砂岩制作。斧、锛、凿和楔被认为主要用作木工工具，斧头可能特别用于砍硬木[1]。因此，斧需要有较强的刃缘保持能力，以承受高强度的外力。另外，大多数石斧一般不通体磨光，仅对刃部和局部器身进行磨光。这种粗糙的加工方式可能与角岩/变质砂岩的硬度有关。陶寺石器的复制实验表明，角岩/变质砂岩的磨制费时费力。实验中一个变质砂岩的石楔即使经过68分钟的磨削，其边缘也没有磨光，这可能是陶寺遗址角岩/变质砂岩工具很少通体磨光的原因之一。

此外，野外角岩/变质砂岩的层理较好，能够自然地分成不同厚度的层状，我们在大崮堆山看到的最薄的层状角岩/变质砂岩仅有约0.4厘米厚（图4.2.10）。陶寺遗址发现的刀大多厚0.4厘米—1厘米，铲通常1厘米—2.5厘米厚，因此石刀和石铲可以用不同厚度的变质砂岩来制作，免去削薄的过程。有些变质细砂岩原岩含泥较高，变质后含有大量绢云母，因此岩石具有一定韧性，也便于打磨抛光，是石刀的主要原料。

此外，陶寺出土的两个磬都是由角岩制成。石磬有孔，制孔方式为先琢后钻，器身局部棱角清晰的部位经过琢打。角岩/变质砂岩在受到撞击时会发出悦耳的声音，比较适合用作乐器的原材料。

2. 结晶灰岩和大理岩化白云岩

结晶灰岩主要由方解石组成，大理岩化白云岩主要由粉晶及细晶白云石组成（表4.1.3），含少量方解石。大理岩化白云岩岩石结构致密，硬度相对大理岩和结晶灰岩高。这两种岩石在野外呈薄层状露头，适合用于制作石铲和石刀。

3. 大理岩

大理石是一种接触变质岩，方解石是其主要矿物成分。方解石的硬度较低，为莫氏3，因此大理岩的硬度较低，便于打磨。但因为硬度不高，所以很少被选作工具的原料。但大理岩外表洁白美观，装饰效果强。因此陶寺墓葬中出土的饰品大多用大理岩制成，钺之类的礼仪用器也为大理岩制成。陶寺墓葬

---

① Hampton, O. W. "Bud" 1999. *Culture of Stone: Sacred and Profane Uses of Stone among the Dani*. Texas A&M Press.

中发现的一些大理岩制成的锛可能不是实用工具。

4. 页岩

陶寺遗址出土的石镞多出自墓葬，而且大多用角岩／变质砂岩和页岩制成。页岩硬度较低，层理较薄，用来制作箭镞不但易磨而且基本不用去薄，磨出的边缘锋利，适合用作石镞的材料。角岩／变质砂岩的硬度较高，虽然大崮堆山上看到的这类岩石具有薄至 0.5 厘米的层理（陶寺墓地出土的菱形镞、棱锥形镞等有棱脊的石镞厚度一般在 0.6 厘米左右），但扁平三角形石镞的厚度一般仅 0.2 厘米左右，所以用角岩制作扁平三角形石镞需要一定的技术进行去薄。

5. 砂岩

砂岩的主要矿物是石英和长石，颗粒较粗，棱角分明，结构疏松，具有良好的砥磨特性。因此，陶寺遗址出土的砺石、研磨器等与研磨相关的工具大多用砂岩制成，包括用于扩孔和磨孔的钻头。

综上所述，陶寺遗址石器的原料选择在很大程度上与石材的物理性能有关。根据岩石的不同形态和不同功能，采用不同的原材料制成不同的工具。如果石器需要承受强大的力量，就选择硬度较高的原材料，如角岩／变质砂岩等。如果用于研磨，则使用研磨性较好的砂岩。如果需要美观，则使用大理岩制作。根据材料的硬度、工具的功能和形态，使用不同的原材料制作不同的石器，说明陶寺石器生产者认识到了不同石料的物理性能，并将其与石器的功能和形态联系起来。

第二节　原　料　来　源

陶寺遗址位于汾河流域，汾河流经遗址以西约 6 公里处。太岳山位于约 35 公里的东部，中条山在约 40 公里的东南部。陶寺遗址出土石器的大部分石料都可以在其周围 40 公里的范围内找到。汾河流域普遍分布着细粒砂岩和泥岩；在距陶寺约 10 公里的太岳山支脉上，砂岩随处可见；调查时在陶寺附近一些干涸的旧河床中，也发现有小尺寸的砂岩卵石；中条山分布有大理岩和安山岩[①]。除此之外，还有一个不得不提的小山——大崮堆山。这座小山对于陶寺来

---

① 《中国地质图集》编委会：《中国地质图集》，地质出版社，2001 年。

说是一座宝藏，为陶寺遗址提供了大量优质的石器原料。

一、大崮堆山及其石料

大崮堆山位于山西省临汾市襄汾县东关镇沙女沟村东 2 公里，西距丁村遗址 7 公里，北距陶寺遗址 7.4 公里（图 4.2.1）。大崮堆山系塔儿山一支脉，横亘于塔儿山西南麓，海拔高度 876 米，相对高度约 200 米。山体各面坡度不一，北坡较缓，约 20°，南坡较陡，约 30°。西坡和北坡黄土覆盖较厚，岩石裸露较少，而南坡则有较多的岩石裸露。

大崮堆山所处的塔儿山是太岳山一支脉，太岳山系临汾盆地的东缘，与中条山一起成为临汾盆地与晋南东部和晋东南交通的天然屏障。北面的霍山，西面的吕梁山和南面的峨嵋岭，使临汾盆地在地理位置上构成了一个相对独立的地理单元，在文化上亦与晋东南地区有较大差异，与晋西南地区也有不同之处。

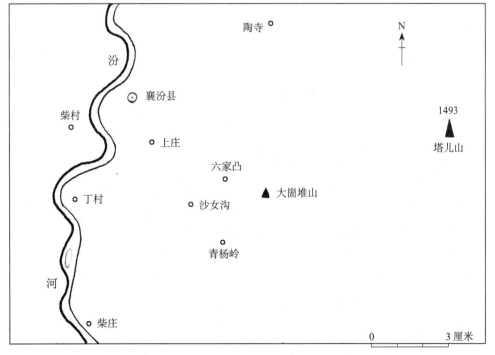

图 4.2.1　大崮堆山位置图

（根据《山西襄汾县大崮堆山石器制造场遗址 1988—1989 年的发掘》图一改制）

　　大嵓堆山名不见经传，仅在其通往沙女沟村途中的一小土地庙的外壁土墼上刻有"距村五里许有山曰大古堆"的字样，故称之为大嵓堆山。

　　1. 区域地质概况

　　大嵓堆山位于临汾盆地东缘，构造位置上处于华北地块中部的山西断隆上。山西断隆经历了漫长而复杂的地质演化过程，早前寒武纪为一套中深变质岩系，该岩系构成华北地块的结晶基底。晚前寒武纪主要沉积了一套浅海相白云岩和泥质岩，形成华北地块的第一盖层。寒武-奥陶纪华北克拉通为广泛的浅海碳酸盐岩沉积。奥陶纪末期席卷全球的加里东运动，使山西以及整个华北地区整体抬升成陆，未接受沉积，志留-泥盆纪地层整体缺失，直到中石炭世才接受沉积。中石炭世-三叠纪为海陆交互相—陆相沉积，侏罗-白垩纪为内陆湖盆沉积。燕山期随着古太平洋板块向亚洲大陆下俯冲，华北古克拉通破坏，发生了强烈的 NNE-NE 向褶皱及断裂变形，并伴有岩浆侵入活动。大嵓堆山的花岗闪长岩及其接触变质岩就是这一时期的产物。新生代以来的喜马拉雅山运动使山西总体转变为以伸展为主的构造变形，从而形成了大同、忻州、太原、临汾、运城等盆地[①]。大嵓堆山就位于临汾盆地东缘中段。青杨岭位于大嵓堆山南面，隔一条沟与大嵓堆山相望。

　　2. 大嵓堆山地质简况

　　根据我们的调查研究并结合 1:20 万中华人民共和国地质图（公开版）[②]分析，大嵓堆山和青杨岭上出露的地层主要为晚古生代中石炭统碎屑岩夹少量碳酸盐岩和中奥陶统灰岩夹白云岩。中石炭统碎屑岩与中奥陶统灰岩区域上呈平行不整合接触，大嵓堆山—青杨岭一带呈断层接触（图 4.2.2 和图 4.2.3），断层破碎带宽 10 余米。侏罗纪花岗闪长岩和二长花岗岩侵入晚古生代中石炭统碎屑岩和中奥陶统碳酸盐岩中（图 4.2.2），侵入岩面积约 15 km²。花岗闪长岩与围岩在地貌与岩貌上差异明显（图 4.2.4）。岩石呈灰色，中细粒花岗结构，块状构造，主要由斜长石（45%—50%）、石英（20%）、钾长石（15%—20%）和角闪石（10%—15%）组成（图 4.2.5），含少量黑云母。由于受花岗质岩体侵入时岩浆热力的影响，围岩发生了接触热变质作用，并形成接触变质岩。接触变质岩出露在花岗闪长岩周围。中石炭统泥岩、泥质粉砂岩变成

　　① 山西省地质矿产局：《山西省区域地质志》，地质出版社，1989 年。

　　② 山西省地质局区域地质测量队：《中华人民共和国地质图》（公开版），J-49-04（侯马），1978 年。

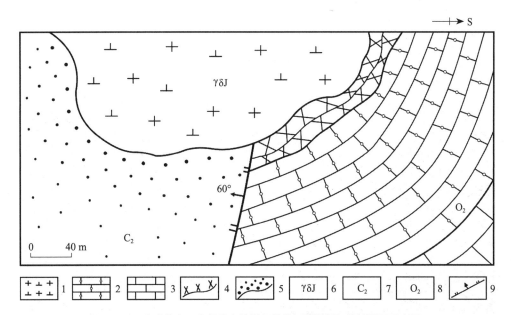

图 4.2.2 大崮堆山—青杨岭上侏罗纪花岗闪长岩侵入接触平面示意图

（白志达、史志伟制）

1. 花岗闪长岩 2. 结晶灰岩 3. 中厚层灰岩 4. 矽卡岩化大理岩 5. 角岩化带 6. 侏罗纪花岗闪长岩 7. 中石炭统 8. 中奥陶统 9. 正断层

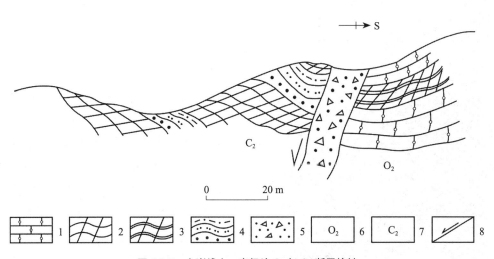

图 4.2.3 大崮堆山—青杨岭 C_2 与 O_2 断层接触

（白志达、史志伟制）

1. 厚层结晶灰岩 2. 角岩 3. 薄板状角岩化板岩 4. 变质砂岩 5. 断层破碎带 6. 中奥陶统 7. 中石炭统 8. 正断层

图 4.2.4　南面山上的侏罗纪花岗闪长岩
（翟少冬摄　自西北向东南）

图 4.2.5　侏罗纪花岗闪长岩
（翟少冬摄）

角岩，砂岩、细砂岩变为变质砂岩。特征变质矿物具有分带性，自接触面向外依次出现矽线石、堇青石和红柱石。青杨岭一带出露中奥陶统的灰岩，灰岩遭受热接触及接触交代变质作用也很明显，在靠近花岗闪长岩的地方出现石榴石矽卡岩和大理岩（图 4.2.6），稍远的地方变成大理岩化灰岩和白云岩、结晶灰岩夹角岩化钙质板岩（图 4.2.7），更远的地方碳酸盐岩基本未变质，是开采利用的重要水泥灰岩矿产（图 4.2.8）。这种热接触变质岩及变质程度分带性的特征在临汾盆地东缘为唯一存在，在整个临汾盆地周边也少有。

图 4.2.6　青杨岭上的大理岩
（翟少冬摄）

图 4.2.7　青杨岭上结晶灰岩中角岩化板岩夹层
（翟少冬摄）

图 4.2.8　青杨岭上的灰岩剖面
（翟少冬摄　自西北向东南）

3. 大崮堆山的岩石类型及特征

　　大崮堆山的主要岩石类型是接触变质岩，具体种类受原岩成分和变质温压条件的制约而有所变化。中石炭统原岩包括中粗粒长石石英砂岩、细砂岩、杂砂岩、粉砂岩和泥岩等，遭受接触变质后主要形成角岩和变质砂岩（图4.2.9）。变余层理仍清晰（图4.2.10），在垂向上形成一系列由粗到细、厚度不一的旋回性韵律层（图4.2.11）。角岩几乎都由变质新生矿物组成，呈显微粒状变晶结构（角岩结构），致密坚硬，残余砂颗粒很少，一般小于5%。变质砂岩具变余砂状结构，残余砂颗粒（长石、单晶石英和岩屑）含量高，一般为40%—65%，填隙物基本都变为角岩化矿物。角岩与变质砂岩之间还可出现一系列过渡性岩石，如红柱石变质砂岩、砂质红柱石角岩等。野外多见角岩和变质砂岩交互出现，部分界限分明（图4.2.12）。随远离花岗闪长岩体，变质程度逐渐减低，由近到远依次出现矽线石堇青石角岩、堇青石红柱石角岩、红柱石角岩、变质砂岩，在距离花岗闪长岩更远的地方，原岩几乎没有发生变质，如中粗粒砂岩（图4.2.13），其砂状结构和粒序层理均保存完好。青杨岭一带中奥陶统碳酸盐岩遭受接触交代或热接触变质作用后形成石榴石矽卡岩、大理岩以及大理岩化白云岩和结晶灰岩，其中少量泥岩夹层也多已角岩化。变质程度距侵入岩接触面由近到远显示出由强变弱，直至基本未遭受热接触变质作用影响的特征。

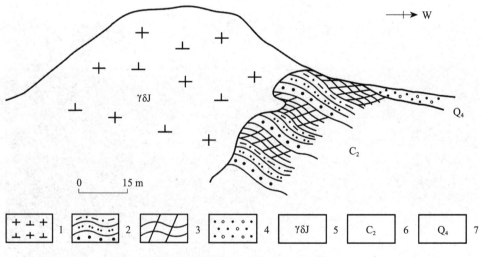

图4.2.9　大崮堆山花岗闪长岩与沉积岩的接触剖面图
（白志达、史志伟制）

1. 花岗闪长岩　2. 变质砂岩　3. 角岩　4. 松散沉积物　5. 侏罗纪花岗闪长岩　6. 中石炭统　7. 第四系

图 4.2.10 大崮堆山上的变质砂
岩（变余层理清晰）
（翟少冬摄）

图 4.2.11 大崮堆山上的旋回性韵律层
（翟少冬摄）

图 4.2.12 大崮堆山的角岩和变质砂岩
（翟少冬摄）

图 4.2.13 大崮堆山的砂岩
（翟少冬摄）

　　角岩和变质砂岩作为大崮堆山最主要的岩石种类，分布广，呈灰黑色、深灰色。角岩主要由红柱石、绢云母、黑云母及残余砂级碎屑组成。红柱石含量约 50%—55%，部分被绢云母交代。绢云母含量变化较大，高者约 40%—45%；少量黑云母。残余砂级碎屑石英少（不足 5%），含少量重矿物磁铁矿、锆石和磷灰石。部分红柱石角岩中细砂、粉砂级碎屑含量变化大（10%—60%），可向红柱石角岩化变质砂岩或红柱石变质砂岩过渡；长石主要为斜长石。石英主要为单晶石英。黏土质多变为小鳞片状绢云母。少量岩石含方解石，反映原岩为含钙泥质粉砂岩、砂岩。重矿物为磁铁矿、锆石和磷灰石。以上各组分、粒度分布不均匀，共同构成较清晰的变余层理构造。在近侵入岩处，局部变质矿物出现含量不一的纤柱状矽线石和半自形-它形粒状堇青石，可称矽线石堇青石角岩。变质砂岩主要由砂级碎屑、填隙物及角岩化矿物组成。砂级碎屑为长石、石英、岩屑。岩屑为硅质岩、黏土岩、黏土硅质岩及粉砂岩、黏土质粉砂岩等，少部分变为黑云母集合体。填隙物为黏土杂基。黏土杂基均已绢云母化或黑云母化。角岩化矿物为黑云母及石榴石，黑云母片状，石榴石半自形粒状。重矿物有磁铁矿、锆石、磷灰石，次生矿物有绢云母、绿泥石及不透明矿物。部分岩石填隙物变为阳起石。有些变质砂岩中含红柱石较多。

　　细晶大理岩主要由细晶方解石及少量微晶方解石和中晶方解石组成，并含少量不透明矿物。

　　大崮堆山上的角岩和变质砂岩类岩石的缝隙间经常满布淋滤沉积的钙华（图 4.2.14），它们的形成主要是由于灰岩地区的地表水或地下水含有较多淋滤出的碳酸氢钙，在地表降温或生物等作用的影响下，水中的碳酸钙饱和然后沉积下来，形成钙华。陶寺发现的 2 件饰品可能是用这种原料捏塑成的，这种原料也可以用来烧制石灰。

图 4.2.14　大崮堆山上岩石缝隙间的淋积钙华
（翟少冬摄）

二、陶寺遗址石器的原料来源

陶寺遗址出土的石制品中常见的角岩 / 变质砂岩类岩石和砂岩等碎屑岩是大崮堆山的主要出露岩石，角岩 / 变质砂岩这类岩石在整个临汾盆地也较为特殊。大理岩、灰岩 / 白云岩也可以在青杨岭找到。因为陶寺距离大崮堆山仅7.14 公里，按照就近取材的原则，陶寺遗址的这些岩石来自大崮堆山的可能性很大。为了进一步厘清陶寺遗址的这些石料与大崮堆山石料的关系，我们对采集自大崮堆山的岩石进行了切片分析，与陶寺遗址出土的石料的切片就矿物组成、结构等方面进行比较，并对二者的化学成分进行了 XRF 测试，从岩石矿物特征和化学成分特征方面进行了比较。

1. 岩石矿物特征比较

岩石类型方面，陶寺出土的器物石料主要为角岩（红柱石角岩、矽线石堇青石角岩、红柱石堇青石角岩、堇青石红柱石角岩）、变质砂岩（红柱石变质砂岩、变质细砂岩）、红柱石变砂质黏土岩及大理岩化白云岩（表 4.1.3），为一套热接触变质岩，其变质程度与侵入岩的接触距离有关。区域地质特征表明，临汾盆地周边这类接触变质岩只有大崮堆山-青杨岭一带发育，这些岩石确实也可以在大崮堆山及青杨岭一带找到。角岩、变质砂岩为大崮堆山的主要出露岩石，大理岩、大理岩化白云岩为青杨岭一带的主体岩石。

特征矿物是特定物理化学条件下形成的产物，能够指示原岩成分、变质作用性质及强度。陶寺遗址出土石器的石料与大崮堆山-青杨岭接触变质岩的特征变质矿物组合一致，均为矽线石、堇青石和红柱石，另外黑云母也多见，绢云母在角岩与变质砂岩中均有出现，重矿物组合均为磁铁矿、锆石和磷灰石（表 4.1.3）。特征矿物组合表明陶寺遗址出土石器的角岩 / 变质砂岩类石料与大崮堆山的一致。

2. 地球化学特征比较

微量元素组成及其丰度可反映岩石形成的地球化学环境，为鉴别和区分不同产地的同类岩石与石料提供重要支撑。在宏观和薄片研究的基础上，对大崮堆山主要代表性岩石和陶寺遗址出土石器原料使用 pXRF 进行了无损化学成分测定，通过研究二者的地球化学特征，为器物石料来源提供地球化学依据。

测试使用便携式奥林巴斯 VMR 型能量色散 X 射线荧光光谱仪（ED XRF）。奥林巴斯 VMR 型 ED XRF 可以测出化学元素周期表中 Mg–U 范围内的元素，

其检测精度可达到 μg/g 级别，正负偏差在 ±5% 以内。奥林巴斯 VMR 型 ED XRF 设备，检测条件为：X 射线光管最大电压 50 kV，光管最大电流 200 μA，功率 4 W，光斑直径 8 mm，测试时间 90 秒。同时在仪器工作 2 小时后，重复进行"标样"测试，以检查仪器的稳定性和准确性。pXRF 检测的成分值精度虽较有损的化学检测偏低，属于半定量分析，但只要确保仪器的稳定性能并优选样品的合格测试面就能保证测试结果偏差在 ±5% 以内，数据可靠。每件样品一般选 3—4 个点（面）进行检测，以了解样品成分的重现性与不均匀性。

大崮堆山采集石料与陶寺遗址出土石器原料的主要氧化物分析结果见表 4.2.1。大崮堆山采集石料与陶寺遗址出土石器原料总体都遭受了热接触变质作用，据原岩性质可分为碎屑岩和碳酸盐岩两类。碎屑岩主体变成角岩和变质砂岩，角岩类 SiO_2 变化较大，主体变化于 57%—70% 之间，变质砂岩 SiO_2 主体变化于 50%—68% 之间，这主要与原岩成分和变质程度有关，原岩含砂颗粒较高以及变质程度相对较高时，SiO_2 含量就高。大多数角岩 Al_2O_3 高于变质砂岩，表明本区角岩主要由泥质岩石变质而来。变质砂岩 FeO 含量普遍是角岩的 2 倍以上，高者可达 18.4%，这与区域上中石炭统砂岩含铁高相一致。碳酸盐岩主体变成细晶大理岩、大理岩化白云岩以及结晶灰岩。主体成分为 CaO 和 MgO，大理岩化白云岩 SiO_2 含量（6%—7.7%）较大理岩（< 4%）略高，FeO 含量很低，多数 < 0.5%。

微量元素丰度见表 4.2.2。角岩中过渡族元素 Cr、Co 的丰度普遍高于变质砂岩，且变化较大。Ni、Cu 相对稳定，在碳酸盐岩中的丰度很低，与角岩和变质砂岩截然不同。成矿元素 Pb 稳定，Zn 变化较大，在变质砂岩中的丰度普遍高于角岩，最高可达 188 μg/g，这主要是受蚀变矿化作用影响。大离子亲石元素 Rb、Sr、Ba 丰度总体较高，其中 Rb 的含量在角岩中高于变质砂岩，Sr、Ba 变化较大，红柱石角岩 Ba 最高可达 1 241 μg/g。非活动元素 Nb 与 Y 相对稳定，但在变质碎屑岩与碳酸盐岩中的差异显著。放射性元素 Th ＞ U。S 普遍较高，暗示接触变质作用过程中有与硫化物有关的弱成矿作用发生，野外露头上所见黄铁矿就是直接标志之一。

在 SiO_2—Cr、SiO_2—Pb 散点图（图 4.2.15a、b）和 Al_2O_3—Cr、Al_2O_3—Pb 散点图（图 4.2.15c、d）上，大崮堆山岩石与陶寺遗址出土石器原料投点基本重合，角岩、变质砂岩和碳酸盐岩明显聚集在两个区域。角岩和变质砂岩器物

表 4.2.1 大崮堆山和陶寺石料主量元素数值表（XRF）

实验室编号	样品出土号	岩性	氧化物（wt%）								
			SiO$_2$	Al$_2$O$_3$	CaO	MgO	P$_2$O$_5$	K$_2$O	TiO$_2$	FeO	MnO
2023S01	2023DGD01	含红柱石砂质板岩	43.13	19.26	0.90	1.65	0.11	1.28	1.53	3.65	0.09
2023S02	2023DGD01	含红柱石砂质板岩	45.92	20.14	1.12	2.13	0.15	1.07	1.96	4.02	0.10
2023S03	2023DGD01	含红柱石砂质板岩	48.20	20.42	1.33	1.50	0.12	1.46	1.33	3.47	0.06
2023S04	2023DGD01	含红柱石砂质板岩	49.27	21.25	0.89	1.19	0.13	1.40	1.50	3.65	0.09
2023S05	2023DGD02	红柱石角岩	56.94	15.18	0.21	2.12	0.20	2.00	0.76	7.85	0.01
2023S06	2023DGD02	红柱石角岩	58.19	17.05	0.23	0.67	0.27	2.27	0.85	4.69	0.02
2023S07	2023DGD02	红柱石角岩	57.81	15.94	0.28	1.82	0.24	2.09	0.78	6.79	0.01
2023S08	2023DGD03	菁杨岭细晶大理岩	3.47	0.69	57.42	0.30	0.005	0.12	0.17	0.65	0.01
2023S09	2023DGD03	菁杨岭细晶大理岩	2.23	0.42	57.17	0.30	0.005	0.12	0.16	0.22	0.01
2023S10	2023DGD03	菁杨岭细晶大理岩	3.90	0.82	57.98	0.30	0.005	0.13	0.18	0.39	0.01
2023S11	2023DGD04	绢云母红柱石角岩	56.69	12.46	0.47	0.78	0.17	1.06	0.77	4.63	0.07
2023S12	2023DGD04	绢云母红柱石角岩	65.48	16.30	1.17	1.13	0.23	1.31	0.74	4.96	0.08
2023S13	2023DGD05	变质中细粒砂岩	56.40	10.40	0.82	1.34	0.21	0.11	0.64	16.57	1.12
2023S14	2023DGD05	变质中细粒砂岩	60.77	9.28	0.97	1.50	0.40	0.15	0.37	18.16	1.68
2023S15	2023DGD05	变质中细粒砂岩	59.85	11.66	0.71	1.51	0.23	0.24	0.40	17.94	1.28

续　表

实验室编号	样品出土号	岩性	氧化物（wt%）								
			SiO_2	Al_2O_3	CaO	MgO	P_2O_5	K_2O	TiO_2	FeO	MnO
2023S16	2023DGD06	角岩化中细粒砂岩	52.06	11.06	6.05	1.08	0.21	0.19	0.44	9.92	0.73
2023S17	2023DGD06	角岩化中细粒砂岩	57.45	12.98	3.74	0.96	0.23	0.16	0.80	9.40	0.86
2023S18	2023DGD07-1	红柱石角岩	52.63	15.90	1.32	1.28	0.18	3.35	1.08	8.29	0.04
2023S19	2023DGD07-1	红柱石角岩	57.20	16.75	0.90	1.38	0.12	2.93	1.16	8.07	0.04
2023S20	2023DGD07-2	含堇青石红柱石角岩	63.09	16.52	0.28	1.31	0.09	2.74	0.83	3.09	0.01
2023S21	2023DGD07-2	含堇青石红柱石角岩	64.11	17.55	0.26	2.25	0.15	3.22	0.79	1.93	0.01
2023S22	2023DGD07-2	含堇青石红柱石角岩	64.25	17.20	0.76	1.47	0.10	2.61	0.80	3.91	0.01
2023S23	2023DGD08	变质中细粒砂岩	54.42	9.29	1.51	1.18	0.27	0.23	0.45	16.55	1.04
2023S24	2023DGD08	变质中细粒砂岩	48.89	14.39	2.36	0.91	0.21	0.08	0.42	12.03	1.06
2023S25	2023DGD08	变质中细粒砂岩	59.08	11.11	2.44	1.53	0.21	0.22	0.58	18.40	1.18
2023S26	2023DGD09	红柱石角岩	46.81	11.97	1.41	0.70	0.31	2.62	1.45	2.50	0.02
2023S27	2023DGD09	红柱石角岩	47.95	12.83	1.63	0.70	0.21	1.91	2.37	1.86	0.01
2023S28	2023DGD09	红柱石角岩	54.29	11.95	1.33	1.01	0.28	2.59	1.18	1.02	0.02
2023S29	2023DGD10	含砂红柱石角岩	64.34	10.84	1.21	0.81	0.14	1.84	1.20	2.34	0.01
2023S30	2023DGD10	含砂红柱石角岩	60.19	10.57	1.20	0.93	0.26	2.29	0.83	2.67	0.02
2023S31	2023JXTⅢTG8G1：2	红柱石角岩矛形坯	64.05	16.60	0.91	0.97	0.11	1.55	0.67	3.28	0.01

续　表

实验室编号	样品出土号	岩性	氧化物（wt%）								
			SiO_2	Al_2O_3	CaO	MgO	P_2O_5	K_2O	TiO_2	FeO	MnO
2023S32	2023JXTIIITG8G1：2	红柱石角岩矛形坯	63.52	12.99	0.49	0.68	0.08	1.51	0.51	3.67	0.01
2023S33	2023JXTIIITG8G1：3	红柱石角岩矛形坯	65.18	17.07	0.65	1.06	0.10	2.75	0.78	5.40	0.05
2023S34	2023JXTIIITG8G1：3	红柱石角岩矛形坯	62.88	17.07	1.11	1.25	0.10	2.40	0.85	6.63	0.06
2023S35	2023JXTIIITG8G1：3	红柱石角岩矛形坯	64.06	17.01	0.95	1.10	0.11	2.75	0.77	5.69	0.05
2023S36	2023JXTIIITG8G1：4	红柱石堇青石角岩矛形坯	68.42	15.41	0.93	1.01	0.13	1.08	0.87	6.77	0.02
2023S37	2023JXTIIITG8G1：4	红柱石堇青石角岩矛形坯	69.31	15.29	0.95	1.24	0.15	0.99	0.88	6.24	0.02
2023S38	2023JXTIIITG8G1：4	红柱石堇青岩矛形坯	66.15	14.63	1.23	1.25	0.18	1.13	0.88	6.78	0.03
2023S39	2023JXTIIITG8G1：5	堇青红柱石角岩石铲坯	71.58	15.62	0.57	0.88	0.11	2.08	0.81	7.53	0.03
2023S40	2023JXTIIITG8G1：5	堇青红柱石角岩石铲坯	74.15	16.45	0.45	0.72	0.10	2.17	0.86	5.38	0.03
2023S41	2023JXTIIITG8G1：5	堇青红柱石角岩石铲坯	72.71	16.36	0.81	1.13	0.09	1.87	0.79	8.15	0.03
2023S42	2001JXTIT3⑧3：1	红柱石角岩石斧	66.16	16.89	0.62	1.71	0.39	2.70	0.69	5.71	0.03
2023S43	2001JXTIT3⑧3：1	红柱石角岩石斧	62.13	15.41	0.39	1.13	0.39	2.33	0.78	5.55	0.03
2023S44	2001JXTIT3⑧3：1	红柱堇青石角岩石斧	63.99	15.19	0.47	1.37	0.34	2.35	0.81	4.83	0.02
2023S45	2001JXTIT3⑧3：1	红柱堇青石角岩石斧	67.14	16.39	0.50	1.45	0.32	2.50	0.75	6.34	0.03
2023S46	99JS62IIT15③：7	红柱石角岩石斧	59.62	17.48	1.98	1.06	1.17	2.04	0.68	2.69	0.01

续　表

实验室编号	样品出土号	岩性	氧化物（wt%）								
			SiO$_2$	Al$_2$O$_3$	CaO	MgO	P$_2$O$_5$	K$_2$O	TiO$_2$	FeO	MnO
2023S47	99JS62IIT15③：7	红柱石角岩石斧	64.63	18.53	1.57	0.92	1.00	1.95	0.69	2.49	0.001
2023S48	2001JXTIT3H17：1	变质细砂岩石刀	64.46	18.70	0.39	1.14	0.20	1.54	0.77	6.41	0.03
2023S49	01JXTVIT1⑦A：2	红柱石变质砂岩石刀	66.68	15.66	0.60	1.03	0.12	3.24	0.77	3.70	0.02
2023S50	01JXTVIT1⑦A：2	红柱石变质砂岩石刀	63.69	17.18	0.58	1.24	0.19	1.47	1.24	6.54	0.03
2023S51	01JXTVIT1⑦A：2	红柱石变质砂岩石刀	65.78	17.22	0.48	1.00	0.16	1.88	1.22	5.62	0.02
2023S52	2000JS62IIT4	含砂红柱石角岩石铲	70.00	16.15	0.49	1.20	0.21	2.16	0.74	6.31	0.03
2023S53	2000JS62IIT4	含砂红柱石角岩石铲	65.68	14.61	0.52	1.23	0.25	2.19	0.68	6.98	0.02
2023S54	2001JXTIT3⑧：2	含砂红柱石角岩石铲	69.05	15.08	2.77	0.87	0.28	1.11	0.74	2.85	0.02
2023S55	2001JXTIT3⑧：2	含砂红柱石角岩石铲	73.80	14.37	1.47	1.02	0.27	1.15	0.81	2.75	0.02
2023S56	2001JXTIT3⑧：2	含砂红柱石角岩石铲	72.97	15.73	1.76	1.00	0.33	1.26	0.77	2.70	0.02
2023S57	99JS62IIT15③：4	大理岩化白云岩石铲	6.43	0.55	31.79	14.48	0.18	0.07	0.04	0.16	0.01
2023S58	99JS62IIT15③：4	大理岩化白云岩石铲	6.17	0.53	32.42	16.01	0.09	0.09	0.003	0.15	0.01
2023S59	99JS62IIT15③：4	大理岩化白云岩石铲	7.65	0.95	31.75	13.50	0.13	0.16	0.05	0.18	0.01
2023S60	99JS62IIT15③：4	大理岩化白云岩石铲	7.70	0.90	31.89	15.10	0.07	0.17	0.05	0.18	0.00
2023S61	01JXTVIT1⑨C：2	堇青石红柱岩石刀	68.40	19.58	0.54	0.98	0.12	3.48	0.98	1.66	0.01
2023S62	01JXTVIT1⑨C：2	堇青石红柱岩石刀	62.53	17.45	1.79	1.08	0.14	3.00	1.00	2.50	0.01

表 4.2.2 大崮堆山和陶寺石料微量元素数值表（XRF）

实验室编号	样品出土号	岩性	微量元素（μg/g）																
			Cr	Co	Ni	Cu	Zn	Ag	Pb	Rb	Sr	Ba	Zr	Sn	Nb	Y	Th	U	S
2023S01	2023DGD01	含红柱石砂质板岩	152	<2	37	<2	55	<2	27	78	240	936	342	29	36	51	31	<1	6 717
2023S02	2023DGD01	含红柱石砂质板岩	142	<2	38	<2	57	<2	22	75	218	614	361	24	38	44	31	<1	2 508
2023S03	2023DGD01	含红柱石砂质板岩	103	<2	32	<2	59	<2	24	80	193	426	292	32	31	59	35	<1	839
2023S04	2023DGD01	含红柱石砂质板岩	129	<2	34	<2	49	<2	25	79	201	444	301	<2	33	44	30	<1	<15
2023S05	2023DGD02	红柱石角岩	111	139	19	<2	121	<2	49	118	87	543	183	42	24	12	27	<1	1 100
2023S06	2023DGD02	红柱石角岩	80	133	16	<2	68	<2	66	117	79	604	192	39	29	11	30	4	1 722
2023S07	2023DGD02	红柱石角岩	89	97	16	<2	126	<2	56	109	106	620	196	37	22	13	31	4	1 203
2023S08	2023DGD03	青杨岭细晶大理岩	<10	<2	<4	<2	19	<2	6	<1	260	40	5	25	<2	<1	20	<1	1 492
2023S09	2023DGD03	青杨岭细晶大理岩	<10	<2	12	<2	8	<2	<2	2	262	<10	<1	<2	<2	<1	24	<1	311
2023S10	2023DGD03	青杨岭细晶大理岩	64	<2	10	<2	19	<2	5	<1	243	<10	5	<2	<2	<1	15	<1	942
2023S11	2023DGD04	绢云母红柱石角岩	49	130	27	<2	121	<2	33	59	137	251	262	38	19	27	42	4	1 134

续　表

实验室编号	样品出土号	岩性	微量元素（μg/g）																
			Cr	Co	Ni	Cu	Zn	Ag	Pb	Rb	Sr	Ba	Zr	Sn	Nb	Y	Th	U	S
2023S12	2023DGD04	绢云母红柱石角岩	62	80	34	<2	120	<2	35	59	161	455	265	32	18	28	35	<1	2 365
2023S13	2023DGD05	变质中细粒砂岩	39	<2	<4	<2	142	<2	41	4	52	57	179	42	<2	22	28	<1	621
2023S14	2023DGD05	变质中细粒砂岩	49	<2	15	<2	188	<2	78	<1	50	89	122	48	9	19	23	<1	2 402
2023S15	2023DGD05	变质中细粒砂岩	34	<2	<4	<2	160	<2	78	<1	48	117	98	39	<2	15	21	<1	908
2023S16	2023DGD06	角岩化中细粒砂岩	41	<2	24	<2	112	<2	49	14	163	142	155	<2	<2	19	24	<1	920
2023S17	2023DGD06	角岩化中细粒砂岩	69	<2	25	<2	155	<2	39	18	183	129	259	33	20	19	24	<1	533
2023S18	2023DGD07-1	红柱石角岩	166	241	23	<2	66	<2	18	304	507	456	222	33	53	43	33	<1	465
2023S19	2023DGD07-1	红柱石角岩	158	287	38	<2	66	<2	14	276	335	426	220	34	55	46	27	<1	103
2023S20	2023DGD07-2	含堇青石红柱石角岩	98	95	36	<2	51	<2	21	112	203	742	263	<2	25	29	36	<1	519
2023S21	2023DGD07-2	含堇青石红柱石角岩	113	49	22	<2	32	<2	17	120	190	947	242	33	25	26	31	<1	445
2023S22	2023DGD07-2	含堇青石红柱石角岩	83	106	33	<2	58	<2	19	116	195	749	274	29	23	33	22	<1	1 218

续　表

实验室编号	样品出土号	岩性	微量元素（μg/g）																
			Cr	Co	Ni	Cu	Zn	Ag	Pb	Rb	Sr	Ba	Zr	Sn	Nb	Y	Th	U	S
2023S23	2023DGD08	变质中细粒砂岩	68	<2	17	<2	170	<2	71	9	66	487	133	40	12	20	22	<1	2 329
2023S24	2023DGD08	变质中细粒砂岩	38	<2	12	<2	99	<2	29	2	111	123	118	32	<2	18	30	<1	839
2023S25	2023DGD08	变质中细粒砂岩	51	<2	17	<2	154	<2	43	7	77	259	145	57	15	24	16	<1	1 958
2023S26	2023DGD09	红柱石角岩	158	58	12	<2	49	<2	30	149	191	534	322	29	49	40	40	5	4 434
2023S27	2023DGD09	红柱石角岩	177	74	14	<2	26	<2	8	82	37	339	526	<2	88	67	56	8	7 397
2023S28	2023DGD09	红柱石角岩	123	<2	7	<2	44	<2	21	159	129	545	260	35	30	29	34	<1	5 273
2023S29	2023DGD10	含砂红柱石角岩	118	<2	27	<2	53	<2	23	89	43	392	340	26	37	34	29	5	3 847
2023S30	2023DGD10	含砂红柱石角岩	94	<2	28	<2	38	<2	18	94	44	318	212	23	19	21	23	6	1 448
2023S31	2023JXTⅢTG8 G1∶2	红柱石角岩矛形坯	81	112	35	20	56	<2	23	79	182	738	270	32	23	19	27	4	191
2023S32	2023JXTⅢTG8 G1∶2	红柱石角岩矛形坯	<10	<2	16	62	42	<2	19	56	140	916	253	35	17	17	25	5	117
2023S33	2023JXTⅢTG8 G1∶3	红柱石角岩矛形坯	198	190	34	<2	61	<2	17	113	165	1 034	219	39	26	44	33	<1	<15

续　表

实验室编号	样品出土号	岩性	微量元素（μg/g）																
			Cr	Co	Ni	Cu	Zn	Ag	Pb	Rb	Sr	Ba	Zr	Sn	Nb	Y	Th	U	S
2023S34	2023JXTⅢTG8G1：3	红柱石角岩矛形坯	183	164	40	<2	72	<2	19	111	177	1 058	255	28	28	41	28	<1	118
2023S35	2023JXTⅢTG8G1：3	红柱石角岩矛形坯	165	166	41	<2	61	<2	16	114	166	1 013	219	<2	24	48	34	<1	<15
2023S36	2023JXTⅢTG8G1：4	红柱石堇青石角岩矛形坯	98	257	37	<2	79	<2	23	53	104	394	259	29	22	21	26	<1	135
2023S37	2023JXTⅢTG8G1：4	红柱堇青石角岩矛形坯	85	228	32	<2	73	<2	22	45	107	377	272	30	20	18	24	<1	<15
2023S38	2023JXTⅢTG8G1：4	红柱石堇青石角岩矛形坯	152	255	38	<2	78	<2	30	53	140	424	248	32	15	24	34	<1	117
2023S39	2023JXTⅢTG8G1：5	堇青红柱石角岩锛坯	92	227	23	<2	79	<2	20	99	156	568	181	<2	23	14	25	4	444
2023S40	2023JXTⅢTG8G1：5	堇青红柱石角岩锛坯	85	194	18	<2	68	<2	22	104	164	563	191	<2	25	14	28	<1	104
2023S41	2023JXTⅢTG8G1：5	堇青红柱石角岩锛坯	92	298	25	<2	82	<2	18	84	144	583	179	40	20	15	24	3	197
2023S42	2001JXTIT3⑧B：1	红柱堇青石角岩石斧	462	134	75	<2	76	<2	25	108	197	714	264	<2	21	303	19	4	<15

续　表

实验室编号	样品出土号	岩性	微量元素（μg/g）																
			Cr	Co	Ni	Cu	Zn	Ag	Pb	Rb	Sr	Ba	Zr	Sn	Nb	Y	Th	U	S
2023S43	2001JXTIT3⑧B:1	红柱堇青石角岩石斧	521	100	71	<2	67	<2	21	97	166	551	279	33	19	318	33	5	<15
2023S44	2001JXTIT3⑧B:1	红柱堇青石角岩石斧	484	72	79	<2	60	<2	24	92	184	628	302	36	21	389	26	5	<15
2023S45	2001JXTIT3⑧B:1	红柱堇青石角岩石斧	462	183	82	<2	79	<2	25	103	187	737	278	31	20	321	23	7	266
2023S46	99JS62IIT15③:7	红柱石角岩石斧	1 089	<2	32	<2	38	<2	29	58	192	1 241	303	28	16	88	28	6	775
2023S47	99JS62IIT15③:7	红柱石角岩石斧	745	<2	26	<2	35	<2	27	56	154	1 226	305	27	18	71	23	6	505
2023S48	2001JXTIT3H17:1	变质细砂岩石刀	96	156	61	<2	120	<2	20	81	118	377	214	22	22	36	23	4	145
2023S49	01JXTVIT1⑦A:2	红柱石变质砂岩石刀	65	95	15	<2	48	<2	29	89	114	446	335	<2	31	28	32	<1	620
2023S50	01JXTVIT1⑦A:2	红柱石变质砂岩石刀	118	126	19	<2	62	<2	25	71	60	397	389	24	37	44	30	5	557
2023S51	01JXTVIT1⑦A:2	红柱石变质砂岩石刀	121	110	16	<2	54	<2	27	81	83	426	359	30	35	35	29	<1	694
2023S52	2000JS62IIT4	含砂红柱石角岩石铲	137	186	38	<2	69	<2	24	88	174	714	221	36	29	22	30	<1	310

续　表

实验室编号	样品出土号	岩性	微量元素（μg/g）																
			Cr	Co	Ni	Cu	Zn	Ag	Pb	Rb	Sr	Ba	Zr	Sn	Nb	Y	Th	U	S
2023S53	2000JS62IIT4	含砂红柱石角岩石铲	112	238	34	<2	71	<2	19	83	127	549	205	51	25	24	36	<1	580
2023S54	2001JXTIT3⑧:2	含砂红柱石角岩石铲	69	75	33	<2	59	<2	24	65	175	458	225	22	25	27	25	<1	272
2023S55	2001JXTIT3⑧:2	含砂红柱石角岩石铲	96	94	34	<2	57	<2	25	54	167	383	229	<2	26	29	23	5	308
2023S56	2001JXTIT3⑧:2	含砂红柱石角岩石铲	80	90	31	<2	54	<2	25	67	178	476	228	<2	24	27	25	6	493
2023S57	99JS62IIT15③:4	大理岩化白云岩石铲	<10	<2	<4	<2	6	<2	<2	5	82	<10	7	<2	<2	<1	11	<1	380
2023S58	99JS62IIT15③:4	大理岩化白云岩石铲	<10	<2	<4	<2	8	<2	<2	3	87	<10	4	<2	<2	<1	11	<1	701
2023S59	99JS62IIT15③:4	大理岩化白云岩石铲	<10	<2	<4	<2	7	<2	<2	7	95	<10	6	<2	<2	<1	13	<1	786
2023S60	99JS62IIT15③:4	大理岩化白云岩石铲	<10	<2	<4	<2	7	<2	<2	7	95	<10	6	<2	<2	<1	9	<1	806
2023S61	01JXTVIT1⑨C:2	堇青石红柱石角岩石刀	95	<2	13	<2	31	<2	17	117	103	605	275	25	30	42	24	30	441
2023S62	01JXTVIT1⑨C:2	堇青石红柱石角岩石刀	105	64	20	<2	47	<2	20	113	122	557	265	<2	33	36	28	4	144

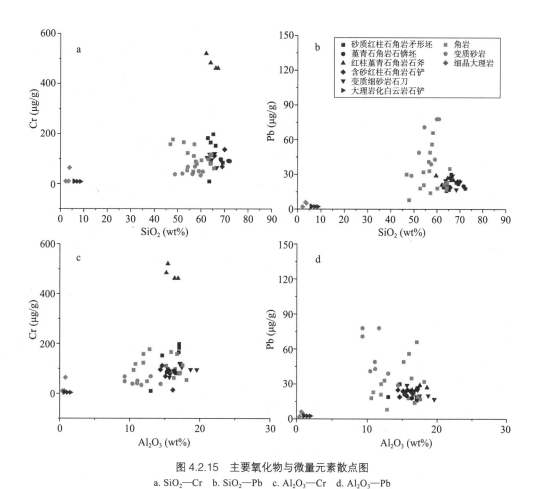

图 4.2.15 主要氧化物与微量元素散点图
a. SiO$_2$—Cr b. SiO$_2$—Pb c. Al$_2$O$_3$—Cr d. Al$_2$O$_3$—Pb

的 SiO$_2$ 略高，Cr 丰度变化基本一致。Al$_2$O$_3$—Cr、Pb 散点图上投点聚集程度更高，碳酸盐岩和出土的大理岩化白云岩器物几乎落入同一区域。表明这些石器的原料与大崮堆山的角岩、变质砂岩和青杨岭的大理岩有相同的地质成因。

在 Rb—Sr 散点图（图 4.2.16 a）、Zr—Sr 散点图（图 4.2.16 b）和 Nb—Sr 散点图（图 4.2.16c）中，陶寺遗址出土的角岩和变质砂岩石器原料与大崮堆山同类岩石投点交融出现，Rb、Zr、Nb 的丰度相对于 Sr 变化不大。碳酸盐岩的 Rb、Zr、Nb 很低，显示出陶寺遗址出土的这些石器原料与大崮堆山-青杨岭的岩石相似，表明二者有着相似的形成地质背景。在 Rb/Sr—Sr 图解（图 4.2.16d）上，不同类型的角岩、变质砂岩和相应陶寺遗址出土石器原料的 Rb/Sr 随 Sr 的增高而降低，具有一定的负相关线性变化趋势，反映其在成因上有一定联系。

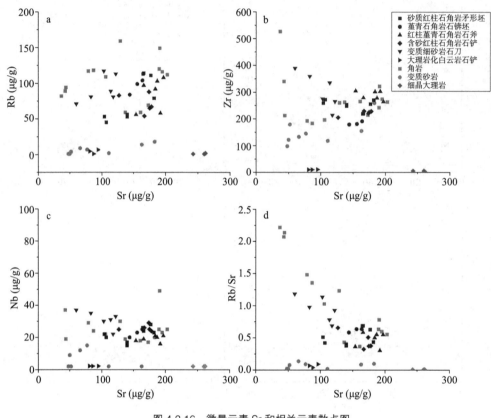

图 4.2.16　微量元素 Sr 和相关元素散点图
a. Rb—Sr　b. Zr—Sr　c. Nb—Sr　d. Rb/Sr—Sr

　　另外，在 Sr—Ba 散点图（图 4.2.17 a）和 Nb—Ba 散点图（图 4.2.17 b）上也呈现出相似的特点，陶寺遗址出土的角岩和变质砂岩石器原料与大崮堆山同类岩石投点区域大体重合。在 Rb/Sr—Ba 散点图（图 4.2.17c）中 Rb/Sr 随 Ba 增加变化不大，陶寺遗址出土的角岩和变质砂岩石器原料与大崮堆山同类岩石投点区域大体重合。在 K/Rb—Ba 散点图（图 4.2.17 d）中、K/Rb 随 Ba 增加缓慢增高，具有一定的正相关性变化趋势，总体反映出陶寺遗址出土的角岩和变质砂岩石器原料与大崮堆山同类岩石在地质成因上有一定联系。

　　陶寺遗址出土石器原料与大崮堆山-青杨岭同类岩石的微量元素组合及其丰度基本一致，微量元素比值蛛网图（图 4.2.18）上显示，角岩与变质砂岩配分形式一致，曲线右倾，斜率总体较缓，强不相容元素富集，Th、Pb、Zr、Y 具明显正异常,Ba、Nb、Sr、P、Ti 具负异常，表明陶寺遗址出土的角岩和变

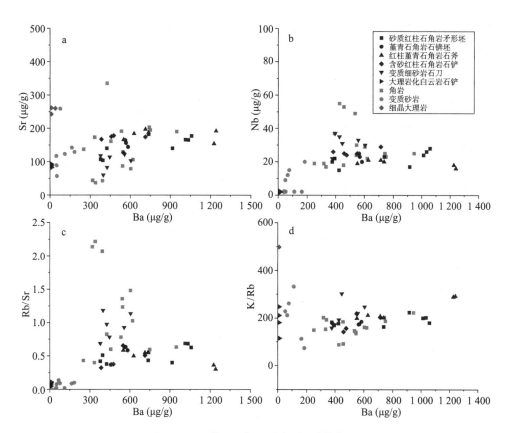

图 4.2.17　微量元素 Ba 和相关元素散点图

a. Sr—Ba　　b. Nb—Ba　　c. Rb/Sr—Ba　　d. K/Rb—Ba

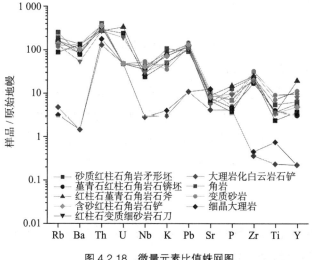

图 4.2.18　微量元素比值蛛网图

质砂岩石器原料与大崮堆山同类岩石具有相同原岩以及经历了相同的地质作用过程。碳酸盐岩曲线与角岩、变质砂岩截然不同，但陶寺遗址大理岩化白云岩石铲与青杨岭细晶大理岩曲线一致，Th 具显著的正异常，Pb、P 具弱的负异常，反映了陶寺遗址出土石铲的石料与青杨岭细晶大理岩属同一地质体。

陶寺遗址出土的角岩和变质砂岩石器石料与大崮堆山的角岩和变质砂岩的主要氧化物和微量元素含量变化具有相似性，陶寺遗址出土的大理岩化白云岩石铲原料和青杨岭的细晶大理岩的微量元素含量的变化特征具有相似性，反映出他们具有相同的地质成因过程。再加上岩石类型、标型变质矿物组合方面的相似特征以及角岩 / 变质砂岩在区域地质方面的独特性，可以确定陶寺遗址出土的角岩和变质砂岩石器原料来自大崮堆山，大理岩化白云岩石器的原料来自青杨岭。大崮堆山距离陶寺仅 7.4 公里，青杨岭与大崮堆山仅一沟之隔，二者是距离陶寺最近的石料产地。陶寺遗址这种选用石料的策略符合就近取材的原则。

另外，灰岩中经常见有燧石条带或燧石结核，我们在对新砦遗址周围的石料调查时即在灰岩中发现有燧石带，在四川广元中子铺遗址周围的硅质灰岩中也发现有燧石结核。因此陶寺遗址零星发现的燧石石器的原料也可能赋存于青杨岭的奥陶纪灰岩中。

第三节　陶寺遗址出土石器的制作技术

陶寺遗址出土了许多石器和与石器生产有关的副产品，包括石屑（最大尺寸小于 1 厘米）、石片、石坯、石锤、石钻头和磨石，石器上还残留有一些制作痕迹，如琢、裁切、穿孔等，这些材料为研究陶寺石器的工艺技术提供了依据。同时，笔者也进行了有关陶寺遗址石器的复制实验。根据复制实验和陶寺遗址出土的石制品上的微痕情况，可以分析出陶寺遗址石器的制作工艺技术。

一、制作技术

根据陶寺遗址的石器复制实验和第二章分析的磨制石器的制作工艺，以及陶寺遗址石制品上的微痕情况，可知陶寺遗址的石器制作工艺包括选料选形、剥片、截断、琢、研磨、穿孔、抛光、裁切、装柄等。

1. 选料选形

选择形状理想的原料是磨制石器生产中的一个关键阶段。佟柱臣很早就认识到选料选形的重要性[①]。陶寺石器的实验研究表明，选择与目标石器形状相似、大小相若的原料对于节省生产时间和成本至关重要。实验中复制了3件饰品，包括2件方形坠饰和1件璜，其原料形状均是经过精心挑选，这样就不需要剥片，可以直接进行琢和磨。与此相反，制作矛形坯时使用了两件薄石片，制作时发现石片太薄，修整不成脊，因而不得不放弃。显然，作为磨制石器生产过程的一环，原料形状的合适与否可以减少浪费，并在采购、制造和使用人工制品时将人力、时间和风险的支出降到最低[②]。陶寺遗址很大一部分石镞由层理很薄的页岩制作，具有装饰效果而没有工具使用功能的石制品用大理岩制作，体现了陶寺先民对于选料这一环节的重视。

2. 剥片

陶寺遗址出土了12余万件石片（其中70%为石屑），多属于陶寺晚期，少量属于陶寺早期和中期。对部分石片进行的测量观察表明石片特征清晰，打击台面、打击点和打击泡都很明显，其中绝大多数石片是钝角宽石片。复制实验表明，锤击法和砸击法都可以产生这种石片，因此在陶寺的石器生产中这两种剥片方法都可能使用。不同的是，砸击法比锤击法花费的时间和精力少，效率高。复制实验对这两种方法进行了比较，同样作用于角岩/变质砂岩，1分钟时间使用砸击法剥离下32件石片，重48克，而使用锤击法，4分钟的时间仅产生重6克的少量碎屑[③]。另外，尽管陶寺遗址出土的燧石细石器上满布细长的石片疤，但目前在陶寺遗址出土的数万件石片中并没有发现燧石石片，更没有发现使用软锤技术剥离的石片，因此不能确信陶寺遗址出土的这几件细石器是在该遗址上生产的。

3. 琢

陶寺遗址出土的许多石斧器身上满布琢痕，石磬器身的棱上有经过琢制的麻点，石磬上的孔也为琢制而成。

---

① 佟柱臣：《仰韶、龙山文化石质工具的工艺研究》，《文物》1978年第11期。

② Horsfall, Gayel A. 1987. Design theory and grinding stones, in *Lithic Studies among the Comtemporary Highland Maya*. Hayden B. (eds.), Tucson.

③ 翟少冬：《陶寺遗址石制品复制实验与磨制工艺》，《人类学学报》2015年第2期。

4. 磨

陶寺遗址出土的石器中除了细石器、研磨器、石砧、石片、石屑、石坯等石器生产副产品之外，其他石制品基本都经过局部或通体磨制。

5. 穿孔

陶寺遗址出土的长方形石刀、石磬、纺轮、网坠、璧和一些装饰品上都有孔，这些孔采用了不同的穿孔方法，包括先凿后钻、先划后钻、桯钻和管钻成孔。其中石刀的穿孔方式最多，这几种穿孔方式都可发现。有的石刀孔周围有密密麻麻的凹坑，为先琢后钻（图 4.3.1，4）；有的孔两旁有从孔部向外由深到浅的槽，当是先划后钻的痕迹（图 4.3.1，1）；有的石刀的孔为漏斗状，一

1. ⅡT1 ③A：55

2. ⅡH102：18

3. T392 ③：6

4. H365：27

5. H401：1

图 4.3.1　陶寺遗址出土石器的穿孔方式
（采自《襄汾陶寺——1978—1985 年考古发掘报告》图版一二二、一二三、一二九）
1. 先划后钻　2. 桯钻　3. 琢钻　4. 先琢后钻　5. 管钻

面孔径大一面孔径小，为桯钻（图 4.3.1，2）；部分纺轮的孔为管钻，有的石刀的孔为琢钻（图 4.3.1，3）。另外，在陶寺遗址发现有锥状钻头，没有发现棱形钻头和用于管钻的工具。锥状钻头为砂岩制成（图 4.3.2），在端头及周围可见旋转摩擦形成的细密螺纹。钻头较大，发掘者认为可能用于较大孔径璧环类的钻取[①]。

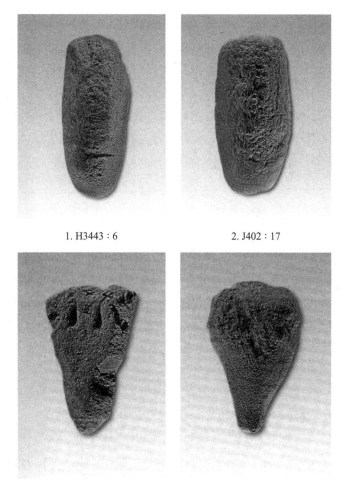

1. H3443：6　　　　　　　2. J402：17

3. H404：1　　　　　　　4. T432④：24

图 4.3.2　陶寺遗址出土的圆锥形石钻头

（采自《襄汾陶寺——1978—1985 年考古发掘报告》图版一二一）

① 中国社会科学院考古研究所、山西省临汾市文物局：《襄汾陶寺——1978—1985 年考古发掘报告》，文物出版社，2015 年。

6. 裁切

陶寺遗址出土的曲尺形器的外缘和内缘弯曲处都发现有较直的"V"字形槽，其内缘弯曲处的槽一端宽深一端窄浅（图4.3.3，1、2），可能是用弧形刃的裁切工具进行的裁切。陶寺亦发现有燧石打制成的切割器（图4.3.3，3、4），都可以用来充当裁切的工具。

1. Ⅱ T1 ③ A：59

2. Ⅱ H4：12

3. H303：4

4. T432 ④ B：6

图 4.3.3　陶寺遗址出土的带切割痕的曲尺形器和切割器
（采自《襄汾陶寺——1978—1985年考古发掘报告》图版一二六、一二七）

此外陶寺遗址出土的矛形坯上还出现截断现象，就是去掉石制品的一个或多个端部。但这种截断并不是佟柱臣先生所总结的砥断或是划断[1]，截断处非但没有砥断或划断时留下的槽口痕迹，而且非常平整，没有二次砸击的痕迹，可能是利用岩石的层理面一次性砸断而成。在大崮堆山石器制造场遗址出土的许

---

① 佟柱臣：《仰韶、龙山文化石质工具的工艺研究》，《中国东北地区和新石器时代考古论集》，文物出版社，1989年。

多矛形坯、刀形坯和铲形坯上也都可以观察到有截断的现象。陶寺石器的复制实验表明，截断步骤可以如下：首先把石坯放到石砧上，让需要截断的一端悬在砧缘外，然后用坚硬的石锤敲击石坯上位于砧边上方的尖端。由于角岩/变质砂岩脆性较高，截断后会形成非常规则的断面。另外，通过对陶寺和大崮堆山石制品的观察和实验，发现矛形坯、刀形坯和铲形坯都是利用宽石片制作而成，制作的第一步都是将宽石片的远端截断。

7. 抛光

陶寺遗址出土的石制品中，大理岩和绿松石制成的装饰品大多经过抛光。石器中部分灰岩制成的石铲经过抛光，但不确定使用的抛光方法。

8. 装柄

和其他所有磨制石质工具一样，陶寺遗址的磨制石器大多也为装柄使用，但陶寺遗址的环境条件和长江下游不同，没能保存下来木质的柄部。从石器的形制、器身上的痕迹以及出土情境的分析中，可以看出一些石器的装柄方式。

有孔石铲 M2168：39（图 4.3.4，1、2）为页岩制成，近顶端两侧有一对缺口，孔至两侧缺口间有朱砂痕迹，顶端以上保留有红彩木柄，并作梯形扁平体。柄复原长度 18.95 厘米、宽 6.8—8.4 厘米、厚 1.3 厘米。三孔石钺 M2103：24 出土时亦可见朱绘短柄（图 4.3.4，3）。

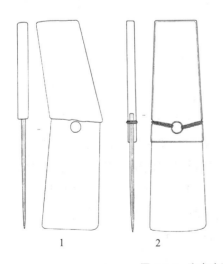

图 4.3.4　陶寺遗址出土有孔石铲和短柄三孔石钺

（采自《襄汾陶寺——1978—1985 年考古发掘报告》图 4-142、图版三〇四）

1. M2168：39 带柄石铲出土情况　2. M2168：39 装柄方法复原图　3. M2103：24 朱绘短柄三孔石钺

　　有肩石铲也是陶寺的一种石器类型，报告称为石锄[1]，如 T421 ④：1、T111 ③ B：22（图 4.3.5）。该类石铲有双肩和凸出于双肩的柄部，柄部两侧边缘满布石片疤，可能是为了增大和所装木柄之间的摩擦，其上的磨蚀痕也表明该部位有被反复摩擦的情况。

图 4.3.5　陶寺遗址出土有肩石铲
（采自《襄汾陶寺——1978—1985 年考古发掘报告》图版一一四）
左：T421 ④：1　右：T111 ③ B：22

　　以上这些工艺技术难度不大，陶寺石制品复制实验中的操作者没有任何石器制作经验，依然出色地完成了石器复制任务，只是研磨和抛光比较耗费时间。

二、工艺流程

　　提到陶寺遗址的石器生产就不得不提大崮堆山石器制造场遗址。前一节的分析表明，陶寺遗址角岩 / 变质砂岩石料的矿物组成和地球化学特征与大崮堆山的同类岩石具有极高的相似性，陶寺遗址又距离大崮堆山很近，故陶寺遗址的角岩 / 变质砂岩石料可能采自大崮堆山。大崮堆山在陶寺的石器生产中占有重要地位，对石器的原料获取及工艺流程产生重要影响。

---

[1]　中国社会科学院考古研究所、山西省临汾市文物局：《襄汾陶寺——1978—1985 年考古发掘报告》，文物出版社，2015 年。

1. 大崮堆山石器制造场遗址的考古发现

大崮堆山遗址位于大崮堆山南坡，遗址面积约 15 万平方米。虽然在大崮堆山周围的李家沟、青杨岭、六家凸等地约七八平方公里内，均有石制品发现，但以大崮堆山南坡最为丰富和集中。此范围内，石制品彼此叠压，数量难以统计。1984 年山西省考古研究所调查时采集到一些石核、石片和石坯，其中矛形坯是代表性器物[1]。

1988 和 1989 年山西省考古研究所对大崮堆山遗址进行了两次发掘，揭露面积共 275 平方米。地层堆积较厚，由北向南、由西向东呈坡状，厚度一般为 4 米左右，最厚可达 6.6 米，最薄不到 2 米。大崮堆山遗址的两次发掘遗物均为石制品，数量巨大，共出土约 11 000 件。其中石片的数量最多，约为石制品总数的 85%，其次为矛形坯，还有一部分斧形坯、刀形坯、铲形坯、锄形坯、锛形坯、凿形坯、石核、石锤及一件厨刀坯（表 4.3.1）。所有石制品的原料都是大崮堆山所产的角岩 / 变质砂岩[2]。

表 4.3.1　大崮堆山遗址出土的石制品数量统计表

石片	矛形坯	铲形坯	斧型坯	刀形坯	锛形坯	楔形坯	锄形坯	厨刀坯	石核	石锤
9 323	1 334	50	48	30	24	16	14	1	115	43

石片是大崮堆山遗址出土数量最多的石制品，共发现 9 323 件，包括锐角长石片、钝角长石片、锐角宽石片和钝角宽石片，其中钝角宽石片数量最多（图 4.3.6）。约 1/3 的石片背面为石皮，说明这些石片为自采集的石料上剥离下来。与陶寺遗址相比，大崮堆山遗址出土石片的尺寸较大，主要分布在 5—15 厘米之间，陶寺遗址发现的石片大多 ≤ 5 厘米，说明大崮堆山的石片剥片可能比陶寺遗址的石片在操作链中的位置靠前，是在比剥离陶寺遗址的石片更早的阶段生产出来的。

大崮堆山共发现 1 516 件石坯，根据形态可分为矛形坯、铲形坯、斧形坯、刀形坯、凿形坯、锄形坯，其中矛形坯为大多数，共 1 334 件，是大崮堆山遗

①　王向前、李占扬、陶富海：《山西襄汾大崮堆山史前石器制造场初步研究》，《人类学学报》1987 年第 2 期。

②　山西省考古研究所：《山西襄汾县大崮堆山石器制造场遗址 1988—1989 年的发掘》，《考古》2014 年第 8 期。

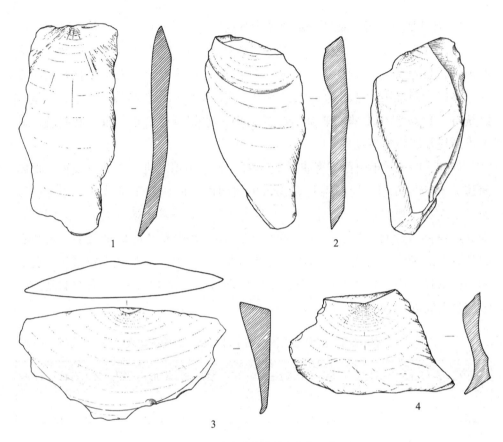

图 4.3.6　大崮堆山遗址出土的石片
（采自《山西襄汾县大崮堆山石器制造场遗址 1988—1989 年的发掘》图四）

址的代表性器物。大崮堆山遗址出土的石坯中最常见的是矛形坯。石坯主要用
宽石片制成。矛形坯的加工方式基本为从劈裂面向背面单向加工，这继承了丁
村旧石器时代打制石器的风格 [①]。铲形坯和刀形坯的加工方式为双向加工，但以
劈裂面向背面加工为主。这种双向打击，以两侧的中轴为基线向两面一片接一
片，一层接一层地打。这种方法被佟柱臣先生誉为是打击技术中出色的一种，
可以不走形而迅速成形 [②]。有些石坯局部仍可见到石皮。锛形坯由宽石片制成，
先截断宽石片的两个侧边，再从宽石片的劈裂面到背面单向打片加工而成。斧
形坯一般为石核石坯。"V"形刀坯仅出土 1 件，由一个较大的宽石片加工而

① 裴文中等：《山西襄汾县丁村旧石器时代遗址发掘报告》，科学出版社，1958 年。
② 佟柱臣：《仰韶、龙山文化石质工具的工艺研究》，《中国东北地区和新石器时代考古论集》，文物
出版社，1989 年。

成，其形状与在陶寺遗址采集到的"V"形刀坯相同。石核中有两个与陶寺发现的磬非常相似，一些石核上局部仍保留石皮。但没有发现有琢制痕迹或磨光的石器。

大崮堆山遗址的发掘鲜有陶片发现，与遗址所在的临汾盆地各时期文化出土的石制品相比较，发现和陶寺文化时期的石器组合类型及形态特征最为相似。陶寺早期的一些石铲出现了不太明显的肩部，而且出现了像石磬、厨刀这样的石器。陶寺早期已隐约出现的有肩石铲在晚期得到发展，肩部突出明显。矛形坯在陶寺遗址也有发现。大崮堆山石器制造场的石坯主要有矛形坯、铲形坯、刀形坯、斧形坯和锛形坯，其中一种铲形坯为有肩长方形，这些器型在陶寺文化石器类型中都可以见到。前仰韶和仰韶时期没有出现矛形器或类似器型，亦没有发现与大崮堆山有肩铲形坯类似的有肩石铲。大崮堆山的有肩铲形坯与陶寺遗址陶寺文化时期的极为相似，刀形坯和锛形坯的形状也与陶寺时期的同类器物极为雷同（图 4.3.7）。另外，对出土于大崮堆山遗址底层木炭所做的碳十四测年结果显示为 2 305 ± 109BC（北京大学碳十四测年实验室），处于陶寺早期的年代范围内[①]。鉴于大崮堆山遗址出土的石器类型与陶寺遗址陶寺文化时期的石器类型极为相似，而与临汾盆地其他时期的不同，并且碳十四年代落在陶寺文化时期，因此大崮堆山石器制造场遗址的年代可以确定为陶寺文化时期。

大崮堆山遗址发现有大量的石片、石坯、石核和石锤，这些都是石器生产的副产品，参照第二章所讨论的判断石器生产存在的标准，这些石器生产副产品的大量存在表明大崮堆山遗址存在石器生产加工活动，数量巨大表明石器生产的规模很大。没有发现一件有琢制痕迹或磨光的石器，说明大崮堆山遗址可能是一座对石器进行初加工的场所。大崮堆山遗址出土石制品的岩性较为统一，对大崮堆山石制品所做岩性薄片分析表明，大崮堆山石制品原料的岩性都是角岩或变质砂岩（表 4.1.3），这两种岩石也是大崮堆山主要出露的岩石类型，因此应当是在大崮堆山开采的。如此看来，大崮堆山也是一个采石场，大崮堆山的石器加工是就地取材。采集大崮堆山的角岩 / 变质砂岩石料并进行初步加工，制成不同形状的石坯输出到其他遗址，当然可能也有石料输出。年代分析

[①]　高天麟、张岱海、高炜：《龙山文化陶寺类型的年代与分期》，《史前研究》1984 年第 3 期；何驽：《陶寺文化谱系研究综论》，《古代文明》第 3 卷，文物出版社，2004 年。

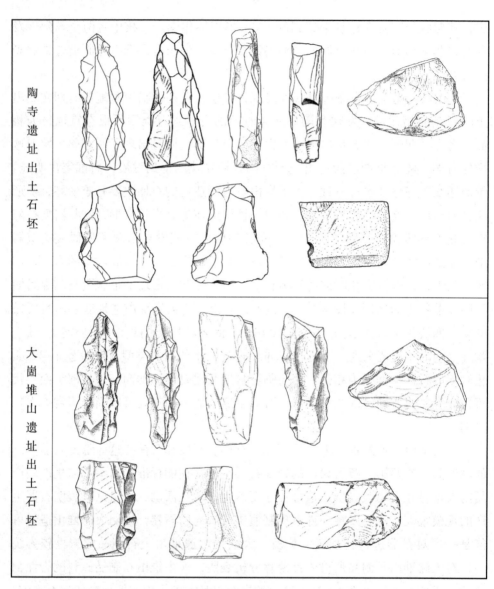

陶寺遗址出土石坯

大崮堆山遗址出土石坯

图 4.3.7　大崮堆山和陶寺遗址出土石制品对比图
（翟少冬制）

表明这个遗址属于陶寺文化时期，因此是陶寺文化时期的一座石器初加工场所。

2. 工艺流程

陶寺遗址的石器制作工艺包括选料选形、剥片、裁切、琢、穿孔、磨、抛光等，这些工艺贯穿在石器制作过程中，形成石器制作的操作链。结合对陶寺石制品和大崮堆山石制品的观察和陶寺石器的复制实验，陶寺石器的制作流程大致如下：选料选形→制坯→修坯→穿孔→磨→抛光→装柄。

陶寺遗址石制品的选料选形可能大部分发生在大崮堆山，一部分制坯工作可能也发生在大崮堆山，陶寺遗址角岩／变质砂岩类石器的原料可能也来自大崮堆山。同时大崮堆山也是一座石器制造场，约1/3的石片有石皮，而陶寺遗址出土的石片上几乎看不到石皮，说明在大崮堆山有对采集的石料进行剥片修整的行为，可能是将有风化特征的外层剥离，也可能直接剥片加工成粗坯。大崮堆山遗址出土石片的尺寸大多在5—15厘米，最大径有大于15厘米的，石屑很少。而陶寺遗址的石片尺寸最大不超过15厘米，大部分小于5厘米（图4.3.8），且有大量石屑。带有石皮的石片数量和不同的石片尺寸，说明大崮堆山和陶寺遗址在石器生产的操作链上处于不同的位置。陶寺先民可能在大崮堆山采石后先在山上进行剥片，制成粗坯，或对石料进行初步修整，将风化层去掉，再带粗坯或修整好的石料到陶寺进行进一步加工。

一部分制坯和大部分的修坯工作可能都在陶寺遗址上进行。从大崮堆山带回到陶寺的石料在陶寺遗址上制成粗坯，并进一步修整成可以磨制的石坯。从大崮堆山带回到陶寺的粗坯也在陶寺遗址上进一步修整成可以磨制的石坯。这可能是陶寺遗址的石屑数量比较多的原因。大崮堆山发现的石坯上都没有穿孔，因此在石刀、石磬、纺轮和网坠上穿孔的行为应该发生在陶寺遗址。大崮堆山上没有发现砺石，也没有发现带有琢痕的石器和成品石器，因此石器琢和磨的过程也应该发生在陶寺遗址。一些陶寺遗址出土的石器有抛光，但遗址上没有发现抛光工具，所以不能确定抛光行为是否发生在遗址上，但推测可能发生在遗址上，因为在陶寺遗址磨制的石器（不包括装饰品）没有必要拿到其他遗址去抛光。

制作磨制石器的工艺技术运用在整个陶寺遗址的石器制作中，但并不是每个环节和所有技术在每种工具的制作中都必不可少。陶寺石器复制实验中，所有类别的工具制作都进行了剥片和磨制，而其他技术，如琢、穿孔和抛光，只是偶尔使用。从对陶寺遗址出土石器的观察来看也是如此。大多数石器都没有经过抛光，很多石器上看不到琢痕，如石刀。除了长方形石刀、石磬、纺轮、璧和网坠之外，其他石器上很少有穿孔。另外遗址上出土的很多石斧都没有通体磨制。陶寺遗址的石器制作工艺流程比较简单，大多为采集石料后打制成坯，然后磨光。技术简单，流程简化。

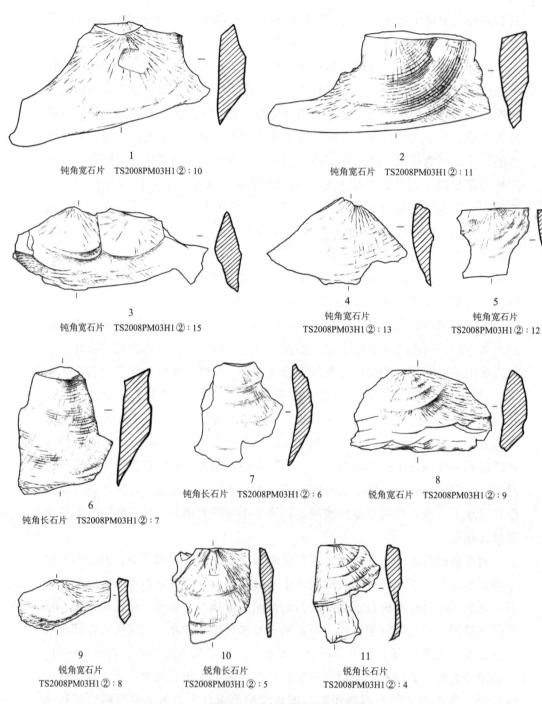

1
钝角宽石片　TS2008PM03H1②：10

2
钝角宽石片　TS2008PM03H1②：11

3
钝角宽石片　TS2008PM03H1②：15

4
钝角宽石片
TS2008PM03H1②：13

5
钝角宽石片
TS2008PM03H1②：12

6
钝角长石片　TS2008PM03H1②：7

7
钝角长石片　TS2008PM03H1②：6

8
锐角宽石片　TS2008PM03H1②：9

9
锐角宽石片
TS2008PM03H1②：8

10
锐角长石片
TS2008PM03H1②：5

11
锐角长石片
TS2008PM03H1②：4

图 4.3.8　陶寺遗址出土的石片
（采自《山西陶寺遗址石制品及相关遗迹调查简报》图 12）

三、陶寺遗址石器的制作工艺特征

陶寺遗址 1999—2001 年出土了 209 件石制品，类型包括刀、铲、斧、锛、楔、纺轮、镞、研磨器、磨盘、磨石、杵、球、锤、刮削器、饼形器和饰品等，另外还有刀、铲、斧、锛、璧坯和石料等，其中刀和铲的数量最多，分别约占石制品总数的 34.4% 和 18.2%。除镞较少外，基本上代表了陶寺遗址的石质工具类型。下面主要以 1999—2001 年出土石器为例来概括陶寺石器的制作工艺特征。

1. 制作简单粗糙，打制石器比例高

陶寺遗址的石器制作工艺技术包括剥片、裁断、琢、磨、穿孔、抛光，但并不是每类器物和每件器物上都可以见到这些工艺。仅在石刀、石磬、纺轮、石璧和饰品上有穿孔，石饰品上不见打和琢的痕迹。大多数石器上可见到剥片痕迹，如铲、斧、锛、凿的侧面，一般是从侧面中线向两侧打片。虽然磨制技术在大多数石器上可以发现，但通体磨制的石器数量并不太多。以 1999—2001 年出土的石器为例，通体磨制的石器仅占石器总数的 54.1%，有 24% 的石器为完全打制，还有 15.3% 的石器为局部磨制，局部磨制的石器一般仅磨刃部，打制石器的比例较高。打制石器中，除球、杵、锤、刮削器全部为打制外，斧大多也为打制，还有少量局部磨制。此外，38.7% 的铲和 16% 的刀也为打制而成（表 4.3.1）。另外，铲、凿、楔、锛中亦有不少为局部磨制。整体来看，陶寺遗址的石器制作得较为粗糙，这一点和同时期中原地区其他遗址，如王城岗、瓦店遗址出土的石器相比非常明显。打制和局部磨制的石器多为大崮堆山的角岩／变质砂岩类岩石制成，陶寺遗址石器的高比例打制现象可能和这种石料较硬、不易磨制有关。

2. 有一定数量的改制石器

虽然陶寺紧邻盛产石料的大崮堆山，石料资源丰富，但陶寺依然有一定数量的改制石器。陶寺遗址 1999—2001 年共出土 11 件改制石器（表 4.3.1），器型主要有饼形器和石刀。3 件饼形器均为由变质石英细砂岩或细砂岩制成的残破石铲的柄部改制而成，正反两面依然保留有原石铲的磨光面，边缘为错向剥片加工而成，局部可见原石铲的顶部局部。

1999—2001 年出土的改制石刀的成器有 8 件，刀坯有 2 件，从陶寺早期到晚期均有发现，改制方式也较为多样，有几种改制方式：1）石铲刃部改

表 4.3.1　陶寺遗址 1999—2001 年出土的石器制作方式统计表

器类	时期 \ 工艺	磨 制	打 制	局部磨制	改 制	总 计
铲	早期	3		2		5
	中期	2	1	3		6
	晚 I 期		4	1		5
	晚 II 期	6	7	2		15
斧	早期					0
	中期					0
	晚 I 期		2			2
	晚 II 期		6	3		9
刀	早期	6			1	7
	中期	12	3		3	18
	晚 I 期	11	1		1	13
	晚 II 期	16	6		2	24
曲尺形刀	早期	1				1
	中期	2	1			3
	晚 I 期					0
	晚 II 期					0
竖柄刀	早期					0
	中期				1	1
	晚 I 期					0
	晚 II 期					0
玉刀	早期					0
	中期	1				1
	晚 I 期					0
	晚 II 期					0

器类 / 时期 工艺		磨　制	打　制	局部磨制	改　制	总　计
凿	早期	1				1
	中期			1		1
	晚Ⅰ期	1				1
	晚Ⅱ期	1				1
刮削器	早期		2			2
	中期		1			1
	晚Ⅰ期					0
	晚Ⅱ期		1			1
楔	早期					0
	中期					0
	晚Ⅰ期					0
	晚Ⅱ期			1		1
石锛	早期					0
	中期	1				1
	晚Ⅰ期			3		3
	晚Ⅱ期	1				1
刻刀	早期					0
	中期					0
	晚Ⅰ期					0
	晚Ⅱ期			1		1
矛型器	早期					0
	中期					0
	晚Ⅰ期					0
	晚Ⅱ期					0

续　表

器类	时期 \ 工艺	磨　制	打　制	局部磨制	改　制	总　计
镞	早期	1				1
	中期	1				1
	晚Ⅰ期	1				1
	晚Ⅱ期	1				1
锤	早期					0
	中期		2			2
	晚Ⅰ期					0
	晚Ⅱ期					0
杵	早期					0
	中期					0
	晚Ⅰ期					0
	晚Ⅱ期		1			1
球	早期					0
	中期					0
	晚Ⅰ期		1			1
	晚Ⅱ期					0
饰	早期					0
	中期	6				6
	晚Ⅰ期	0				0
	晚Ⅱ期	2				2
璧	早期					0
	中期					0
	晚Ⅰ期					0
	晚Ⅱ期					0

续　表

器类	时期 \ 工艺	磨　制	打　制	局部磨制	改　制	总　计
纺轮	早期					0
	中期	2				2
	晚 I 期	1				1
	晚 II 期	2				2
饼形器	早期					0
	中期				2	2
	晚 I 期					0
	晚 II 期				1	1
研磨器	早期					0
	中期	1	1			2
	晚 I 期	3	1			4
	晚 II 期					0
磨石	早期			1		1
	中期			1		1
	晚 I 期			2		2
	晚 II 期			1		1
磨盘	早期					0
	中期			1		1
	晚 I 期					0
	晚 II 期			1		1
戚	早期					0
	中期					0
	晚 I 期	1				1
	晚 II 期					0

续　表

器类	时期 工艺	磨　制	打　制	局部磨制	改　制	总　计
钺	早期					0
	中期					0
	晚Ⅰ期					0
	晚Ⅱ期	1				1
器物残件	早期			1		1
	中期					0
	晚Ⅰ期	2		1		3
	晚Ⅱ期	2				2
总　　计		92	41	26	11	170

注：石坯未计入本表格。

制为无孔石刀；2）石铲柄部改制为缺口石刀；3）有孔石刀改制为有孔石刀；4）宽石片改制为石刀；5）磨石改制为石刀。

改制石器的石料主要为角岩、变质石英细砂岩、细砂岩和杂砂岩类，这也是陶寺石器的主要石料，因此改制石器和石料的稀缺程度无关。多样的改制方式表明陶寺的改制石器比较随意，只要认为合适就改制，这也符合陶寺简单粗糙的石器制作理念。

二里头遗址和殷墟也发现有改制石器的现象，改制的情况与陶寺相似。二里头和殷墟的改制石器主要为石镰改制成的石刀或端刃器，也有少量石刀改制的[1]。这可能与陶寺遗址没有石镰，而二里头的石镰数量较多[2]有关。石镰和石刀都是扁平的有刃石器，所以用石镰改制成石刀或是石刀改制成石刀，省去了对器身进行去薄和磨制的工序，省时省力。但陶寺的石器改制更为粗糙，用石铲柄部改制成缺口石刀，用石片改制成石刀，并不进一步对器身进行修整，只

---

① 谢礼晔、陈星灿：《二里头遗址的改制石器初探》，《二十一世纪的中国考古学——庆祝佟柱臣先生八十五华诞学术文集》，文物出版社，2006 年。

② 翟少冬：《公元前两千纪前后的晋南至嵩山地区——以石器为视角》，《中原文物》2023 年第 1 期。

是磨制出一个可以使用的刃部，显示了改制的随意性和工具的权宜性。

　　3. 陶寺石器的生产技术难度并不大，生产工艺流程也不复杂

　　并不是每种类型的器物都需要经过选料选形→制坯→修坯→穿孔→磨→抛光的工艺流程，也不是每件器物都需要使用包括剥片、裁切、穿孔、打磨、抛光在内的所有技术。主要原料（角岩／变质砂岩）较硬的特征和丰富的原料供应可能都是造成这种技术特征的原因。

四、矛形坯的成器问题

　　大崮堆山遗址出土了大量的矛形坯，陶寺遗址也出土了一定数量的矛形坯。关于矛形坯的成器，陶富海曾经提出其最终器型是锛楔类的工具，并提出利用宽石片制作锛楔类工具的加工程序[①]。虽然加工程序本身合理，但是大崮堆山遗址出土的矛形坯数量上千件，而陶寺遗址墓地出土的 169 件变质砂岩石器中仅有 2 件石锛，无楔，居住址出土的 82 件变质砂岩石制品中仅有 8 件石锛和 4 件石锛坯，3 件石楔，无楔坯。陶寺遗址出土的石锛数量和大崮堆山遗址矛形坯数量之间的巨大悬殊使得矛形坯的成器为锛楔类工具的推断缺乏说服力。何驽曾撰文提出矛形坯的最终产品可能是带铤的石镞，因为在陶寺遗址发掘出土的石器成品中未发现变质砂岩坯料的只有石镞，而且矛形坯与带铤石镞在形态上也多有相似[②]。

　　笔者基本同意何驽的看法。在陶寺发现的变质砂岩石制品中，石镞的数量最多，有 143 件，占总石镞数量的近 50%，占变质砂岩石器总数的 60% 强，但遗址上并没有发现变质砂岩石镞坯。陶寺遗址发现的变质砂岩石镞皆出于墓葬，类型包括报告中所说的石镞 Ⅰ、Ⅱ、ⅤA、ⅤB、Ⅵ、ⅥA、Ⅶ、ⅧB、Ⅸ、Ⅹ型（图 4.3.9）。总体来讲，Ⅰ、Ⅱ型为扁平薄片型，无铤，长 2.4 厘米—6厘米、宽 1.3 厘米—2.8 厘米、厚 0.1 厘米—0.2 厘米；其他的为出脊有铤型，长 5.1 厘米—8.6 厘米、宽 1.1 厘米—2.3 厘米、厚 0.5 厘米—0.8 厘米。石镞的厚度都不超过 1 厘米，无铤扁薄型镞更薄，只有 0.1 厘米—0.2 厘米；长度上，扁薄无铤石镞较出脊有铤石镞短；数量上，以无脊扁薄型为主，共 92 件，出

①　陶富海：《山西襄汾县大崮堆山史前石器制造场新材料及其再研究》，《考古》1991 年第 1 期。

②　何驽：《陶寺遗址石器工业性质分析》，《三代考古（七）》，科学出版社，2017 年。

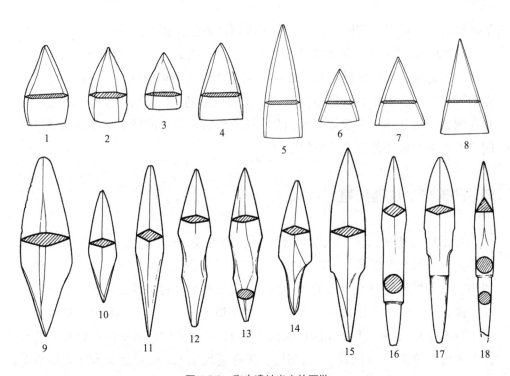

图 4.3.9　陶寺遗址出土的石镞
（采自《襄汾陶寺——1978—1985 年考古发掘报告》图 4-174、175、176）

1—4. Ⅰ型 M2318：2：1、M2032：2：4、M2135：4：6、M2135：4：4　5—8. Ⅱ型 M3015：60：1、M3074：1：5、M3074：1：13、M3415：9　9—10. ⅤA 型 M3074：1：4、M3015：61：2　11. ⅤB 型 M3015：61：1　12—13. Ⅵ型 M3015：14：3、M3015：09　14—15. Ⅶ型 M3015：14：2、M5：14：1　16—17. Ⅷ B 型 M015：8：4、M3015：8：3　18. Ⅸ型 M3015：8：7

脊有铤型 51 件。但陶寺的变质砂岩石镞厚度都不超过 0.8 厘米，而矛形坯的厚度普遍在 3 厘米以上，如果将这样厚度的矛形坯加工成石镞，去薄的任务就会比较重。磨耗时费力，实验表明一个长 5.27 厘米、宽 3.13 厘米、厚 1.45 厘米变质砂岩的小石锛，耗费 209 分钟才将周身基本磨平[①]。因此，从成本和收益[②]角度考虑，如果有更好的办法，陶寺人未必会用磨的方法去薄。矛形坯的类型在变质砂岩的产地大崮堆山石器制造场更加丰富，所以我们可以通过大崮堆山矛形坯的类型来分析其可能的加工方式。

　　大崮堆山遗址的矛形坯可以分为 A、B、C 三型，A 型尾部截断、首部呈

---

　　① 翟少冬：《陶寺遗址石制品复制实验与磨制工艺》，《人类学学报》2015 年第 2 期。

　　② Boydston, Roger A. 1989. A cost-benefit study of functionally similar tools. In *Time, Energy and Stone Tools*. Robin Torrence (eds.), Cambridge University Press.

尖状，平面呈三角形，数量最多；B 型首尾皆断，平面呈梯形；C 型尖状首尾皆在，平面近似菱形，数量最少，三种类型都可分为有脊和无脊两种亚型（图4.3.10）[1]。遗址上发现的一些无脊矛形坯上的平面非常平整（图 4.3.10，3、4、6），应是石片沿岩石的解理面剥离后形成，不是磨制而成，考虑到矛形坯两侧的剥片痕迹与旧石器时代勒瓦娄哇技术[2]产生的石核有相似之处，陶寺也许

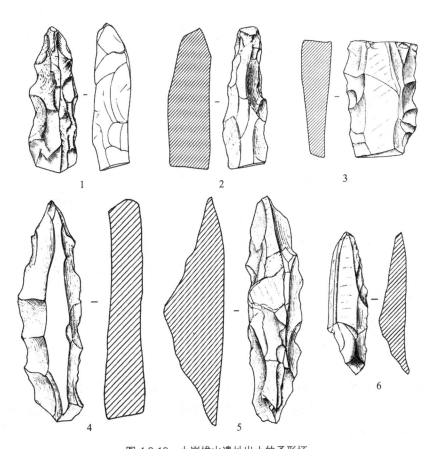

图 4.3.10　大崮堆山遗址出土的矛形坯

（采自《山西襄汾县大崮堆山石器制造场遗址 1988—1989 年的发掘》图五、一二）

1. Aa 型 T0955 ③：7　2. Ba 型 T0955 ①：17　3. Bb 型 T0955 ①：15　4. Ab 型 T1150 ⑥：1　5. Ca 型 T0949 ②：3　6. Cb 型 T1149 ⑤：9

① 山西省考古研究所：《山西襄汾县大崮堆山石器制造场遗址 1988—1989 年的发掘》，《考古》2014年第 8 期。

② 林圣龙：《西方旧石器文化中的勒瓦娄哇技术》，《人类学学报》1989 年第 1 期；陈宥成、曲彤丽：《"勒瓦娄哇技术"源流管窥》，《考古》2015 年第 2 期。

是利用了和勒瓦娄哇技术台面修整技术相似的技术剥下和石镞形状近似的薄石片，然后利用剥下的形状适合的薄石片加工成石镞，例如利用 Ab 型矛形坯表面剥下的石片制作无铤扁薄型石镞，利用 Cb 型矛形坯表面剥下的石片制作有铤石镞，这样就可以省去不少磨的时间。另外，之前有研究表明不少磨制石镞即是利用页岩和板岩的自然解理剥下厚度适中的石片制成[1]。而陶寺遗址角岩/变质砂岩的原岩为泥岩或粉砂岩，是沉积岩的一种，虽经历变质，但原岩的层理状结构仍在，这种变质砂岩石镞可能也是利用了岩石本身的层理状结构进行打片制作石镞的，当然这还有待今后实验证明。

如此看来，变质砂岩石镞的生产是陶寺遗址石器工业的一个重要组成部分。陶寺遗址先民到大崮堆山石器制造场采集石料并在那里进行初步加工，然后将合格的矛形坯带回陶寺进一步加工成石镞。在陶寺发现的石器中石镞的数量很多，是其他器型的数倍（表 4.1.1）。另外，居住址上发现的页岩石镞半成品说明页岩石镞也是在遗址上生产的。如此看来，遗址上生产的石镞数量应该比生产的斧、锛、凿、铲、刀类工具要多出很多。所以，石镞可能是陶寺石器工业的主要器型，其次才是斧锛凿铲刀类工具。何驽认为这种变质砂岩的石镞是陶寺的穿甲镞[2]。而在陶寺早期的二类乙型墓 M2053 和五类墓 M2037 的墓主身上分别发现的变质砂岩无铤石镞（一件射入墓主人右胫骨，一件射入墓主人左股骨头）也说明变质砂岩石镞的确是一种锋利的武器。

五、石器生产与成本效益分析

原材料的获取和选择以及技术的应用都是人们适应周围环境的结果，包括自然环境和社会环境。从进化生态学的角度来看，成本收益分析是解释人类行为方式的主要分析工具[3]。

成本收益是指生产过程中投入与产出之间的关系。成本是对生产的所有投入，包括时间、能量、物质资源和资本，收益被生产者定义为在某一方面希望取得的成果。博埃德斯通（Boydston）研究了两种技术的成本和收益：一种是

---

① 赵辉：《中国北方的史前石镞》，《国学研究》第四卷，北京大学出版社，1997 年。

② 何驽：《陶寺遗址石器工业性质分析》，《三代考古（七）》，科学出版社，2017 年。

③ Holdaway, Simon & Nicola Stern 2004. *A Record in Stone: a Study of Australia's flaked Stone Artefacts.* Museum Victoria & Australia Institute of Aboriginal and Torres Strait Islander Studies.

有柄打制石斧和石锛，另一种是有柄磨制石斧和石锛。通过观察在获取、生产和维修石斧和石锛上投入的时间，包括使用寿命和切削木材的相对有效性及其抗钝性，比较了它们的成本。比较后的结果表明，打制石器技术的成本和收益都相对较低，而磨制石器技术的成本和收益都相对较高。选择使用打制技术还是磨制技术要根据所需的收益来决定[①]。

可以从四个方面控制成本：技术的复杂化、简单化、标准化和专业化[②]。复杂化和简单化都与技术有关。托伦斯（Torrence）认为，史前时期人类劳动力是最重要的能量来源，尽管在有些情况下，动物、风、水和阳光也能提供。因此，劳动力投入量的减少可能会大幅降低史前石器生产的成本[③]。复杂技术和复杂设备的应用可以最大限度地减少劳动力投入，限制生产成本。同样，技术的简化和程序的精简也减少了劳动力投资的总量。行为的标准化或产品尺寸、形态的标准化使生产更有效率，因为这降低了投入在生产和决策过程的时间。除此之外，在资源、工具、技术、空间和劳动力方面的专业化是成本控制的另一种方式。易开采的资源和适合的工具更有可能降低劳动力成本，包括能量和时间，因为与专业人员一起工作可以减少浪费的时间并且最大限度地避免重大错误的发生，从而降低生产成本。

成本和收益的比值越低，则代表效率越高，反之则效率越低。效率被认为是手工业专业化的一个指标[④]，例如，它被用来区分附属生产和独立生产[⑤]。独立工匠比附属专业人员更有效率，因为在分配机制中，市场的竞争性使得独立生产者以有效的方式生产产品，而附属工匠则不需要担心，因为他们有赞助来保

① Boydston, Roger A. 1989. A cost-benefit study of functionally similar tools, in *Time, Energy and Stone Tools*, Robin Torrence (eds.), Cambridge University Press.

② Rathje, William L. 1975. The last tango in Mayapan: a tentative trajectory of production-distribution systems, in *Ancient Civilisation and Trade*, J. A Sabloff & C. C. Lamberg-Karlovsky (eds.), University of New Mexico Press.

③ Torrence, Robin 1984. Monopoly or direct access? Industrial organisation at the Melos obsidian quarries, in *Prehistoric Quarries and Lithic Production*, Jonathon E. Ericson & Barbara A. Purdy (eds.), Cambridge University Press.

④ Costin, Cathy L. 2001. Craft production systems, in *Archaeology at the Millennium: A Sourcebook*, Gary M. Feinman & T. Douglas Price (eds.), Kluwer Academic/Plenum Publishers.

⑤ Clark, J. E. & W. Parry 1990. Craft specialisation and cultural complexity. *Research in Economic Anthorpology* 12；Peregrine, Peter 1991. Some political aspects of craft specialization. *World Archaeology*, Vol.23 No.1 Craft production and specialization.

证产品的销售。然而,效率是一个通过劳动力投入来衡量的相对概念[1]。当我们说一种生产比另一种生产更有效率时,它表示一种生产比另一种生产投入的劳动力更少。可以客观地计量劳动力投资（例如计量时间和能量）以确定不同技术的相对效率。

对于陶寺遗址来说,就近取材和简化生产程序是它对石器生产进行成本控制的策略。就近取材生产石器不仅可以降低运输成本（包括在运输过程中投入的时间和劳动力）,而且还可以避免在采石场或其附近进行的选料选形的高风险阶段[2]。在采石场或封闭的周边区域,石料可能会被评估是否合适并加工成石坯,那些合适的石坯会被长途运输到聚落,最后加工成石器。与陶寺相比,在大崮堆山石器制造场发现的大量更大尺寸的石片表明,最初的大部分剥片活动发生在大崮堆山,因为这不仅会减少石坯的运输成本,而且会降低陶寺石器生产的风险。

同样,一个简化的生产程序也可以减少石器生产的劳动力投入。例如,磨制和抛光是石器生产过程中比较耗时的阶段,但对石器进行周身打磨和抛光可以提升石器的美观度,对刃部的磨光还可以提高刃部的使用效率。然而在陶寺遗址出土的石器中,依然有将近一半的石器未经通体磨制,其中大约 15% 的石器仅磨制刃部,抛光的石器就更少了,仅个别石器经过抛光。这可能是因为石器器身的磨光和抛光并不会改变石器的使用效率,但投入的劳动时间却相较于石器的产出要大得多,因此陶寺的石器生产者大多不对石器进行通体磨光,并且省略掉抛光程序,以节省生产成本。由此看来,陶寺的石器生产应该也秉持成本收益策略,使用简单的技术和简化的程序。

与陶寺同时期的其他几个遗址,如王城岗、灰嘴、两城镇遗址也都秉持着成本收益策略,基本采用原料就地取材、简化生产程序的方式对石器生产进行成本控制。王城岗遗址出土了许多龙山文化石器,包括铲、刀、斧、凿、镰和镞。石器原料有灰岩、砂岩、火山碎屑岩、绿泥石化变粒岩、大理岩、辉绿岩、花岗岩、硅质岩、石英岩等,这些石料可能大多来自附近的嵩山、箕山地区,基本为就地取材[3]。灰嘴遗址同样采用在生产地附近选择原材料的策略。发

---

[1]　Costin, Cathy L. 2001. Craft production systems, in *Archaeology at the Millennium: A Sourcebook*, Gary M. Feinman & T. Douglas Price (eds.), Kluwer Academic/Plenum Publishers.

[2]　Costin, Cathy L. 2001. Craft production systems, in *Archaeology at the Millennium: A Sourcebook*, Gary M. Feinman & T. Douglas Price (eds.), Kluwer Academic/Plenum Publishers.

[3]　北京大学考古文博学院、河南省文物考古研究所：《登封王城岗考古发现与研究（2002—2005）》,大象出版社,2007 年。

现的石器多为龙山、二里头时期的[①]。福特（Ford）研究了灰嘴石器的生产，认为原料包括白云石、砂岩、辉绿岩、燧石、大理石、粉砂岩、闪长岩、石英岩、辉长岩和片麻岩，这些原料大部分可以在以灰嘴为中心半径 8 公里的范围内获得[②]。两城镇石器的石料包括绿泥石或绿泥石 / 角闪石片岩、砂岩、流纹岩、花岗岩、花斑岩和凝灰岩等。大部分原料可以从以两城镇为中心的半径约 40 公里的区域获得。科杰夫对石器制造的实验研究也表明，两城镇使用的技术包括打片、琢、研磨和抛光。这些技术，除了抛光，大部分都不需要很高的技术水平，但是很耗费时间。此外，他还注意到，石器生产主要的生产流程是打片→琢→研磨→抛光，但并不是全部石器都经历这些流程。有着良好层面的流纹岩石器基本不打片去薄和琢。此外，用于打磨的工具比例也逐渐降低，从第二期的 27.2% 下降到第三期的 23%，并继续下降到第四阶段的 14%[③]。这些遗址与陶寺相似，就地取材获得石料，使用简单的生产技术，尽量简化生产流程，以控制投入的成本。可见成本收益策略是当时石器制作中普遍接受的策略。

第四节　陶寺对大崮堆山石料的获取方式和资源利用模式

艾瑞克森（Ericson）认为获取原料的两个重要途径是直接获取和区域交换。一个地区的居民在当地直接获取原料是一种重要的采购战略，而区域交换则是当地生产者通过贸易伙伴网络或其他形式获得原料[④]。有关新墨西哥州

①　Liu, Li & Xingcan Chen 2004. Settlement patterns and development of social complexity in the Yiluo region, north China. *Journal of Field Archaeology* 29；Liu, Li & Xingcan Chen 2007. Multidisciplinary research in the Yiluo Project: after 10 years. *Bippa* 27.

②　Ford, Anne 2001. *States and Stones: Ground Stone Tool Production at Huizui, China*. Honours thesis, La Trobe University: Melbourne；Ford, Anne 2004. Ground stone tool production at Huizui, China: an analysis of a manufacturing site in the Yiluo River Basin. *Indo-Pacific Prehistory Association Bulletin* 24；Ford, Anne 2007. *Stone Tool Production-distribution Systems during the Early Bronze Age at Huizui, China*. MA thesis, La Trobe University.

③　科杰夫（Geoffrey Eugene Cunnar）著，王强、林明昊译：《石器研究》，《两城镇——1998—2001 年发掘报告》，文物出版社，2016 年。

④　Ericson, Jonathon E. 1984. Toward the analysis of lithic production systems, in *Prehistoric Quarries and Lithic Production*, Jonathon E. Ericson & Barbara A. Purdy (eds.), Cambridge Universit Press.

西南部 Hermanas 废墟采石场使用情况的一项研究表明，由于当地材料易于获取，原材料的获取倾向于以当地材料为主 [①]。对美国新英格兰北部盛产流纹岩的贾斯珀山（Mount Jasper）的一项研究表明，7 000 多年来古代矿工为满足个人需要，直接将这种石头运出山外，运到更广阔的地区 [②]。对希腊莫勒斯（Melos）岛黑曜石开采情况的研究指出，这里的原料获取是非专业进行的无系统低效率的直接获取模式 [③]。而澳大利亚墨尔本附近威廉山的绿石资源则由当地的 Wurundjeri 土著群体控制，他们通过一个数百公里范围的巨大的交换网络用斧头换取负鼠皮斗篷和其他物品 [④]。对特奥蒂瓦坎（Teotihuacan）作坊黑曜石来源的研究表明，中美洲的绿色黑曜石是由特奥蒂瓦坎州控制和分配原料的 [⑤]。笔者通过分析陶寺遗址及陶寺文化时期临汾盆地同时期遗址出土石制品的种类和岩性来分析陶寺遗址从大崮堆山获取石料的方式。

一、陶寺文化时期各遗址出土石器的岩性

陶寺类型的遗存主要分布在临汾盆地，据调查共发现陶寺文化遗址共 54 处（不包括陶寺遗址）[⑥]，算上陶寺的话，经过发掘的遗址有侯村遗址 [⑦]、陶寺遗

---

① Findlow, F. J. & M. Bolognese 1984. Economic aspects of prehistoric quarry use: a case study in the American southwest, in *Prehistoric Quarries and Lithic Production*, Jonathon E. Ericson & Barbara A. Purdy (eds.), Cambridge University Press.

② Gramly, R. M. 1984. Mount Jasper: a direct-access lithic source area in the White Mountains of New Hampshire, in *Prehistoric Quarries and Lithic Production*, Jonathone E. Ericson & Barbara A. Purdy (eds.), Cambridge University Press.

③ Torrence, Robin 1984. Monopoly or direct access? Industrial organisation at the Melos obsidian quarries, in *Prehistoric Quarries and Lithic Production*, Jonathon E. Ericson & Barbara A. Purdy (eds.), Cambridge University Press.

④ McBryde, I 1979. Petrology and prehistory: lithic evidence for exploitation of stone resources and exchange systems in Australia, in *Stone Axe Studies*, T. H. McK. Clough & W. A. Cummins (eds.), Council for British Archaeology.

⑤ Spence, Michael W., J. Kimberlin & G. Harbottle 1984. State-controlled procurement and the obsidian workshops of Teotihuacan, Mexico, in *Prehistoric Quarries and Lithic Production*, J. Ericson & B. Purdy (eds.), Cambridge University Press.

⑥ 中国社会科学院考古研究所山西工作队：《晋南考古调查》，《考古学集刊（6）》，中国社会科学出版社，1989 年；何驽：《2010 年陶寺遗址群聚落形态考古实践与理论收获》，《中国社会科学院古代文明研究中心通讯（21）》，2011 年。

⑦ 山西省考古研究所、洪洞县博物馆：《洪洞侯村新石器时代遗址调查、试掘报告》，《三晋考古》第二辑，山西人民出版社，1996 年。

址①、丁村曲舌头遗址②、南石——方城遗址③、东许遗址④,这些遗址中均发现了一批陶寺文化中晚期的石器⑤。笔者将这些石器做了肉眼鉴定,与大崮堆山有相似石料的做了薄片鉴定,鉴定结果如表4.4.1。

表4.4.1　临汾盆地陶寺文化各遗址出土石器的岩性表

遗　　址	石　器　岩　性
侯村遗址	石英岩、砂岩、辉绿岩
陶寺遗址	变质砂岩、含碳较高的变质砂岩、大理岩、角岩、安山岩、泥岩、砂岩、细砂岩
丁村曲舌头遗址	变质砂岩、石灰岩、玄武岩、石英岩、砂岩
南石——方城遗址	变质砂岩、粗面岩
东许遗址	粉砂质泥岩变质而成的千枚岩
大崮堆山	变质砂岩、角岩

---

① 中国社会科学院考古研究所山西队、山西省临汾行署文化局:《山西襄汾县陶寺遗址Ⅱ区居住址1999—2000年发掘简报》,《考古》2003年第3期;中国社会科学院考古研究所山西队、山西省考古研究所、临汾市文物局:《山西襄汾县陶寺城址祭祀区大型建筑基址2003年发掘简报》,《考古》2004年第7期;中国社会科学院考古研究所山西队、山西省考古研究所、临汾市文物局:《山西襄汾陶寺城址2002年发掘报告》,《考古学报》2005年第3期;中国社会科学院考古研究所、山西省临汾市文物局:《襄汾陶寺:1978—1985年考古发掘报告》,文物出版社,2015年。

② 山西大学历史系考古专业:《山西襄汾县丁村曲舌头新石器时代遗址发掘简报》,《考古》2002年第4期。

③ 山西省考古研究所:《山西翼城南石遗址调查、试掘报告》,《三晋考古》第二辑,山西人民出版社,1996年;中国社会科学院考古研究所山西工作队、山西省临汾行署文化局:《山西曲沃县方城遗址发掘简报》,《考古》1988年第4期。

④ 山西省考古研究所、曲沃县博物馆:《山西曲沃东许遗址调查、发掘报告》,《三晋考古》第二辑,山西人民出版社,1996年。

⑤ 由于陶寺文化中期为后来从陶寺文化晚期中分出,所以之前发现的遗址中所说的陶寺文化晚期,实则包括陶寺文化中期。临汾盆地经发掘的遗址除陶寺外,均只有陶寺文化晚期遗存,而这些陶寺文化晚期遗存应该也包括陶寺文化中期遗存。为了便于和陶寺遗址的分期对应,这里我们统称为陶寺文化中晚期遗存。

另外,近些年在浍水河北岸还发现有陶寺文化中晚期的周家庄遗址,但目前已经发表的简报未发表出土石制品的岩性,所以周家庄的石制品不在本书讨论范围内。(中国国家博物馆田野考古研究中心、山西省考古研究所、运城市文物保护研究所:《山西绛县周家庄遗址2007—2012年勘查与发掘简报》,《考古》2015年第5期;《山西绛县周家庄遗址居址与墓地2007—2012年的发掘》,《考古》2015年第5期;《山西绛县周家庄遗址2013年发掘简报》,《考古》2018年第1期。)

　　从表 4.4.1 可以看出，临汾盆地陶寺文化时期遗址中与大崮堆山有着相同石料石器的遗址有陶寺遗址、丁村曲舌头遗址、南石——方城遗址。侯村遗址位于临汾盆地的最北端，距离大崮堆山和陶寺遗址都比较远，没有发现有用大崮堆山角岩 / 变质砂岩类岩石制成的石制品。然而，东许遗址与南石——方城遗址，一个在滏河南岸，一个在滏河北岸，两遗址相距很近，地理位置和环境特征也都一样，只是面积相差 100 万平方米，但一个发现有用大崮堆山的石料制成的石制品，另一个却没有，这是一个值得关注的问题。或许正是因为滏河这个天然的屏障，加之人为的干预，抑或是因为发掘材料的限制，南岸的人无法来到北岸寻找石料。这一问题有待日后更多材料的分析。

　　就目前的发掘材料来看，临汾盆地范围内，陶寺及陶寺以南、滏河以北的陶寺文化时期的遗址内有与大崮堆山相同石料的石器，而陶寺以北的同时期遗址内没有发现，滏河以南的同时期遗址内也还没有发现。这就使我们能够大致勾勒出角岩 / 变质砂岩类石制品的分布范围，即基本分布在以大崮堆山为中心约 400 平方公里的范围（图 4.4.1），东至太岳山，西抵汾河岸，南不越滏河，北不过陶寺。

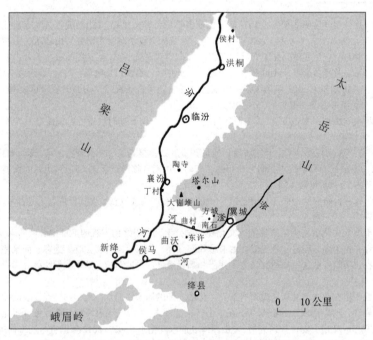

图 4.4.1　角岩 / 变质砂岩类石制品的分布范围
（采自《山西襄汾大崮堆山遗址石料资源利用模式初探》图三）

二、陶寺文化各遗址变质砂岩类石制品的原料来源

如前所述，陶寺遗址、丁村曲舌头遗址、南石——方城遗址发现有与大崮堆山相同石料的石制品，这些石器的原料来自哪儿？上文提到的角岩／变质砂岩在临汾盆地的特殊分布仅是根据地质图所做的判断，并没有经过地质调查，因此下面将通过分析各遗址石料采集的途径来探究这些遗址所出的角岩／变质砂岩石器的石料来源。

1. 陶寺遗址

陶寺遗址位于襄汾县城东北约7.5公里，处于塔儿山与汾河之间，西距汾河约5公里，东南距塔儿山约7.4公里。地势东高西低，呈缓坡。由于雨季洪水冲刷，沟壑纵横，以东西走向的冲沟为主。较大的沟有两条，一条是"南沟"，位于陶寺村南，另一条为"赵王沟"，位于"南沟"的南面。这样，陶寺人获取石料可能的来源有三：一是遗址内的河沟，二是西面的汾河岸边，三是东南的塔儿山。

笔者调查了陶寺的南河沟，并采集了一些砾石。这些砾石的岩性有灰岩、泥晶灰岩、泥质灰岩、花岗闪长岩、浅色花岗岩、细砂岩、花岗斑岩、长石石英岩、粉砂质泥岩。但是陶寺遗址中的角岩／变质砂岩类岩石在这里并未发现，说明陶寺遗址的变质砂岩类石器的原料并不是来自遗址内的河沟。

汾河发源于宁武县境管涔山东寨镇的雷鸣寺泉，南流至河津禹门口附近汇入黄河。纵贯山西省境中部，流经太原和临汾两大盆地，主要支流有岚河、潇河、文峪河、昌源河、洪安涧河、浍河等。这些支流都发源于山西中部盆地堑落地带西边的吕梁山和东部的太岳山，汾河两岸的砾石亦由这些支流带下，在河岸沉积。吕梁山山体主要由花岗岩、二长岩、古老的片麻岩和砂岩构成。太岳山山体主要由砂岩构成，黄土堆积厚。这两座山上都没有陶寺遗址的角岩／变质砂岩类石器的石料，因此这类石料也就不可能采自汾河谷地。

塔儿山上是燕山期的巨斑闪长岩，奥陶纪的角砾状白云质泥灰岩、灰岩，泥灰岩，石膏岩，豹皮状灰岩和白云质灰岩；塔儿山东南部分布着二长岩[①]。只有塔儿山西南麓前的低山大崮堆山分布有变质石英砂岩、变质长石砂岩、变质长石石英砂岩和变质长石粉砂岩等变质砂岩类岩石。所以，陶寺遗址的变质砂

---

① 《中国地质图集》编委会：《中国地质图集》，地质出版社，2001年。

岩类石制品的原料可能来自大崮堆山，甚至部分石制品也直接来自大崮堆山。

2. 丁村曲舌头遗址

丁村曲舌头遗址位于襄汾县赵城镇丁村，东距大崮堆山约 7 公里，西面紧邻汾河，位于汾河的第二、三级阶地上。其石器原料的来源是遗址边的河滩、冲沟或其东边的大崮堆山。丁村旧石器的石料来源于丁村附近的河滩或冲沟的砾石，而这种石料即是从遗址东部的大崮堆山上冲下。由此山向西，沿着几条大沟都能找到这种砾石[①]。因此，丁村曲舌头新石器时代遗址中的变质砂岩类石器的原料有可能也来自附近的河滩或冲沟。

另外，丁村曲舌头遗址距离大崮堆山很近，直接从大崮堆山采石或制作石器有着很大的优势，按理说也不能排除部分石料直接来自大崮堆山。但是，在丁村遗址中却没有发现大崮堆山遗址最典型的器物——矛形坯，也没有发现石器加工过程产生的石片（当然丁村新石器时代遗址没有发现角岩/变质砂岩的石片也可能是因为发掘材料的限制），这就使我们不能不对丁村曲舌头遗址是否直接从大崮堆山采石和在那里制作石器提出疑问。正如前面所分析的，大崮堆山石器制造场以生产矛形坯为最大特征。如果丁村人曾在大崮堆山打制石坯，丁村新石器时代遗址中应该会有矛形坯发现。当然，对于丁村新石器时代遗址中矛型坯的缺失还有一种假设，即鉴于陶寺在临汾盆地的强势地位，丁村有可能为陶寺加工矛形坯，然后再输送给陶寺。然而从陶寺、丁村和大崮堆山的地理位置来看（图 4.4.1），三者的分布基本呈三角形，大崮堆山在陶寺的南面、丁村的东面，也就是说陶寺到丁村的距离比陶寺到大崮堆山的距离还要远，这样的话，丁村从大崮堆山取得石料，加工成矛形坯，然后再输送到陶寺的意义似乎并不是很大。这就说明，丁村遗址发现的角岩/变质砂岩类石制品的原料有可能不是直接来自大崮堆山，而是利用来自河滩或冲沟采集来的石料加工而成。

3. 南石——方城遗址

南石——方城遗址位于塔儿山南麓，大崮堆山东南，东依绵山，南临滏河，地势北高南低，属于塔儿山的山前坡地，距大崮堆山约 15 公里。长期以来，山洪的冲刷使地面形成许多条大小不等、基本上垂直于塔儿山、呈南北走向的沟壑。对南石——方城遗址来说，石料的来源地可能就是大大小小的沟壑

---

① 王幼平：《旧石器时代考古》，文物出版社，2000 年。

和其北面的塔儿山以及南面的滏河河床。沟壑里也是从塔儿山上冲下来的岩石。正如前面论述的，塔儿山上的岩石是燕山期的巨斑闪长岩，奥陶纪的角砾状白云质泥灰岩、灰岩、泥灰岩、石膏岩、豹皮状灰岩和白云质灰岩，以及塔儿山东南部的二长岩。这些沟壑中的岩石也就同塔儿山上的一样。滏河发源于太岳山，太岳山上黄土覆盖很厚，岩石主要是砂岩，滏河中自然也不会有变质长石砂岩、变质长石粉砂岩、变质长石石英砂岩之类的岩石。南石——方城遗址周围也仅塔儿山西麓的大崮堆山上分布有这类岩石，因此南石——方城遗址中的变质砂岩类石器可能就是用大崮堆山上的石料制成或是直接来自大崮堆山了。但是同丁村遗址一样，这里也没有发现以大崮堆山的变质砂岩类岩石为石料的石片或是大崮堆山的典型器物——矛形坯。说明南石——方城遗址可能不直接从大崮堆山采石到遗址上生产，遗址上发现的角岩／变质砂岩类石制品也可能不是直接来自大崮堆山，而是通过其他方式。

大崮堆山角岩／变质砂岩石料的特殊性使其成为一种重要的石器制作原料，大崮堆山石器制造场也就成为一个重要的石器产地。人们在大崮堆山做好石坯，带回住地进行进一步加工，或是直接从大崮堆山采石带回住地制作石器[1]，大崮堆山的角岩／变质砂岩石制品也就广泛分布开来。上文提到的丁村遗址角岩／变质砂岩石器的石料尽管可能来自附近的河滩或冲沟，但这些河滩或冲沟中的角岩／变质砂岩也是雨水冲刷时从大崮堆山上带下的。因此，目前陶寺文化时期遗址上所发现的角岩／变质砂岩类石制品，尽管不一定直接来自大崮堆山，但其石料都是直接或间接地来自大崮堆山，利用大崮堆山的石料制成。

三、陶寺遗址获取大崮堆山石料的方式

如上文所说，陶寺、丁村和南石——方城遗址上所发现的角岩／变质砂岩类石制品的石料都是直接或间接利用来自大崮堆山的石料制成，但是丁村和南石——方城遗址上发现的角岩／变质砂岩类石制品却不是直接来自大崮堆山。丁村的石制品有可能是利用河滩或冲沟中的砾石制成的，也有可能来自其他地

---

① 严志斌：《陶寺文化石制品研究——以 HG8 为中心》，《二十一世纪的中国考古学：庆祝佟柱臣先生八十五华诞学术文集》，文物出版社，2006 年。

方。南石——方城遗址的可能是来自其他地方。那么陶寺遗址的呢？

陶寺遗址距大崮堆山 7.4 公里。笔者调查时曾试着从陶寺步行至大崮堆山，大约耗费 3 个小时。以此计算，一天可以往返。而且以陶寺当时的实力，到大崮堆山采石制作石器，应该没有困难，除非陶寺自己不生产，要通过与其他人交换来获取这种石器。但是近年对陶寺的考古调查显示，陶寺中期超过 1/2 的石制品和晚期超过 4/5 的石制品都是用大崮堆山的角岩 / 变质砂岩制成，其中包括大量加工石器产生的、与大崮堆山石制品有相同石料的废片，这说明陶寺自己生产这种石器。另外，在陶寺遗址还发现了大崮堆山石器制造场的典型器物——矛形坯，全部为角岩 / 变质砂岩制成。这是目前除大崮堆山遗址外，唯一一处发现有这种器型的遗址。再加上陶寺到丁村曲舌头遗址或南石——方城遗址的距离都要远于到大崮堆山的距离，陶寺不太可能舍近求远，从这两个遗址输入角岩 / 变质砂岩石器。因此，陶寺遗址很可能直接从大崮堆山石器制造场获取石料制作石器，或是在大崮堆山进行初步加工后带回陶寺。

正如以上分析所言，从目前发现的材料来看，可能仅陶寺遗址直接从大崮堆山石器制造场获取石料制作石器，或者在大崮堆山进行石器的初步加工。其他遗址上发现的角岩 / 变质砂岩石器可能不是直接来自大崮堆山，而是利用河滩或冲沟中的石料制成，或是通过与陶寺交换或由陶寺分配而来[①]。

其实，新石器时代的人口流动已经很频繁，这一点从各遗址发现的特征极为一致的陶器就可以说明。调查发现，临汾盆地有陶寺文化时期的遗址 54 处（不包括陶寺遗址），陶寺遗址面积较这些遗址大出许多[②]，发现了不同等级的墓葬，其中不乏随葬品丰富、规格较高的大型墓葬[③]。近年来陶寺遗址又新发现了早期和中期的城址，中期城址面积达 280 万平方米[④]。另外还发现了大型宫殿基

---

① 弗里德认为阶层社会中，少数人拥有种种特权来获得关键性资源，而其他成员却没有（Morton H. Fried，1967. *The Evolution of Political Society: An Essay in Political Anthropology*, Random House）。塞维斯认为酋邦为"贵族社会"，首长拥有操纵劳动力和资源分配的权力。两种观点虽略有不同，但都认为在复杂社会中，资源已不再被全体社会成员共享，而是被少数人控制（Elman R. Service，1975. *Origins of State and Civilization: The Process of Cultural Evolution*, Norton）。

② 何驽：《2010 年陶寺遗址群聚落形态考古实践与理论收获》，《中国社会科学院古代文明研究中心通讯（21）》，2011 年。

③ 中国社会科学院考古研究所、山西省临汾市文物局：《襄汾陶寺——1978—1985 年考古发掘报告》，文物出版社，2015 年。

④ 中国社会科学院考古研究所山西队、山西省考古研究所、临汾市文物局：《山西襄汾陶寺城址 2002 年发掘报告》，《考古学报》2005 年第 3 期。

址和可能为观象台的夯土基址[①]，在陶寺晚期时显现出很强的暴力色彩[②]。这些表明陶寺的社会复杂化程度已经很高，处于早期国家发展阶段[③]。与临汾盆地同时期其他遗址相比，陶寺遗址显示出了更强的实力，明显处于强势地位。而这种强势地位的取得和维持，大概离不开周围小遗址的支持或是对周围某些资源的控制[④]。

新石器时代，人们以石器为主要生产工具，虽然陶寺遗址发现有铜器[⑤]，但数量和种类都很少，也不普遍，石器在人们的生产和生活中仍占主要地位。石料，尤其是较好的石料也就成为一种重要的自然资源。临汾盆地内分布的主要是各种各样的灰岩和砂岩以及花岗岩，灰岩质地太软，砂岩和花岗岩较大崮堆山的变质砂岩类岩石结构松散。因此大崮堆山就以其石料的特殊性在临汾盆地独树一帜，成为采石的焦点。

就目前的材料来看，可能只有陶寺直接从大崮堆山获取石料和制造石器。丁村虽有可能利用河滩或冲沟的变质砂岩石料制作石器，但大概不被允许到大崮堆山采石，而南石——方城遗址中的角岩／变质砂岩石器则可能来自陶寺。这说明当时大崮堆山的石料可能已经不再是一种公共的社会资源，而是被陶寺独自控制。对它的开发可能也不是允许各集团都来进行的开放式开发，而是陶寺自己集团内部的一种封闭式开发。

从成本收益的角度考虑，如果能够直接获得原料，从当地直接获取是最经

---

① 中国社会科学院考古研究所山西队、山西省考古研究所、临汾市文物局：《山西襄汾县陶寺城址祭祀区大型建筑基址 2003 年发掘简报》，《考古》2004 年第 7 期；中国社会科学院考古研究所山西队、山西省考古研究所、临汾市文物局：《山西襄汾陶寺遗址 2007 年田野考古新收获》，《中国社会科学院古代文明研究中心通讯（15）》，2008 年。

② 何驽、严志斌：《襄汾陶寺城址发掘显现暴力色彩》，《中国文物报》2003 年 1 月 31 日第 1 版。

③ 高炜：《试论陶寺遗址和陶寺类型的龙山文化》，《华夏文明》第一集，北京大学出版社，1987 年；何驽．《从陶寺遗址考古收获看中国早期国家特征》，《中国社会科学院古代文明研究中心通讯（18）》，2009 年。

④ Li Liu and Xingcan Chen: Cities and towns: the control of natural resources in early states, China. *Bulletin of the Museum of Far Eastern Antiquities* 73；陈星灿、刘莉、李润权、华翰维、艾琳：《中国文明腹地的社会复杂化进程——伊洛河地区的聚落形态研究》，《考古学报》2003 年第 2 期。

⑤ 张岱海：《山西襄汾陶寺遗址首次发现铜器》，《考古》1984 年第 12 期；中国社会科学院考古研究所山西队、山西省考古研究所、临汾市文物局：《2004—2005 年山西襄汾陶寺遗址发掘新进展》，《中国社会科学院古代文明研究中心通讯（10）》，2005 年；中国社会科学院考古研究所山西队、山西省考古研究所、临汾市文物局：《山西襄汾陶寺遗址 2007 年田野考古新收获》，《中国社会科学院古代文明研究中心通讯（15）》，2008 年。

济的原料获取方式,因为它可以节省时间和运输成本[①]。按照前文所述的陶寺遗址附近的石料资源分布情况，陶寺制作工具所需的原材料，几乎都可以在方圆40公里的范围内获得。陶寺遗址出土石器所用的一些主要石料，如角岩／变质砂岩，在距陶寺仅7.4公里的大崮堆山可以获得。陶寺从大崮堆山获取石料，可以一天往返。泥岩和细粒砂岩在大崮堆山及方圆10公里范围内都可以找到。因此，陶寺所用的大部分石料都可以在当地获得。另外，2023年笔者在大崮堆山南面的青杨岭调查时也发现了大理岩的线索，只是还未展开详细调查和研究，目前尚不知青杨岭大理石是否与陶寺遗址出土石制品中的大理岩化学成分匹配，不清楚陶寺遗址的大理岩制品原料是否从青杨岭获取。

　　这也从另一个方面说明了当时陶寺势力的强大，他们甚至可能有足够的实力控制石料资源，即使像丁村这样距大崮堆山如此近的遗址都不能到山上采石。另外，陶寺不但控制了石料资源，或许还控制了某些石制品的流通。没有在陶寺以外的遗址发现矛形坯，说明其可能是一种比较重要的工具，不被允许流出陶寺之外。陶寺或许正是通过控制重要的石料资源来促进自己经济的快速发展。

---

① Boydston, Roger A. 1989. A cost-benefit study of functionally similar tools, in *Time, Energy and Stone Tools*, Robin Torrence (eds.), Cambridge University Press；Holdaway, Simon & Nicola Stern 2004. *A Record in Stone: a Study of Australia's Flaked Stone Artefacts*. Museum Victoria & Australia Institute of Aboriginal and Torres Strait Islander Studies.

第五章
陶寺遗址的石器工业

前文讨论了判断遗址上存在石器生产及生产组织形式的标准，即石片、石屑、石坯等石器生产副产品、生产工具及生产活动面的发现。石器生产副产品的发现说明遗址上存在石器生产活动，生产活动面的发现则具体指明了生产场所的存在及生产场所的形式，为进一步讨论生产组织形式奠定了基础。陶寺遗址上超过12万件石片、石屑和石坯以及石锤、石砧、石钻的出土表明遗址上存在大规模的石器生产活动。另外，在陶寺遗址还发现了石器生产场所。生产场所的形式、石器生产副产品在遗址上的空间分布等信息，为探讨陶寺遗址的石器工业提供了丰富资料。

第一节　生　产　场　所

陶寺遗址发现有石器生产场所。2008年在沟西一处剖面的试掘中，曾发现一座陶寺晚期的白灰面房屋基址（图5.1.1）。屋外一条6.25米长的道路将房屋与一个活动面连接起来，踩踏的路面上嵌有一些石屑，活动面表面较硬，概因长期踩踏所致。活动面残长约1.5米，已发掘可见部分的残留面积约为0.75平方米。其上分布有2块磨石、3块红柱石角岩石块、1件矛形坯、1件变质砂岩石片、1小块动物骨头、1件破陶罐和一些灰烬[①]。这个区域显然不是垃圾倾倒的场所，因为并未发现太多的遗物。这里发现的遗物也不是作为废弃物的二次堆积，而是有用的石器生产工具和制造石器过程中的副产品。发现的石片和石坯数量不多，则可能是石器生产者清扫工作区域的结果。此外，该区域的空间

[①]　翟少冬、王晓毅、高江涛:《山西陶寺遗址石制品及相关遗迹调查简报》,《考古学集刊（19）》,科学出版社，2013年。

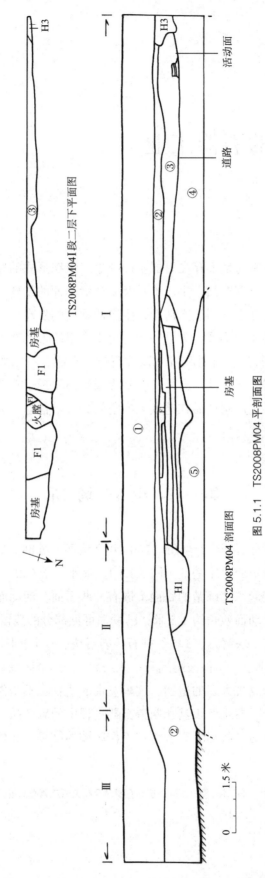

TS2008PM04 I 段二层下平面图

房基　F1　火塘　F1　房基　③　H3

N

TS2008PM04 剖面图

① ⑤ 房基 ② ③ ④

H1 ② 房基 道路 活动面 H3

TS2008PM04 平剖面图

0　1.5 米

图 5.1.1　TS2008PM04 平剖面图

（采自《山西陶寺遗址石制品及相关遗迹调查简报》图 6）

足够大，实际操作表明，一个人可以在其中进行磨制活动（图5.1.2）。活动面上发现的遗物及踩踏形成的硬面表明该活动区可能曾是制造石器的场所，而已发掘出来的活动面，其尺寸也足以容下一人在里面加工石器。发掘出来的只是活动面的一部分，若算上未发掘部分，空间应该更大，在其中加工石器应该没有问题。嵌在连接活动面和房屋基址道路上的石屑表明在活动面加工石器的人可能往来于这条小路。结合活动面和道路以及房址的信息来看，居住于房子内的人有可能沿道路往返于房子和活动面之间从事石器加工活动。

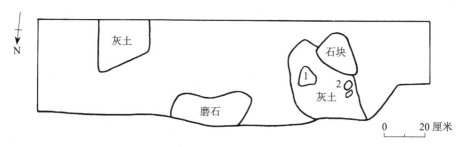

图 5.1.2　TS2008PM04 活动面平面图
（采自《山西陶寺遗址石制品及相关遗迹调查简报》图7）
1.一块小石板　2.一个矛形器坯和一个石块

2008年发现的这座房屋基址边长约3.9米，在陶寺已发现的民居尺寸范围内（长2—4.5米[①]）。这座房址有白灰地面，地面中央是一个直径0.9米的火塘。白灰地面和中央的火塘都是陶寺晚期民居的特色[②]。因此这座房子原来可能是一个普通民居。房屋有经过夯打的地基，地基中发现许多石片，这在陶寺遗址以前发掘的房址中罕见。地基中许多石片的发现表明在这座房子建造之前，这一地区可能存在大量的石器生产活动，所以这些石片不可避免地被填入房子的地基里。另外一种可能是这所房子与石器生产有关，石器生产可能是它的一个重要功能。这座房子的填土中也发现了数量较多的石片，约占填土中出土物的89%，说明这所房子被遗弃后，其周围可能也经常发生石器生产活动。房屋填土中大比例石片的出土使得第二种解释也许可能性更大，即这座房子可能曾与石器生产有关。如果考察房屋基址、道路和活动面之间的关系，包括地层

①　中国社会科学院考古研究所山西队、山西临汾行署文化局：《山西襄汾县陶寺遗址Ⅱ区居住址1999—2000年发掘简报》，《考古》2003年第3期；中国社会科学院考古研究所、山西省临汾市文物局：《襄汾陶寺——1978—1985年考古发掘报告》，文物出版社，2015年。

②　高天麟、张岱海、高伟：《龙山文化陶寺类型的年代与分期》，《史前研究》1984年第3期。

关系和它们与石制品发现地点之间的距离，可以发现房屋、道路和活动面是同时期的。住在房子里的人，可能与石器生产有关，他们可能曾沿着这条小路走到石器生产区域。路上发现的石屑可能是在运输过程中洒落被踩入路面的。当然，这条 6.25 米长的"小路"也可能是房子"后院"的一部分。活动面上发现的灰烬也显示，该活动区域可能不是在室内，而是一个露天的地方。参照陶寺居住址发现的窑洞天井的尺寸（直径南北 6.4 米、东西 6.7 米），6.25 米作为一个院子的一部分是合适的。如果挖掘面积大些，这一点可能更清楚。参照陶寺房子的规模，这个房子和普通民居差不多，所以这个石器生产地点可能是以家庭为单位的家户模式。

另外，陶寺遗址 1978—1985 年的发掘在居住址范围内发现了陶寺文化早期的一组窑洞，F321 和 F324，其中 F324 是窑洞前的天井，平面近圆形，直径南北向 6.4 米、东西向 6.7 米，面积 33.7 平方米。天井崖壁上凿出两座窑洞，F321 就是天井式大院子南侧崖壁上的窑洞，结构包括门道和居室两部分，整体平面近乒乓球拍。居室底部南北径 3.1 米、东西径 2.86—3 米，面积 7 平方米。天井和窑洞中分别发现一件石斧坯和石锛坯，这两件石坯都还没有磨刃和打磨器身[1]。日常居住的窑洞中发现石坯，说明普通家庭可能会对石坯进一步加工。斧锛这类日常使用的工具有可能在单个家庭中生产，至少最后打磨阶段在单个家庭中进行。居住址还发现角岩／变质砂岩的厨刀坯，说明厨刀可能也存在家户式生产的组织方式。

陶寺遗址的石器生产场所是目前中原地区发现的为数不多的石器制造场所，不同于辽西和北方地区的室内细石器加工，也不同于峡江地区杨家湾遗址和长江下游地区方家洲、沈家畈、沈家里等遗址在距离砾石原料不远处制造石器。从目前陶寺遗址的考古发现看，石器的制造场所至少包括露天形式，当然也可能在窑洞内。露天区域进行的制造活动包括剥片制坯，活动区域发现有石片、石坯和磨石，活动区域和房址间的路上发现有石屑。窑洞内和天井目前只发现石坯，未发现磨石，所以不能确定是否曾在此处进行过磨制活动。从陶寺遗址发现的石器生产副产品的规模看，陶寺的石器生产场所可能还有其他形式，但目前未发现。

---

①　中国社会科学院考古研究所、山西省临汾市文物局：《襄汾陶寺——1978—1985 年考古发掘报告》，文物出版社，2015 年。

第二节　生　产　组　织

生产组织受到许多因素的影响，如原材料的分配、技术和技能的性质以及培训。对于生产组织的研究在理解一个社会的政治、社会、经济和环境条件方面有重要作用。考斯汀（Costin）将生产组织归纳为两个方面：空间组织和社会组织。空间组织是指生产活动在地理空间上的相对集中或分散；社会组织是生产人员在生产发生的社会政治背景中的位置[①]。

一、空间组织

在生产的空间组织方面，生产场所的识别是很重要的，因为它提供了有关手工业活动的空间位置安排信息，并有助于重建生产的社会背景。生产地点可以根据永久性特征、生产工具和石屑来识别。但对于石器生产地点的确认来说，永久性特征并不像生产工具和石屑那样有帮助，因为石器生产没有像陶器生产那样必须持续放置在生产场所的永久性设施或工具（如陶窑）。然而分析石器生产场所的石制品构成，不仅可以将石器生产场所与垃圾堆或其他堆积区分开来，而且可以将生产场所与原料获取地区分开来。莫霍利-纳吉（Moholy-Nagy）通过分析石屑的分布及它们的出土环境，确定了玛雅低地前哥伦比亚时期主要城市之一——蒂卡尔的石器生产区域，并研究了精英与燧石和黑曜石生产之间的关系。她认为，大多数燧石和黑曜石生产是独立的，不受精英控制，但一些有着严格使用限制的物品例外[②]。福特（Ford）通过分析灰嘴遗址的生产工具及石屑和生产工具的分布，研究了石器生产技术的空间分布。她的结论是：石铲、石刀和石斧有不同的生产场所，不同生产阶段也可能在不同的地区进行[③]。

[①]　Costin, Cathy Lynne 2001. Craft production systems, in *Archaeology at the Millennium: A Sourcebook,*, Gary M.Feinman and T.Douglas Price (eds.), Kluwer Academic/Plenum Publishers.

[②]　Moholy-Nagy, H. 1997. Middens, Construction Fill, and Offerings: Evidence for the Organization of Classic Period Craft Production at Tikal, Guatemala. *Journal of Field Archaeology* 24.

[③]　Ford, Anne 2007. *Stone Tool Production-distribution Systems during the Early Bronze Age at Huizui, China*. MA thesis, La Trobe University.

生产的空间组织可以归纳为"分散"或"集中"两个极端[1]。生产者的分散或集中是相对的概念，并与所研究的地理区域或人口有关。

陶寺遗址 2008 年的石制品调查发现了数量庞大的石制品，包括石片、石屑、石坯和少量成器[2]。石片和石坯是石器生产的副产品，被认为与石器生产活动有关。这些地点的空间分布情况为分析陶寺遗址石器生产活动的空间组织提供了重要资料。该调查根据遗址上发现的石片、石坯数量及集中程度，同时结合调查到的陶片，统计陶寺遗址的石器生产地点为：早期 5 处，中期 12 处，晚期 15 处（图 5.2.1）。从陶寺不同时期石器生产地点在遗址上的分布情况来看，并没有显示出任何集中的迹象，分布范围反而相当广泛，特别是与二里头遗址宫殿区南面的铜器作坊和绿松石围垣作坊的集中分布相比，陶寺遗址的石器生产地点分布比较分散，只是晚期在沟西村的分布相对集中。石器生产地点在沟西的集中分布可能与陶寺和大崮堆山之间的距离有关。大崮堆山距离陶寺村约 7.4 公里，距离沟西村仅约 4 公里。陶寺的石器生产者选择在尽可能靠近原料产地的地方进行生产活动，可以减少运输成本。

另一方面，如果比较陶寺不同阶段石器生产活动的空间分布情况，可以发现有很大的变化。首先，从陶寺早期到晚期，石器生产地点的数量增加（图 5.2.1）。这表明石器生产活动越来越多。第二，从陶寺早期到陶寺中期，生产地点与城墙的空间关系发生了变化（图 5.2.1）。早期石制品生产地点在小城外，而到了中期，生产地点扩展到整个大城内。

特拉米摩尔帕（Tlamimilolpa）时期（200—450CE），一些黑曜石作坊聚集在最大的公共建筑——太阳金字塔附近，这种现象表明特奥蒂瓦坎（Teotihuacan）可能控制了绿色黑曜石的生产[3]。参照这种石器生产和大型公共建筑在空间上的关系，陶寺石器生产的空间变化表明，从早期到中期，不仅遗址上的石器生产活动增多，石器生产与精英阶层之间的关系也发生了变化。陶寺精英可能参与到中期的石器生产活动中，因为中期大城内分布着十几处石器生产地点。与早

---

①　Costin, Cathy Lynee 1991. Craft specialization: issues in defining, documenting, and explaining the organization of production, in *Archaeology Method and Theory*, M. B. Schiffer (eds.), University of Arizona Press.

②　翟少冬、王晓毅、高江涛：《山西陶寺遗址石制品及相关遗迹调查简报》，《考古学集刊（19）》，科学出版社，2013 年。

③　Spence, M., J. Kimberlin & G. Harbottle 1984. State-controlled procurement and the obsidian workshops of Teotihuacan, Mexico, in *Prehistoric Quarries and Lithic Production*, J. Ericson & B. Purdy (eds.), Cambridge University Press.

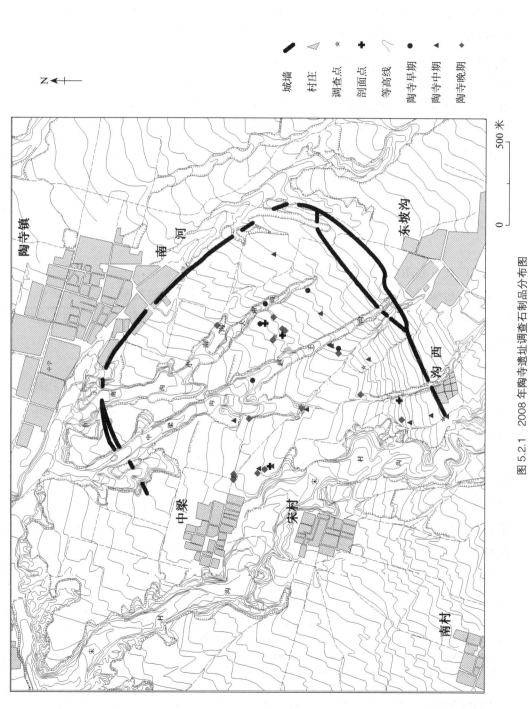

图 5.2.1　2008 年陶寺遗址调查石制品分布图

（采自《山西陶寺遗址及相关石制品遗迹调查简报》图 2）

期的石器生产地点全部分布在小城外相比，这种空间分布上的变化更便于陶寺精英对石器生产进行管理和监督。但陶寺精英对石器生产的参与可能更多地体现在管理和监督上，而非对生产过程的干预。因为在陶寺晚期，虽然中期城墙和宫殿已经不存在，但石器生产地点的数量仍在增加，并向遗址的西北方向扩展，表明陶寺晚期的政治变动并没有破坏石器生产的持续发展，所以精英阶层可能并没有深入参与到陶寺的石器生产系统中。总而言之，陶寺遗址的石器生产地点在空间分布上较分散，但以接近原料产地为首选。生产地点和城墙之间的位置关系暗示了精英阶层可能参与到石器生产中，但可能没有深度参与。

二、社会组织

生产的社会组织是指参与到生产中的人与人之间的关系，包括生产者之间的关系，也包括生产者与消费者之间的关系。生产者之间的关系可以用生产单位的构成来表示，而生产者与消费者之间的关系则大多可以理解为生产的社会政治背景，即生产在社会空间中的位置[①]。

1. 家户还是作坊

生产单位是研究生产者之间关系的一个重要概念，不同的生产面积和不同的生产者构成会形成不同类型的生产单位。因此，生产单位的规模和内部结构成为区分生产单位类型的两个主要方面。基于这两个方面，生产单位可分为家户、作坊和工厂。家户生产是以家庭为基础的小生产单位，使用的劳动力之间是亲缘或姻亲关系；工厂生产则是一种大型的、工资劳动力的生产形式，在这种生产形式中，工厂和劳动力是基于技术和利用性考虑的合同性质的雇佣关系；而作坊是一种介于家户和工厂之间的生产单位，规模相对较小，劳动力使用超越了亲属关系[②]。此外，家户还被认为是为满足家庭使用或自身交换需求的生产[③]。

---

① Costin, Cathy Lynne 2001. Craft production systems, in *Archaeology at the Millennium: A Sourcebook*, Gary M.Feinman and T.Douglas Price (eds.), Kluwer Academic/Plenum Publishers.

② Costin, Cathy Lynee 1991. Craft specialization: issues in defining, documenting, and explaining the organization of production, in *Archaeology Method and Theory*, M. B. Schiffer (eds.), University of Arizona Press.

③ Arnold, P. J. & R. Santley 1993. Household ceramics production at Middle Classic Period Matacapan, in *Prehispanic Domestic Units in Western Mesoamerica: Studies of the Household, Compound, and Residence*, R. Santley and K. Hirth (eds.), CRC Press.

　　陶寺遗址目前发现的可能为石器生产的场所是陶寺晚期的一个与一座白灰面房子有关的活动面。活动面上生产石器的工具和石器生产副产品的存在表明这里曾有石器加工活动，连接活动面和房子的小路（或是房子后院的一部分）上的石屑及房子夯土地基中的许多石片说明这座房子可能和制作石器及有制作石器行为的活动面有关，石器生产可能是这所房子的一个重要功能，住在房子里的人可能曾沿着这条小路走到石器生产区域。从规模来看，这座房子在陶寺属于普通民居，其中的石器生产可能就是以家庭为单位的家户模式。另外，在陶寺早期的一组窑洞中还发现石坯，如果这些石坯在窑洞中进行下一步加工，这种石器生产模式就属于以家庭生产为单位的家户模式。此外，表5.2.1显示了2008年陶寺试掘中一些遗迹单位出土的石片和其他遗物的体积，可以看出在TS2008PM01：H1和TS2008PM01：H2中，虽然陶片占主导地位，但石片仍然存在，说明和这两个遗迹单位中的堆积有关的生产单位可能同时具备石器生产和日常生活的功能，这是家户生产形式的一种表现。

表 5.2.1　2008 年陶寺遗址调查中典型遗迹单位出土遗物体积表

遗 迹 单 位	石片 （cm³）	石块 （cm³）	骨头 （cm³）	陶片 （cm³）	石灰块 （cm³）
TS2008PM01：H1	4 900	280	112	14 400	0
TS2008PM01：H2	8	0	4	990	0
TS2008PM03：H1	65 100	7 470	544	8 800	96
TS2008PM04：③	8 610	1 650	36	2 125	200

　　陶寺石器的制作技术简单，流程简化。简单的技术和简化的流程意味着许多人能够参与到石器生产中来，并进一步影响陶寺石器生产活动的组织。陶寺使用的简单技术可能促进了以家庭为组织的石器生产的发展，因为简单的技术方法使普通人可以在自己的住所中生产工具，而无须特殊的设施。

　　上述对陶寺遗址石器家户生产模式的分析并不意味着家户生产是陶寺存在的唯一石器生产组织形式，其他形式的石器生产组织也可能存在，比如作坊。因为正如上一章所分析的，石镞也是陶寺石器生产的主要器类之一。如果石镞这种武器的生产也仅采用家户模式，对于精英阶层来说是很危险的，但目前确实没有足够的考古发现表明陶寺存在作坊生产。遗迹单位 TS2008PM03：H1 中，虽然石片在出土遗物中占主导地位，具有作坊生产垃圾构成的特征，但不清楚它们是否来自作坊。2002 年在灰嘴进行的田野考古调查中，伊洛考古队走访了一户以刻石为业的家庭。石匠在自家院子里的一个特定区域进行生产，与其他生活区域隔开。他们将石料等生产废弃物也与日常生活垃圾分开倾倒，在倾倒的垃圾中石料及生产废弃物的比例也会占主导地位。因此，并不清楚 TS2008PM03：H1 中的石片是来自作坊还是家户。

　　2. 全职还是兼职

　　全职或兼职生产被用来描述生产强度，衡量生产中劳动力和能量的投入[1]。人们普遍认为，从兼职到全职生产的转变是社会组织中的一个重要变化，而全职专业手工业生产在前工业化时代比较罕见，因为如果没有其他人的支持和赞助，全职生产者会面临粮食供应不稳定的风险[2]。目前利用考古发现来评估生产强度有两种方法：出土物的构成、生产工具和石片的体积及密度[3]。

　　分析从生产场所出土的生产工具和石片的数量和密度，可以研究这些人工制品和产生它们的活动之间的关系，从而分辨出活动的内容和规模。这种方法需要两个前提：一是堆积中的不同遗物代表不同的活动内容，如日常生活垃圾代表日常生活活动，生产垃圾代表生产活动。如石片代表石器生产活动，陶片则代表日常生活活动；二是不同遗物在堆积中所占比例代表不同的活动规模。从表 5.2.1 可以看出，石片和陶片在每个遗迹单位中都是主要物品，但在 TS2008PM01：H1 和 TS2008PM01：H2 中陶片占主导地位，而在 TS2008PM03：H1 和 TS2008PM04：③中，石片占主导地位，这种不同的遗物种类构成比例表明，与 TS2008PM03：H1 和 TS2008PM04：③相关的生产地点以石器生产为主。特别是在 TS2008PM03：H1 中，石片的比例明显高于其他类型遗物。但是根据陶寺石器的实验估算，TS2008PM03：H1 内出土的石片

---

　　① Costin, Cathy Lynee 1991. Craft specialization: issues in defining, documenting, and explaining the organization of production, in *Archaeology Method and Theory*, M. B. Schiffer (eds.), University of Arizona Press.

　　② Brumfiel, Elizabeth M. & Timothy K. Earle 1987. Specialization, exchange, and complex societies: an introduction, in *Specialization, Exchange, and Complex Societies*, Elizabeth Brumfiel & Timothy Earle (eds.), Cambridge University Press；Gibson, D. B. 1996. Death of a salesman: Childe's Itinerant craftm=sman in light of present knowledge of late prehistoric craft produciton, in *Craft Specialisation and Social Evolution: in Memory of V. Gordon Childe*, B. Wailes (eds.), University of Pennsylvania Museum.

　　③ Costin, Cathy Lynne 2001. Craft production systems, in *Archaeology at the Millennium: A Sourcebook*, Gary M.Feinman and T.Douglas Price (eds.), Kluwer Academic/Plenum Publishers.

数量仅需 52 小时就能生产出（具体分析见下一节），也就是说，按照一天 8 小时的工作时间计算，一个人可以在 7.5 天的时间里生产出这些石片。因此不能根据出土的石片数量来判断与之相关的生产单位的生产是否全职。也许工匠们只是偶尔集中一段时间生产石器，而不是作为一种有规律的全职活动。另外，TS2008PM01：H1 和 TS2008PM01：H2 的出土物结构信息表明，陶寺的石器生产可能存在兼职。因此，兼职的石器生产在陶寺可能是存在的，但全职生产是否存在目前还不确定。

另外，安德夫斯基（Andrefsky）认为石器时代的技术受到社会组织的影响，反映了决策的过程[①]。一般来说，复杂技术或对成品投资的缺乏表明可能是小规模的、兼职的工具生产[②]。按照这个逻辑，陶寺石器简单的生产技术、简化的工艺流程也表明陶寺的石器生产可能存在兼职生产。

3. 独立还是依附

独立生产或依附性生产用来描述生产的背景，包括生产者的从属关系和对产品需求的社会政治背景。"依附性生产由精英或政府机构或赞助人赞助和管理。与此相反，独立生产由专业工匠为一般市场的潜在客户生产。虽然政治、税收和社会习俗可能影响他们的活动，但他们的活动基本上受供求规则支配。"[③]

区分独立生产和依附性生产需要考虑许多因素。一般来说，主要考察两个方面：对生产系统的控制和所生产商品的性质。生产系统的控制权掌握在那些在生产系统中起最重要作用的人手中，包括获取原料的决策权、学习生产方法的控制权、劳动组织的权力、分配原则和机制的权力等。在某个群体内，原料或生产技术的获取受到限制一般意味着是在一个存在精英的社会组织中进行依附性生产。同样，如果产品的消费被限定在一定的范围内，那么生产也可以被视为依附性生产。产品的性质指的是所生产的产品是实用产品还是威望产品。一般来说，实用产品的生产被认为是独立的，而威望产品的生产则被认为是依

---

① Andrefsky Jr., William 2008. An introduction to stone tool life history and technological organization, in *Lithic Technology: Measures of Production, Use and Curation*, (eds.), Cambridge University Press.

② Costin, Cathy L. 2001. Craft production systems, in *Archaeology at the Millennium: A Sourcebook*, Gary M. Feinman & T. Douglas Price (eds.), Kluwer Academic/Plenum Publishers.

③ Costin, Cathy Lynee 1991. Craft specialization: issues in defining, documenting, and explaining the organization of production, in *Archaeology Method and Theory*, M. B. Schiffer (eds.), University of Arizona Press.

附性的 ①。但这并不绝对，因为"依附"和"独立"只是连续变化的两个极端，不应该被看作是静止的概念 ②。此外，生产地点的空间分布经常被用来分析生产的社会背景，如果生产场所位于公共建筑物或精英住宅附近，则被视为依附性生产 ③，否则被视为独立生产。但这可能过于简化了生产的社会背景和遗物发现地之间的对应关系。依附性生产工匠们不一定需要持续监控，因此依附性生产不一定必须靠近公共建筑。总之，在讨论生产的背景时，社会、政治和经济因素都需考虑在内。

石器，特别是陶寺的未抛光石器都是简单的实用性产品。它们是为日常生活而生产，用于农作或木作。如果只考虑这方面因素，石器的制作可能是独立的。然而陶寺可能控制了角岩/变质砂岩的资源，阻止其他遗址到大崮堆山采石。这可能意味着精英阶层已经参与到陶寺的石器生产系统中。此外，陶寺早、中期生产地点与城墙间相对空间位置关系的变化，也进一步表明精英阶层对石器生产系统的参与。然而这种参与可能与生产过程的直接干预无关，而与原料的供应有关。也就是说，陶寺精英可能是通过提供原料而不是直接干预石器生产过程参与到石器生产系统中的。因此，很难简单地断定陶寺石器的生产是独立生产还是依附性生产。笔者更倾向于认为生产过程是独立的，但主要原料的采购则由精英控制。

总之，手工业生产组织的各个方面相互交织在一起。城墙内分布相对分散的兼职、家户的生产方式，反映了精英阶层对陶寺石器生产系统的适度干预。从另一个角度来说，石器生产中精英干扰程度较低，可能是由于原料资源集中分布，易于控制。资源的独特性可能使精英选择通过对资源的垄断而不是直接控制生产过程来获取利益。

综上分析，在陶寺文化早期和晚期，石器生产可能依然存在着家庭生产形式，主要生产斧、锛类工具。何驽认为，在陶寺中期，变质砂岩石镞作为一种有力的武器，其生产是在严厉的工官管理下在手工业区内集中进行的作坊式生

① Brumfiel, Elizabeth M. & Timothy K. Earle 1987. Specialization, exchange, and complex societies: an introduction, in *Specialization, Exchange, and Complex Societies*, Elizabeth Brumfiel & Timothy Earle (eds.), Cambridge University Press.

② Liu, Li 2006. Urbanization in China: Erlitou and its Hinterland, in *Urbanism in the Preindustrial World: Cross-cultural Approaches*, Glenn R. Storey (eds.), The Univeristy of Alabama Press.

③ Spence, Michael. W. 1984. Craft production and polity in early Teotihuacan, in *Trade and Exchange in Early Mesoamerica*, K. G. Hirth (eds.), University of New Mexico Press.

产，主要是为了对终端产品进行严格控制，以保证陶寺在变质砂岩石镞生产上的垄断地位[1]。事实上在陶寺遗址居住址确实也没有发现角岩／变质砂岩的石镞坯或半成品，仅有页岩的石镞半成品，而且石器生产分布也从早期在小城外变成了中期的大城内，体现出陶寺精英对石器生产重视程度的变化[2]，角岩／变质砂岩石镞的生产在陶寺中期有可能被精英阶层控制。但到了晚期，石器生产地点的分布则遍布遗址，石器生产活动比之前还要频繁，活动范围也更广，并没有随着精英阶层的瓦解而衰弱。因此，陶寺的石器生产在中期可能依然保持了其独立性，尽管此时期角岩／变质砂岩的石镞可能存在工官管理的集中作坊生产模式，但石器生产或许并没有完全成为精英阶层的依附性工业，家庭生产模式依然发挥着重要作用。这就使得陶寺文化晚期时，石器工业不但没有随着精英阶层的衰落而衰落，反而充分释放了家庭生产力，石器生产在遗址上遍地开花。因此，陶寺遗址的石器生产在不同时期的生产组织方式可能有所变化，但家庭生产模式一直都存在。中期角岩／变质砂岩石镞的生产存在的工官管理集中作坊式生产模式到晚期或许也变为家庭生产模式，因为晚期时精英阶层衰落，原来的城墙也成为倾倒石器制作垃圾的场所[3]。

与陶寺相比，二里头和殷墟的石器生产则不同。二里头遗址虽然有专门的手工业作坊群负责生产铜和绿松石等贵族奢侈品，并且分布在宫殿区南部的手工业围垣作坊区内[4]，但日常使用的石器除了少量自身生产外，主要靠从周围聚落输入，例如从灰嘴遗址输入石铲[5]。殷墟遗址上只有制铜、制玉等高级手工业作坊存在，制玉作坊由王室控制，一些专业玉工在此制造包括玉器和高级石器在内的王室高级消费品[6]，目前没有发现生产普通石器的地点。与二里头和殷墟相比，年代更早的陶寺遗址，存在大量石器生产活动，不仅日常消费使用的石器工具和石镞主要由自身生产，剩余的可能还输出到其他遗址[7]。

① 何驽.《陶寺遗址石器工业性质分析》,《三代考古（七）》,科学出版社, 2017 年。

② 翟少冬、王晓毅、高江涛:《山西陶寺遗址石制品及相关遗迹调查简报》,《考古学集刊（19）》,科学出版社, 2013 年。

③ 中国社会科学院考古研究所山西队、山西省考古研究所、临汾市文物局:《山西襄汾陶寺城址2002 年发掘报告》,《考古学报》2005 年第 3 期。

④ 中国社会科学院考古研究所:《二里头（1999—2006）》,文物出版社, 2014 年。

⑤ Li Liu, Zhai Shaodong & Chen Xingcan, 2012, Production of ground stone tools at Taosi and Huizui: A comparison, *A companion to Chinese Archaeology*, Wiley-Blackwell.

⑥ 杜金鹏:《殷墟宫殿区玉石手工业遗存探讨》,《中原文物》2018 年第 5 期。

⑦ 翟少冬:《山西襄汾大崮堆山遗址石料资源利用模式初探》,《考古》2014 年第 3 期。

　　另外，石镞作为陶寺石器生产的主要器型之一，其分配方式从早期到晚期可能发生了较大变化。陶寺遗址发现的石镞墓葬有 24 座，其中可以辨明期别的有 17 座，这 17 座墓葬全部属于陶寺文化早期。但从石制品的调查情况来看，陶寺文化晚期依然有不少矛形坯，如果像前一章所分析的，矛形坯是用于生产石镞的话，陶寺晚期依然在大量生产石镞。然而遗址上晚期石镞发现很少，说明陶寺从早期到晚期，其石镞生产的分配方式发生了变化，陶寺早期生产的石镞可能供自身消费很多，晚期则可能大部分输出到其他遗址。

　　如此看来，陶寺精英阶层对石器生产的组织形式管理也许并不严格，对石器生产的控制和管理可能更多地体现在对石料的控制和产品的分配上。

第三节　生产规模和产能

　　产能也就是生产能力，是反映企业加工能力的一个技术参数。对于古代手工业来讲，产能是反映它们生产能力的一个重要指标。现代工业文明产生之前，手工业是社会经济的主要支柱之一。而衡量各种手工业在社会经济生活中的地位和作用，产能无疑是一个重要方面。考斯汀（Costin）认为，在古代社会，一个生产单位的产出可以由生产者的数量、投入的劳动力或该生产单位的产品数量来体现[①]。然而，无论是生产者的数量、投入的劳动力，还是单位产品数量的估算，对于缺少文献记载的史前遗址来讲，都有很大的难度。为此，学者们使用了不同的方法，尝试估计产量或是估算一个相对的生产能力，以说明生产和需求的关系，进而探讨该生产对人们生产和生活的影响。

一、石器产能分析方法

1. 重量比

　　在产能分析的方法中，重量比或数量比是应用最为普遍的一种方法。托伦斯（Torrence）使用堆积中废品和全部堆积物的重量比（所有种类但不包括石叶和石核）估算了希腊菲拉科皮（Phylakopi）"工厂"可能生产的石叶的

---

　　① Costin C. L. 2001, Craft production systems in *Archaeology at the Millennium: A Sourcebook*, Gary M. Feinman and T. Douglas Price (eds.), Kluwer Academic/Plenum Publishers.

数量[1]。她首先根据黑曜石的密度估算了菲拉科皮遗址上 30 立方米黑曜石堆积的重量，约 7 755 公斤；然后根据石制品中废品的比例（约 94%，在分析石制品类型后得出）计算出成品的重量，约 7 289.7 公斤；再结合他人的实验结果——2.5 小时内，一件重 820 克的石核上可以生产出重 746 克的 83 件石叶和 24 克的废品[2]（剥完石叶的石核重 50 克），计算出在菲拉科皮遗址大概可以生产出约 2 500 万件石叶（7 289.7 公斤 /0.024 公斤 =303 738 件石核 ×83 ≈ 2 500 万件石叶），如果一个人的话，大约需要工作 759 345 个小时（约 2 500 万 /83 ×2.5 ≈ 300 年，以平均每天工作 8 小时、每年工作 300 天计算）。托伦斯认为这个结果并不能表示当时工业繁荣，因为即使是早期青铜时代的持续时间都比 300 年长（早期青铜时代在菲拉科皮延续了大约 1 000 年）。托伦斯在将估算的 2 500 万件石叶和遗址出土的 53 160 件石叶进行比较后，提出菲拉科皮遗址生产的黑曜岩石叶可能也用于出口，也就是说，其他遗址可能也在使用菲拉科皮生产的石叶，因为出土的石叶数量明显少于估算出的石叶数量。

克莱格霍恩（Cleghorn）使用石坯和石片重量比的方法估算了夏威夷冒纳开亚山（Mauna Kea）石锛作坊的产量[3]。他首先计算了实验中石坯和生产石锛过程中产生的石片的重量比（这里的石坯指包括废坯在内的所有石坯）；然后计算了遗址中剥片地点石坯和石片的重量比（这里的石坯仅包括废坯）。根据这两个重量比，计算出输出到其他地点的石坯的数量。

2. 技术法

技术法也是产量估算的一种方法。沙夫特（Shafter）和海斯特（Hester）依据墨西哥科拉（Colha）遗址堆积中 tranchet 石片[4]的数量推算了该遗址燧石

---

①　Torrence，R.(eds.) 1986. *Production and Exchange of Stone Tools*, Cambridge University Press.

②　Sheets, P. & G. Muto 1972. Pressure blades and total cutting edge: an experiment in lithic technology. *Science* 175.

③　Cleghorn, P. L. 1986. Organisation structure at the Mauna Kea Adze Quarry Complex, Hawaii. *Journal of Archaeological Science* 13.

④　Tranchet 尖状工具生产技术仅限于指中美洲北部伯利兹玛雅低地前古典时代晚期（约公元前 300 年—公元 250 年）流行的一种技术。这种技术能够高效地将工具的刃缘或端部加工成尖状，以作斧或锛使用。这种尖状工具的制作过程是先打下一个长 30 厘米、宽 20 厘米的石片，然后对石片的边缘从背面向腹面进行单向加工。石片的台面加工成凸起状，并在一侧边缘靠近台面处修整一个凹槽，然后沿凹槽处将台面整个打下，这个打下的带有修整台面的石片叫作 tranchet 石片。完成剥离 tranchet 石片的步骤后，继续沿原石片的两侧边缘进行修整，修整的足够薄就是 tranchet 尖状工具。在整个制作过程中，tranchet 石片前后的步骤剥下的石片都是很小的小石片，因此 tranchet 石片在 tranchet 尖状工具的生产过程中极有代表性。

tranchet 尖状工具的产量 ①。他们认为，每一片 tranchet 石片就代表一件 tranchet 尖状工具制作过程的开始，因此 tranchet 石片的数量就代表 tranchet 尖状器的数量。他们以一个燧石作坊中 tranchet 石片的数量代表该遗址上作坊的平均产能，估算了前古典时代晚期该遗址上 36 个燧石作坊的产量。然后再根据这些作坊使用的时间和遗址人口的数量，计算工具的人均年产量。估算的结果是：每个达到工作年龄的男性每年大约生产 150 件 tranchet 器物。这大大超出了个人每年的需求，因此二人认为科拉（Colha）的燧石工具是为出口而生产的。

3. 消费比

消费比指生产出的工具数量和需要的工具数量的比例，用来表示生产和消费的关系。生产出的工具数量可以用石坯表示，需要的工具数量可以用成品工具表示。考斯汀（Costin）指出，如果石坯和成品的比值较高，则表示这些石制品的出土地点是工具的生产地点，因为生产地点的成品通常被输送到其他地方去 ②。基于这种假设，福特（Ford）计算了河南灰嘴遗址石坯和成品的比例，发现这个比例较高，因此推测成品工具被输送到了其他遗址 ③。

这些方法为了解一个遗址石器的产能以及生产和消费的关系提供了有用的信息，但也各有不足。重量比会随着所选石料、器型以及生产者技术熟练程度的不同而变化，其中一个变量的值变了，结果就会不同。例如在夏威夷冒纳开亚山（Mauna Kea）石锛作坊中就有两处地点石坯和石片的重量比悬殊，研究者认为一处是学徒用来练习的场所，另一处才是作坊工匠们加工锛的场所 ④，并选择了工匠加工场所石坯和石片的重量比来计算。因此考古学者通常会尽量减少变量，而将产能分析限制在某一类器型和某一种石料上，并且取一个加工速度的平均值。而技术法的问题则是特殊性太强，并不是每一个遗址都有如 tranchet 石片一样辨识度极高、代表性极强的遗物，一个生产过程中的石片就可以代表一件工具的生产。消费比分析只是利用了一个相对的概念来辨别生产

---

① Shafer, H. J. & T. R. Hester 1983. Ancient Maya chert workshops in Northern Belize, Central America. *American Antiquity*, 48(3); Shafer, H. J. & T. R. Hester 1986. Maya stone-tool craft specialization and production at Colha, Belize: reply to Mallory. *American Antiquity*, 51(1).

② Costin, C. L. 1991 Craft specialization: issues in defining, documenting, and explaining the organization of production, in *Archaeology Method and Theory*, M. B. Schiffer(eds.), University of Arizona Press.

③ Ford, A. 2007. *Stone Tool Production-distribution Systems during the Early Bronze Age at Huizui, China*. MA thesis, La Trobe University.

④ Cleghorn, P. L. 1986. Organisation structure at the Mauna Kea Adze Quarry Complex, Hawaii. *Journal of Archaeological Science* 13.

地点和消费地点，缺少对总体生产规模的认识。另外，在产能研究中，采取哪种研究方法还是要根据遗址出土材料的具体情况进行选择。

二、陶寺遗址角岩 / 变质砂岩石制品的产量分析

在 2008 年陶寺遗址石制品调查和试掘中发现的陶寺晚期的一个灰坑 TS2008PM03H1 中，出土了 20 958 件石片和 4 件石坯，包括 1 件斧形石坯、1 件矛形坯和 2 件刀形坯，其中 20 930 件石片为角岩 / 变质砂岩，这为分析陶寺遗址角岩 / 变质砂岩石制品的产能提供了很好的材料。结合陶寺石制品复制实验提供的信息，可以约略估算出倾倒这些石片的生产地点在产生这些废片的同时生产出的石制品的数量，从而对这些生产地点的角岩 / 变质砂岩石制品的产量有一个认识。本文采用的方法与上面提到的方法不同，主要是通过对剥片时间的分析来估算石制品生产的数量。

考古学家通常用民族和实验的方法来研究某些人类行为花费的时间。海顿（Hayden）观察并且记录了澳大利亚土著人的工作时间和行为以研究他们使用木作工具的方法[①]。同样，琼斯（Jones）和怀特（White）也使用这种方法来研究澳大利亚阿纳姆地（Arnhem Land）土著石镞的生产率[②]。布拉德利（Bradley）和埃德蒙兹（Edmonds）记录了生产效率实验中抛光石斧花费的时间[③]。笔者在陶寺石制品的复制实验中，记录了石制品复制的每个步骤花费的时间，这为估算 TS2008PM03H1 出土的那些石片的剥片时间提供了依据。

估算这 2 万多件石片剥片时间的关键是对打下一件石片的时间定义。这里剥离一件石片的时间用"整个剥片时间 / 石片数量"来估算。一件石片的剥离通常是瞬间发生的，时间难以统计。但剥片的过程常常包括一系列的打击动作，不仅包括从石核上打下一件石片的过程，而且包括连续剥片的时间间隔。然而连续剥片之间的速度可能并不均衡，有时　次打击可能剥下不仅一件石

---

① Hayden, B. 1979. *Palaeolithic Reflections: Lithic Technology and Ethnographic Excavation among Australian Aborigines*. Australian Institute of aboriginal Studies.

② Jones, R. & N. White, 1988, Point blank: stone tool manufacture at the Ngilipitji quarry, Arnhem Land. 1981, in *Archaeology with Ethnography: an Australian Perspective*, betty Meehan &Rhys Jones (eds.), Department of Prehistory, Research School of Pacific Studies The Australian National University.

③ Bradley, R. & M. Edmonds 2005. *Interpreting the Axe Trade: Production and Exchange in Neolithic Britain*. Cambridge University Press.

片，而有时则可能一件石片也打不下来。在澳大利亚阿纳姆地（Arnhem Land）土著生产石箭头的过程中，有 26 次用力的打击但仅打下 5 件完整石片的情况[1]。在这种情况下，如果用 26 次打击的时间作为 5 件石片的剥片时间的话，每件石片的剥片时间就会变长。但这在剥片过程中只是偶尔发生的情况，因此我们将这些时间平摊在剥片过程中。实验中，剥片时间的计算是从操作者开始使用石锤打击石核的那一刻开始，直至整个剥片过程结束，包括期间发生的任何非直接剥片动作的时间，这些时间在计算剥离一件石片的时间时，就被分摊到剥离一件石片的时间上。

这里角岩 / 变质砂岩石制品的剥片时间以笔者的实验为参考。表 5.3.1 中列出了实验中角岩 / 变质砂岩石制品在剥片阶段的剥片时间和剥片数量。因为 TS2008PM03H1 中出土的 2 万多件石片可能是在制作不同器型时产生的，而且无论最后成器与否，都会产生石片，所以表 5.3.1 包括了复制矛形坯、锛、凿、楔等不同器型，以及复制成功和不成功的例子的数据。

表 5.3.1　陶寺石制品复制实验中剥片所需的时间

序号	标本号	石制品类型	长（厘米）	宽（厘米）	厚（厘米）	重（克）	时间（分钟）	剥片数量（件）	单位石片剥片时间（秒）
1	No.9	矛形坯	12.1	5.8	3.4	195	9	33	13.4
2	No.10	矛形坯	15.5	9.9	3.3	378	9	46	11.7
3	No.12	矛形坯（次品）	15.9	10.1	3.4	535	26	248	10.5
4	No.13	楔	14.93	11.67	3.44	452	7	84	5
5	No.22	矛形坯（次品）	14.8	9.2	3.5	334	11	44	15
6	No.23	矛形坯（次品）	16.9	8.3	2.7	380	13	213	3.7

[1]　Jones, R. & N. White, 1988, Point blank: stone tool manufacture at the Ngilipitji quarry, Arnhem Land, in *Archaeology with Ethnography: an Australian Perspective*, Betty Meehan &Rhys Jones (eds.), Department of Prehistory, Research School of Pacific Studies The Australian National University.

序号	标本号	石制品类型	长（厘米）	宽（厘米）	厚（厘米）	重（克）	时间（分钟）	剥片数量（件）	单位石片剥片时间（秒）
7	No.24	楔	14.6	7.2	2.2	201	17	108	9.4
8	No.27	矛形坯	17.9	13.1	2.61	589	18	157	6.9
9	No.29	矛形坯（次品）	19.9	12.3	3.38	944	17	142	7.2
10	No.30	矛形坯（次品）	24.4	15.4	2.98	1 515	6	113	3.2
11	No.31	矛形坯（次品）	18.1	8.01	2.91	398	15	73	12.3
12	No.32	矛形坯	17.3	9.53	4.03	637	12	61	11.8
13	No.33	矛形坯（次品）	12.29	7.69	2.39	223	17	147	6.9
14	No.34	矛形坯（次品）	10.98	7.57	2.39	249	6	43	8.4
15	No.35	矛形坯	17.7	7.67	3.37	436	9	74	7.3
16	No.36	矛形坯	9.81	7.97	1.95	186	12	194	3.7
17	No.37	矛形坯	15.3	7.4	4.35	440	12	98	7.3
18	No.38	凿	15.1	11.3	3.42	535	9	78	6.9
19	No.40	矛形坯（次品）	9.17	8.02	2.09	178	15	82	10.9
20	No.41	矛形坯（次品）	10.66	6.61	2.44	144	7	36	11.7
21	No.42	矛形坯（次品）	10.42	6.89	2.49	180	32	56	34.3

表 5.3.1 所列 21 组数据中的剥片时间和剥下的石片数量各有不同，单位石片的剥片时间差别也很大，因此这里采用他们的中位数来作为计算剥下一件石片的时间，这样可能更贴近最常见的剥片情况。通过计算可知，单位剥片时间的中位数是 8.4 秒，这意味着一分钟内大约可以剥下约 7.1 件石片。

　　琼斯（Jones）和怀特（White）依据观察和记录澳大利亚土著人的生产获取了从石核上剥离石片的时间和行为特征等方面的信息。这些信息显示，在 1.5 分钟内可以剥下 5 件大石片（大于等于 2 厘米的石片）和一些小的石片及碎屑，这里所说的时间包括准备及再准备工作和剥片过程的时间。在这个过程中，大部分时间被用来修整和再次修整台面，这就会产生小的石片和碎屑，而大石片只有在用力打击时才会产生。5 件大石片实际上只需约 50 秒就可以剥离下来[①]。与之相比，笔者实验中的剥片速度（一分钟 7.1 片）略微快了些，但实验中的剥片数量基本包括所有剥下的可以看出石片特征的石片，因此单位时间产出的石片就会多些。另外，实验中的操作者没有任何打制石器的经验，而陶寺时期的石匠则可能技艺娴熟，因此上述实验中的剥片所需时间可以看作是陶寺文化时期的石匠需要花费时间的最大值。

　　基于陶寺石制品实验中的剥片速度，可以估算出剥下 H1 出土的那些石片需要的时间。试掘的 H1 的范围是长 2.78 米，宽 0.5 米，高 0.55 米。出土了约 20 930 件角岩 / 变质砂岩的石片。假如一分钟大约能够生产 7.1 件石片，剥离 20 930 片石片大约需要 2 948 分钟。这段时间内可以生产多少件石坯呢？

　　这里列出陶寺石制品复制实验中制作各种角岩 / 变质砂岩石坯的时间作为参考，以估算在剥离 H1 出土的 20 930 件石片的 2 948 分钟内可以生产出的石坯数量。表 5.3.2 列出的是实验中用角岩 / 变质砂岩成功制作不同类型石坯花费的时间。我们同样取这 10 组数据的中位数——12 分钟，来代表加工一件石坯花费的时间。如果 12 分钟制作一件石坯的话，那么 2 948 分钟至少可以生产出 245 件石坯，也就是说，在剥离 TS2008PM03H1 出土的 20 930 件石片的时间内可以制作 245 件石坯。

　　表 5.3.2 中的例子都是打制成功可以用来进一步加工的石坯。陶寺遗址磨制石器的制作虽然包括若干步骤，但最重要的是剥片和磨制技术，其他技术比较少用[②]。陶寺遗址石器制作成功与否的关键也在剥片步骤，剥片成功了，石坯也就制成了，接下来再磨出刃就成器了，磨很简单，鲜有不成功的。表 5.3.2 中所列的楔、锛、凿坯最后都成功地加工成了石器。因此，可以说上文所说

　　① Jones, R. & N. White, 1988, Point blank: stone tool manufacture at the Ngilipitji quarry, Arnhem Land, in *Archaeology with Ethnography: an Australian Perspective*, Betty Meehan &Rhys Jones (eds.), Department of Prehistory, Research School of Pacific Studies The Australian National University.

　　② 翟少冬：《陶寺遗址石制品复制实验与磨制工艺》，《人类学学报》2015 年第 2 期。

表 5.3.2 陶寺石制品复制实验中制作角岩 / 变质砂岩石坯的时间统计表

序 号	样 品 号	石坯类型	时间（分钟）
1	No.9	矛型坯	9
2	No.10	矛型坯	9
3	No.13	楔坯	19
4	No.24	矛型坯	31
5	No.27	锛坯	18
6	No.32	矛型坯	12
7	No.35	矛型坯	9
8	No.36	矛型坯	12
9	No.37	矛型坯	12
10	No.38	凿坯	9

的 245 件石坯最后都成功地加工成为工具。这 245 件工具可以看作是在生产
TS2008PM03H1 出土的那些石片的时间内可以生产出的角岩 / 变质砂岩的工具
数量。这个数字，我们可以通过比较陶寺遗址对石器的消费需求来理解。

三、陶寺遗址角岩 / 变质砂岩石制品的消费需求分析

考斯汀（Costin）认为，需求可以由消费单位发现的器物总数反映出来[1]。
陶寺遗址石器消费需求可以参考遗址内石器的出土数量。目前来看，陶寺遗址
的成品石器主要出土于陶寺的大型建筑基址、墓葬和居址内。

陶寺大型建筑基址内发现了少量石器，器类仅有镞、刀、圆石片等几种[2]。
但是这几种器类的石料都不是角岩 / 变质砂岩。墓葬中出土的石器主要是中型
墓中的石钺、石刀、石镞、石琮、石质头饰和大型墓中的磬、镞、钺、刀、锛

[1] Costin, C. L. 2001. Craft production systems, in *Archaeology at the Millennium: A Sourcebook,* Gary M. Feinman and T. Douglas Price (eds.), Kluwer Academic/Plenum Publishers.

[2] 中国社会科学院考古研究所山西队、山西省考古研究所、临汾市文物局：《山西襄汾县陶寺城址祭祀区大型建筑基址 2003 年发掘简报》，《考古》2004 年第 7 期。

（成组）、磨盘、磨棒、纺轮、瑗、环、琮、梳、头饰、项饰[1]，但这些器类的石料除石镞、石磬和大型厨刀外，其他器类用角岩 / 变质砂岩制作的并不多。

陶寺遗址的居址目前已经发掘了大约 2 077.55 平方米，其中 I 、II 区共 135.3 平方米，III 区 1 570.25 平方米，IV 区 372 平方米[2]。在这 2 000 多平方米的范围内共出土了不同时期的石器约 400 件[3]，其中包括铲、斧、锛、刀、凿、楔、纺轮、镞和曲尺形小石器等器类，同时还出土有石坯和半成品，石质多为角岩 / 变质砂岩，少量为砂岩、大理石[4]。此外，2002 年发掘的 IHG8 中曾出土 30 件石器和大量的石片、石坯、石屑以及石器的半成品和废品[5]，其中石器以铲、斧、刀、镞为主，石料亦多为角岩 / 变质砂岩，少量为砂岩[6]。但从出土情况来看，这些石制品应该是石器生产阶段的产物，不是使用阶段的工具，不代表需求。

陶寺遗址角岩 / 变质砂岩石器的需求主要集中在居址范围内。依照上文所说，2 077.55 平方米范围内发现了约 400 件石器，其中大多是角岩 / 变质砂岩，故可以将 400 件作为陶寺此居址面积内角岩 / 变质砂岩石器数量的上限。

四、陶寺遗址变质砂岩石器的产能分析

这里不是讨论陶寺遗址生产石器的绝对数量，只是希望通过比较陶寺石器生产和消费的数量来分析该遗址的石器生产能力，以此来了解生产和消费的相对强弱。因此，可以将一定范围内的石器出土数量和一定范围内的石器生产数

① 中国社会科学院考古研究所山西工作队、临汾地区文化局：《1978—1980 年山西襄汾陶寺墓地发掘简报》，《考古》1983 年第 1 期。

② 中国社会科学院考古研究所山西工作队、临汾地区文化局：《山西襄汾县陶寺遗址发掘简报》，《考古》1980 年第 1 期；中国社会科学院考古研究所山西工作队、山西省临汾地区文化局：《陶寺遗址 1983—1984 年 III 区居住址发掘的主要收获》，《考古》1986 年第 9 期；中国社会科学院考古研究所山西队、山西省临汾行署文化局：《山西襄汾县陶寺遗址 II 区居住址 1999—2000 年发掘简报》，《考古》2003 年第 3 期。

③ 中国社会科学院考古研究所等：《襄汾陶寺：1978—1985 年考古发掘报告》，文物出版社，2015 年。

④ 中国社会科学院考古研究所山西队、山西省临汾行署文化局：《山西襄汾县陶寺遗址 II 区居住址 1999—2000 年发掘简报》，《考古》2003 年第 3 期。

⑤ 中国社会科学院考古研究所、山西省考古研究所、临汾文物局：《山西襄汾陶寺城址 2002 年发掘报告》，《考古学报》2005 年第 3 期。

⑥ 严志斌：《陶寺文化石制品研究——以 HG8 为中心》，《二十一世纪的中国考古学：庆祝佟柱臣先生八十五华诞学术文集》，文物出版社，2006 年。

量进行比较。

前文估算了陶寺遗址晚期一个灰坑中仅 1.39 平方米的面积内，在 2 万多件变质砂岩石片的生产时间内可以生产出的角岩 / 变质砂岩石器的数量——245 件，并且分析了陶寺时期普通居址 2 000 多平方米范围内角岩 / 变质砂岩石器的最大消费需求——400 件。比较这两个数据可以发现，400 件基本是这 2 000 多平方米范围对变质砂岩石器消费的最大需求，而 245 件则只是一个保守的估算。因为 TS2008PM03：H1 是在田垄的剖面上发现的，对它的试掘只是从田垄边缘向内深入了 0.5 米，仍有向里深入大概 0.5 米的灰坑范围没有试掘。如果未发掘一半的情况和已发掘的一半相同的话，那么在陶寺晚期整个 TS2008PM03：H1 约 2.78 平方米的范围内，在生产出土的石片的时间内就可以生产出多于普通居址整个陶寺时期 2 000 多平方米范围内所要消费的石器数量。在这种生产和消费数量大致相同的情况下，生产和消费面积上的悬殊，使得石器的生产能力看上去要强一些。再加上此处石器的生产数量仅指晚期，而石器的消费数量则包括整个陶寺时期。即使这样，石器的生产数量仍可以比肩石器的消费数量，就显得陶寺晚期的石器生产更强一些。此外，在陶寺遗址还发现了多处陶寺晚期大量石片堆积的地点[1]，反映出与石器生产有关的活动在陶寺晚期曾大规模存在。这更强化了陶寺晚期石器的生产能力，使我们相信其生产的数量甚至远远超过了消费的数量。

如果遗址上生产的器物能够满足或超过遗址上消费的器物数量，那该遗址该器物的生产能力就很强[2]。陶寺遗址晚期角岩 / 变质砂岩石器生产的数量可能远远超过了它的消费数量，因此，陶寺遗址晚期角岩 / 变质砂岩石器的生产能力可能很强。这种很强的生产能力或许在陶寺的社会发展中起到一定的作用。

五、讨论

许多研究已经证明，石器作为史前社会的重要生活和生产工具，它的生产

---

[1] 中国社会科学院考古研究所山西队、山西省考古研究所、临汾市文物局：《山西襄汾陶寺城址 2002 年发掘报告》，《考古学报》2005 年第 3 期；翟少冬、王晓毅、高江涛：《山西陶寺遗址石制品及相关遗迹调查简报》，《考古学集刊（19）》，2013 年。

[2] Costin, C. L. 1991. Craft specialization: issues in defining, documenting, and explaining the organization of production, in *Archaeology Method and Theory*, M. B. Schiffer (eds.), University of Arizona Press.

和交换在史前社会的政治和经济发展中有着重要作用。例如黑曜石的生产和交换在特奥蒂瓦坎（Teotihuacan）作为一个巨大疆域的城市中心不断发展的过程中发挥了重要作用[①]。不断增长的黑曜石和金属制品的商业交换导致了爱琴文明的产生[②]。印度尼西亚伊里安查亚（Irian Jaya）高地省石器工具的交换将由于地理和语言障碍而分隔的人们联系了起来[③]。

　　陶寺社会对石质工具有着巨大需求。首先，陶寺文化的生业是农业经济，遗址上浮选出了大量的黍粟稻等炭化植物种子[④]，也发现了许多铲、刀等可能与农业相关的工具，农业生产的发展需要大量工具，对石器生产提出要求；其次，墓葬中大量漆木器以及木作工具的发现表明，陶寺遗址的漆木业也很繁荣，漆木器生产需要斧、锛、凿、楔等工具。根据对陶寺之前出土石器的观察，这些工具的石料均以角岩／变质砂岩为多；另外，陶寺城墙、宫殿等工程的开展也需要大量的石质工具。由此看来，陶寺遗址农业、漆木业的发展以及大型工程的开展都对其石器生产提出了强烈需求。

　　前文提到的陶寺晚期角岩／变质砂岩石器的生产能力很强，而遗址附近大崮堆山角岩／变质砂岩的石料更是为陶寺角岩／变质砂岩石器的生产提供了条件[⑤]，为陶寺遗址晚期角岩／变质砂岩石器的生产满足陶寺社会各行业的发展对石器的巨大需求提供了原料保障。而陶寺可能也正是看到了角岩／变质砂岩这种优质石料的重要性，因此将大崮堆山这个原料产地纳为己有，进行封闭式开发。如上一章所述，临汾盆地其他遗址的角岩／变质砂岩的石器可能也是从陶寺输出的。陶寺遗址对周围其他遗址角岩／变质砂岩的输出进一步说明，陶寺遗址自身的角岩／变质砂岩生产能力很强，可能不仅满足了自身发展的需求，甚至有多余的产品输出到其他遗址。这种输出是单向的还是双向的（和其他遗址进行交换），目前还不清楚。但陶寺遗址是陶寺文化时期临汾盆地的聚落中

---

　　① Spence, M. W. 1981. Obsidian production and the state in Teotihuacan. *American Antiquity* 46.

　　② Renfrew, C. 1972. *The Emergence of Civilization: the Cyclades and the Aegean in the Third Millennium B.C.* Methuen.

　　③ Hampton, O. W. "Bud" 1999. *Culture of Stone: Sacred and Profane Uses of Stone among the Dani.* Texas A & M Press.

　　④ 赵志军、何驽：《陶寺城址 2002 年度浮选结果及分析》，《考古》2006 年第 5 期。

　　⑤ 山西省考古研究所：《山西襄汾县大崮堆山石器制造场遗址 1988—1989 年的发掘》，《考古》2014 年第 8 期。

心 [①]，中期城址面积达 280 万平方米。维持如此大规模的聚落在该地区的中心地位需要大量的人口，而陶寺遗址本身是否能够提供维持这些人口日常生活所需的各种物资，这或许是个问题。角岩／变质砂岩石器的输出或许为陶寺遗址换取自身发展所需的物资提供了一些帮助。

因此，陶寺遗址较强的角岩／变质砂岩石器生产能力在陶寺社会的发展过程中有着重要作用。它可能不仅为其自身发展提供了必要的生产工具，而且为其向外换取自身发展所需的物资提供了帮助，对维持陶寺遗址在临汾盆地聚落的中心地位发挥了应有的作用。

第四节　石器的流通

交换被视为社会的物质基础和"嵌入"在社会机构中的组织 [②]。人类学家认为交换是社会互动的一种形式，在维持社会系统中起着关键的支撑作用 [③]。也有学者认为特定类型的交流和互动可能是不同层次的社会文化复杂性的特征 [④]，因此在重建交换机制或解释相互间的网络空间模式的基础上可以作为证据来评估交换过程和不同社会组织之间的相互关系 [⑤]。波兰尼（Polanyi）将交换模式分为互惠、再分配和市场交换，用来指不同的交换机制。互惠指对称分组的相关点之间的互动；再分配指的是朝一个中心然后再从中心向外的移动；交换指的是在市场机制下经济体之间发生的反复运动。互惠模式下的分组有着相似的背景；再分配取决于群体中是否存在某种程度的中心；为一体化而进行的交换需要一个定价市场体系。同时他认为，这三种交换模式分别受到对称组

---

① 何驽：《2010 年陶寺遗址群聚落形态考古实践与理论收获》，《中国社会科学院古代文明研究中心通讯（21）》，2011 年。

② Polanyi, Karl 1957. The economy as instituted process, in *Trade and Market in the Early Empires*, Carl Polanyi, Conrad M. Arensberg & Harry W. pearson (eds.), The Free Press.

③ Wilmsen, Edwin N. 1972. Introduction: the study of exchange as social interaction, in *Social Exchange and Interaction*, Edwin N. Wilmsen (eds.), The University of Michigan.

④ Flannery, Kent V. 1972. Summary comments: evolutionary trends in social exchange and interaction, in *Social Exchange and Interaction*, Edwin N. Wilmsen (eds.), The University of Michigan.

⑤ Costin, Cathy L. 1986. Craft production and mobilization strategies in the Inka Empire, in *Craft Specialization and Social Evolution: in Memory of V. Gordon Childe*, Bernard Wailes (eds.), The University of Pennsylvania Museum.

织、中心点和市场体系等的制约①。此外，世界各地的考古数据表明，交换模式与社会政治复杂程度之间存在密切关系。互惠交换被认为是澳大利亚北部阿纳姆地（Arnhem Land）狩猎–采集群体之间的交换方式②；再分配涉及在夏威夷的一个酋邦社会由精英阶层主导的大量定期礼仪收藏品的流动③；而特奥蒂瓦坎（Teotihuacan）的黑曜石贸易则将市场体系与其国家政治联系起来④。在希腊青铜器时代，由大商人或中央官僚机构管理的市场交换由于来自作坊的产品数量较少而受到质疑⑤。

　　一些研究集中在财富的生产和交换⑥，指出生活用品的生产和交换也在政治和社会的复杂化中发挥了重要作用。布鲁姆费尔德和厄尔（Brumfiel & Earle）指出，"政治发展需要新的政治机构对从维持生计的活动中转移出来的人和具体的交换物品提出要求。而这些要求必须通过财政系统来满足，财政系统在普通民众中将劳动力和物品流动起来，并将其分配给国家机构和个人"⑦。布鲁姆费尔德（Brumfiel）研究了阿兹特克国家的精英群体和日用手工业品生产，认为重大的政治变革往往伴随着精英手工业生产的完善，但生活用品和财富的生产和交换在阿兹特克的政治一体化中仍然发挥了重要作用⑧。

---

① Polanyi, Karl 1957. The economy as instituted process, in *Trade and Market in the Early Empires*, Carl Polanyi, Conrad M. Arensberg & Harry W. pearson (eds.), The Free Press.

② Thomson, Donald F. 1949. *Economic Structure and the Ceremonial Exchange Cycle in Arnhem Land*. macmillan.

③ Earle, Timothy K. 1977. A reappraisal of redistribution: complex Hawaiian chiefdoms, in *Exchange Systems in Prehistory*, Timothy K. Earle & Jonathon E. Ericson (eds.), Academic Press.

④ Spence, Michael. W. 1981a. Obsidian production and the state in Teotihuacan. *American Antiquity* 46; Spence, Michael. W. 1981b. On Aztec specialisation and exchange. *Current Anthropology* 22; Spence, Michael. W. 1984. Craft production and polity in early Teotihuacan, in *Trade and Exchange in Early Mesoamerica*, K. G. Hirth (eds.), University of New Mexico Press.

⑤ Torrence, Robin (eds.) 1986. *Production and Exchange of Stone Tools,* Cambridge University Press.

⑥ Earle, Timothy 1987. Specialization and the production of wealth: Hawaiian chiefdoms and the Inka empire, in *Specialization, Exchange, and Complex Societies*, Elizabeth Brumfiel & Timothy Earle (eds.), Cambridge University Press; Underhill, Anne P. 1996. Craft production and social evolution during the Longshan Period of Northern China, in *Craft Specialization and Social Evolution: In memory of V. Gordon. Childe*, B. Wailes (eds.), Pennsylvania Museum; Underhill, Anne P. 2002. *Craft Production and Social Change in Northern China*. Kluwer Academic/Plenum Publishers.

⑦ Brumfiel, Elizabeth M. & Timothy K. Earle 1987. Specialization, exchange, and complex societies: an introduction, in *Specialization, Exchange, and Complex Societies*, Elizabeth Brumfiel & Timothy Earle (eds.), Cambridge University Press.

⑧ Brumfiel, Elizabeth 1987. Elite and utilitarian crafts in the Aztec State, in *Specialization, Exchange, and Complex Societies*, E. Brumfiel & T. Earle (eds.), Cambridge University Press.

一、交流研究的方法

依据分析规模，区域和单一遗址被认为是用来理解交流的两种视角[①]。

1. 区域视角

区域分析利用大范围内多个地点交换物品的规模或数量等属性来显示交换物品的空间分布模式，并根据交换模型对其进行解释。有关近东黑曜石交换的研究就是案例之一[②]。

伦福儒（Renfrew）在对近东黑曜石交换的研究中，提出了单向递减规律（Law of Monotonic Decrement），这一规律成为区域交换研究中最常用的方法之一。他用该方法研究了近东地区的黑曜石交换，提出黑曜石在该地区打制石制品组合中的比例随遗址与黑曜石来源距离的增加呈规律性指数下降[③]。也就是说，距离黑曜石来源越远，遗址上打制石制品组合中黑曜石的比例越低。如果将黑曜石的数量（百分比）与黑曜石来源距离的比值以对数形式标在普通线性图上，黑曜石数量与距离之间的关系会形成一条下降直线。这种下降直线被看作是"沿直线下行"交换模式的特征。也就是说，黑曜石是从一个村庄到另一个村庄。不同的交换机制会产生不同的下降模式，例如，从一个村庄到另一个村庄的交换可能会产生一条直线，相反，涉及中心地的再分配或在中心市场的交换会产生一条多模式的下降曲线。此外，"沿直线下行"模式还表明，只有距离来源地30公里以内供应区的居民才能直接进入来源地，而供应区以外的接触区的居民不能直接进入来源地。"伦福儒的'沿直线下行'模型在史前交换研究史上极其重要，因为这是考古学家第一次描述原始交换的人类学模型和它的物质结果之间的联系，而这些物质结果是有可能通过考古学研究发现的。"[④]

2. 单个遗址研究

相对于区域视角，单个遗址研究更倾向于以遗址为导向。该方法考虑了石器生产的多个方面，如产品的丰富程度、原料来源构成、原料的进口形式等。

---

① Costin, C. L. 2001. Craft production systems, in *Archaeology at the Millennium: A Sourcebook,* Gary M. Feinman and T. Douglas Price (eds.), Kluwer Academic/Plenum Publishers.

② Renfrew, Colin & J. E. Dixon 1976. Obsidian in western Asia: a review, in *Problems in Economic and Social Archaeology*, G. de G. Sieveking, I. H. Longworth & K. E. Wilson (eds.), Duckworth.

③ Renfrew, C. 1977. Alternative models for exchange and spatial distribution, in *Exchange Systems in Prehistory*, T. K. Earle & J. E. Ericson (eds.), Academic Press.

④ Torrence, Robin 1986. *Production and Exchange of Stone Tools,* Cambridge University Press.

　　丰富程度测定是单个遗址交换研究的方法之一。它是通过估计单个遗址交换物品的数量来研究交换[1]。柯宾（Cobean）等通过比较黑曜石的数量与不同时期的磨棒和研磨板的数量得出结论：在圣洛伦索（San Lorenzo）特诺奇蒂特兰（Tenochtitlan）的奥尔梅克（Olmec）遗址，黑曜石的输入随着人口的增长而增加[2]。类似地，如上所述，托伦斯（Torrence）通过估算菲拉科皮（Phylakopi）作坊石器产品的数量，研究了爱琴海的黑曜石交换，并认为那里生产的石制品可能已经出口到了其他地区，因为发现的产品数量远远少于预期的数量[3]。

　　原料来源构成是另一种以单个遗址为导向的交换研究方式。温特和皮尔斯（Winter & Pires-Ferreira）估计了墨西哥特尔拉哥斯（Tierras Largas）遗址打制石器组合中黑曜石的百分比。他们认为，所有家户的相似百分比表明了对资源的平等获取，这意味着一种没有中心机构或精英参与的交换模式[4]。此外，原料的进口形式提供了另一种单个遗址交流的研究方式。温特和皮尔斯通过分析两个高品质来源黑曜石的比例，指出瓦哈卡（Oaxaca）两个地点的黑曜石石叶是从其他地点输入的，而非本地生产[5]。

　　区域和单个遗址研究都是研究遗址间交换的常用方法，但各有优缺点。区域视角研究使用来自不同遗址的数据，开阔了交换物品在地区分配问题上的视野。这些详细的数据不仅有助于分析交换的存在，还有助于分析交换模式，如生产区与消费区之间是直接交换还是通过中心区的间接分配。但这通常需要花费很大精力去收集该地区的资料，因为发表的报告很少包括能够提供满足分析的足够信息。相比之下，单一遗址研究缺乏区域数据的支持，仅关注单个遗址。因此这种方法通常用来研究单个遗址内交换是否存在，而不是交换的模式。这种研究方法需要投入的时间少，因为如果掌握的数据不足，只需前往单个遗址去获取信息。总之，与区域研究相比，单个遗址研究是一种更经济的研

---

①　Torrence, Robin 1986. *Production and Exchange of Stone Tools,* Cambridge University Press.

②　Cobean, R., M. Coe, E. Perry, K. Turekian & D. Kharkar 1971. Obsidian trade at San Lorenzo Tenochtitlan, Mexico. *Science* 174.

③　Torrence, Robin 1986. *Production and Exchange of Stone Tools,* Cambridge University Press.

④　Pires-Ferreira, J. W. 1976. Obsidian exchange in formative Mesoamerica, in *The Early Mesoamerican Village,* K. V. Flannery (eds.), Academic.

⑤　Winter, M. C. & J. W. Pires-Ferreira 1976. Distribution of obsidian among households in two Oaxacan villages, in *The Early Mesoamerican Village,* K. V. Flannery (eds.), Academic.

究交换存在的方法，也可以用来检验交换模式，即区域研究的结果。

二、临汾盆地石器的交换

如果要对交换模式进行分析，无论是区域研究还是单一遗址的研究都需要一个区域的详细数据。但陶寺遗址缺乏足够的资料，一是因为以往的发掘工作忽略了与石器生产有关的信息，没有系统地收集相关资料；二是临汾盆地大部分陶寺文化时期的遗址都是小范围试掘。因此，这里不讨论交换模式，而是将重点放在陶寺遗址是否存在石器输入和输出的问题。本节主要通过分析临汾盆地陶寺文化时期各遗址石器的原料来源来探讨陶寺遗址石器的输入和输出情况。

大崮堆山角岩 / 变质砂岩在临汾盆地分布的唯一性为分析陶寺文化时期各遗址角岩 / 变质砂岩石器的石料来源提供了可能。

以往的考古调查在临汾盆地发现的陶寺文化时期的遗址大约有 54 处（不包括陶寺遗址）[1]，其中只有陶寺文化晚期的 5 处被正式发掘：陶寺、丁村曲舌头、南石—方城、侯村、东许遗址。笔者曾在 2003 年有机会在山西省考古研究所位于侯马南山的库房见到过这些遗址出土的石器，尽管数量不多，但依然具有一定的代表性。通过对从陶寺获取大崮堆山石料方式的分析可知，临汾盆地陶寺文化晚期这 5 处遗址中仅在陶寺、丁村和南石—方城 3 个遗址发现了角岩 / 变质砂岩石器。然而，这 3 个遗址并不都是直接从大崮堆山获取原料来生产石器。陶寺遗址出土了用角岩 / 变质砂岩制作的包括斧、锛、凿、镞等在内的多种石器类型，并发现了许多角岩 / 变质砂岩的石器生产副产品，包括石片、石屑、石坯。丁村曲舌头遗址则不同，虽然丁村曲舌头与大崮堆山相近，但没有发现由角岩 / 变质砂岩制成的石片、石坯和其他石器生产副产品，说明可能不直接从大崮堆山采石。南石——方城遗址也没有发现以大崮堆山的角岩 / 变质砂岩类岩石为石料的石片或是大崮堆山的典型器物——矛形坯，说明它可能也不直接从大崮堆山采石，遗址上发现的角岩 / 变质砂岩类石制品也就可能不是直接来自大崮堆山。这意味着角岩 / 变质砂岩石器的生产可能只发生在陶

---

① 中国社会科学院考古研究所山西工作队：《晋南考古调查报告》，《考古学集刊（6）》，中国社会科学出版社，1989 年；何驽：《2010 年陶寺遗址群聚落形态考古实践与理论收获》，《中国社会科学院古代文明研究中心通讯（21）》，2011 年。

寺。角岩／变质砂岩的石片在陶寺遗址出土的石片中占主导地位，陶寺遗址的石器生产主要是大崮堆山角岩／变质砂岩石器的生产，陶寺遗址角岩／变质砂岩的石器生产产量足以满足其自身消费，并可能有过剩的石器输出到其他遗址。

大崮堆山距离陶寺很近，仅有 7.4 公里。大崮堆山不仅是个采石场，盛产角岩／变质砂岩，而且是个石器制造场，存在石器的初加工活动。在大崮堆山制造的石坯和石料有可能被输送到其他遗址制成成品石器。考虑到在临汾盆地除大崮堆山外，仅在陶寺遗址发现了由角岩／变质砂岩制成的石片和石坯，陶寺是临汾盆地唯一生产角岩／变质砂岩石器的遗址，大崮堆山石器制造场的石坯和石料很可能被送往陶寺。陶寺可能控制了大崮堆山的石料资源，垄断了该地区角岩／变质砂岩石器的生产。如果事实如此，其他遗址可能通过与陶寺遗址交换或通过陶寺分配以获得角岩／变质砂岩的石器。

民族学和考古学研究表明，世界各地有许多限制获取石料的例子。在澳大利亚北部的阿纳姆地（Arnhem Land），居住在 Ngilipitji 地区的人们拥有燧石采石场的资源[1]。同样，澳大利亚维多利亚州的威廉山是绿岩的主要产地，由于其较高的社会价值而被 Wurundjeri 部落的一个特殊群体控制[2]。而且"只有某个特定家庭的成员才被允许从事这些工作"[3]。另一个例子是在新几内亚（New Guinea）高地，那里的一些采石场属于特定群体，人们进入这些采石场受到限制[4]。另外，特奥蒂瓦坎（Teotihuacan）可能控制了纳瓦哈人（Navajas）和奥通巴人（Otumba）的进入帕特拉契克（Patlachique）时期（150BCE—1CE）的两个黑曜石产地[5]。陶寺聚落可能和这些群体一样，对周围的重要资源——大崮堆山石器制造场进行了控制，因此其他聚落的人不可以自由进入，临汾盆地其他遗址的角岩／变质砂岩石器可能只能通过与陶寺交换或通过陶寺分配获得。

---

[1]　Jones, Rhys & Neville White 1988. Point blank: stone tool manufacture at the Ngilipitji quarry, Arnhem Land, 1981, in *Archaeology with Ethnography: an Australian Perspective*, Betty Meehan & Rhys Jones (eds.), Department of Prehistory, Research School of Pacific Studies The Australian National University.

[2]　McBryde, I & G. Harrison 1981. Valued good or valuable stone? Consideration of the distribution of greenstone artefacts in south-eastern Australia, in *Archaeological Studies of Pacific Stone Resources*, F. Leach & J. Davidson (eds.), British Archaeological Reports.

[3]　McBryde, I 1979. Petrology and prehistory: lithic evidence for exploitation of stone resources and exchange systems in Australia, in *Stone Axe Studies*, T. H. McK. Clough & W. A. Cummins (eds.), Council for British Archaeology.

[4]　Vial, L. G. 1940. Stone axes of Mount Hagen, New Guinea. *Oceania* 11.

[5]　Spence, Michael. W. 1981. Obsidian production and the state in Teotihuacan. *American Antiquity* 46.

第五节　陶寺的石器生产对陶寺社会发展的作用

陶寺的石器生产随着陶寺社会的发展而迅速发展，从早期到晚期，不仅石器生产地点增多，分布的空间范围扩大，产量增加，而且石器生产与精英阶层的关系也逐渐紧密，精英虽然可能没有深度参与到石器生产的各个环节，但可能已经参与到石器生产的原料获取、产品分配等环节。陶寺的石器生产是陶寺经济体系中不可或缺的一部分，在陶寺社会政治经济的发展中有着重要作用。

一、石器生产与经济发展

农业是陶寺社会的主要生计模式。陶寺人的主食以粟为主。对墓葬出土人骨的测定表明，陶寺人食谱中 C_4 植物占 70%，小米是主要食物，比陕西地区仰韶和龙山文化时期占比增多[①]。另外，黍和水稻也是陶寺的主食。对陶寺城址 2002 年的发掘进行的浮选发现了 13 000 多粒碳化植物种子，其中绝大多数属于栽培作物遗存，包括粟、黍和稻谷三种谷物的籽粒，合计 9 796 粒，其中粟粒的数量占绝对优势，共计 9 160 粒，在出土谷物总数中所占比例高达93.5%[②]。而在对陶寺中梁沟采集的土样进行的植硅石分析发现有发育于水稻颖壳的双峰型植硅石和发育于水稻叶片的扇形植硅石，这表明陶寺浮选出的炭化稻米可能是当地所产[③]。

除植物遗存外，牲畜在陶寺社会中也扮演着重要的角色。在陶寺遗址不同规模的墓葬中共发现有 563 件猪下颌骨和 20 余件个体的猪骨[④]。猪骨的碳十三值表明食谱中的 C_4 植物较多，很明显是人工饲养时喂食了小米或谷糠的缘

[①]　蔡莲珍、仇士华：《碳十三测定和古代食谱研究》，《考古》1984 年第 10 期。

[②]　赵志军、何驽：《陶寺城址 2002 年度浮选结果及分析》，《襄汾陶寺遗址研究》，科学出版社，2007 年。

[③]　姚政权、吴妍、王昌燧、何驽、赵志军：《山西襄汾陶寺遗址的植硅石分析》，《农业考古》2006年第 4 期。

[④]　中国社会科学院考古研究所、山西省临汾市文物局：《襄汾陶寺：1978—1985 年考古发掘报告》，文物出版社，2015 年；中国社会科学院考古研究所山西队、山西省考古研究所、临汾市文物局：《陶寺城址发现陶寺文化中期墓葬》，《考古》2003 年第 9 期。

故①。陶寺遗址发现较大型的骨器一般都用牛骨制成，晚期的卜骨中有相当一部分是用牛肩胛骨制成②，这显示了这些牲畜在陶寺居民生活中的重要性。

陶寺的农作物产量很大。遗址出土的陶器中较多见的一种大型陶器——圈足罐，可能为一种用来储存谷物的容器。这种罐最大高度可达 79 至 80.5 厘米，可容纳 66 至 69 公斤谷物，为防止粮食霉变，圈足底部往往敷有石灰膏③。

在陶寺居住址出土的石器中，用于取土的石铲和用于收割的长方形有孔石刀的数量最多。农作石器在石器组合中占主导地位，满足了陶寺的农业发展对农业生产工具的需求。陶寺的石器生产可能在很大程度上有助于当地及其周围地区的农业活动，促进农业发展。

手工业也是陶寺经济的重要组成部分。陶寺墓葬中出土了多种类型的木制品，包括案、几、俎、匣、盘、豆、勺、鼍鼓等，有些是彩色的，有些甚至可能是漆画的，鼍鼓蒙有鳄鱼皮。陶寺出土的木制品与良渚文化出土的木制品有所不同。良渚文化的木制品大多是建筑配件或生产工具（约公元前 3300 年—2000 年）④。陶寺的木器制作已经掌握了斫、凿、剡、刮削等工业，能够解决拼版、榫卯、装鋬等问题⑤。在陶寺遗址和墓葬中出土了一些木作工具，如斧、锛、凿、楔等⑥，这些工具用于劈砍、找平木料，制作卯眼等，满足了陶寺木工的各种工艺要求。在一座大型墓葬中，还出土了 13 件大小不一的石锛⑦，这表明大型墓的主人可能参与了木工生产，也可能是这种生产的管理者。这些发现说明了陶寺石器生产对木器工艺的贡献。

中国有着悠久的制作漆器的历史。最早见于河姆渡文化的漆器到陶寺文化时期已经进步了很多，并对后来的商周漆器产生重要影响⑧。陶寺大型墓葬中出

①　蔡莲珍、仇士华：《碳十三测定和古代食谱研究》，《考古》1984 年第 10 期。

②　高天麟：《龙山文化陶寺类型农业发展状况初探》，《农业考古》1993 年第 3 期。

③　高天麟：《龙山文化陶寺类型农业发展状况初探》，《农业考古》1993 年第 3 期。

④　浙江省文物考古研究所：《余杭莫角山遗址 1992—1993 年的发掘》，《文物》2001 年第 12 期；《浙江良渚庙前遗址第五第六次发掘简报》，《文物》2001 年第 12 期。

⑤　高炜：《陶寺龙山文化木器的初步研究——兼论北方漆器起源问题》，《中国考古学研究——夏鼐先生考古五十年纪念论文集》，科学出版社，1986 年。

⑥　杨鸿勋：《石斧石楔辨——兼及石锛与石扁铲》，《文物与考古》1992 年第 2 期。

⑦　中国社会科学院考古研究所、山西省临汾市文物局：《襄汾陶寺：1978—1985 年考古发掘报告》，文物出版社，2015 年。

⑧　高炜：《陶寺龙山文化木器的初步研究——兼论北方漆器起源问题》，《中国考古学研究——夏鼐先生考古五十年纪念论文集》，科学出版社，1986 年。

土有带颜料痕迹的研磨盘和研磨棒，暗示这些木制品的彩绘工作可能有精英阶层参与，同时说明了石器在漆器颜料制作中的作用。

陶寺遗址发现的农作和木作石器种类和数量表明了陶寺遗址石器生产对当地农业和手工业生产的作用。陶寺的石器生产满足了陶寺农业和手工业生产的需要，为当地社会的经济发展提供了支撑。

二、石器生产与社会发展

社会复杂程度的加深往往伴随着人口的增长[1]，陶寺社会已经比较复杂，人口也当有一定的规模。而人口的增加无疑增加了社会的压力，带来包括粮食短缺、资源匮乏等问题。陶寺的手工业生产（包括石器生产）的发展或许有助于解决这些问题。

关于史前中国的人口规模，不少学者在人口密度估计的基础上，结合居住模式和民族学数据进行了估算。赵春青基于仰韶文化早期的居住模式，对陕西姜寨遗址的人口进行了研究。他根据那里的居址数据提出居住人口为 75 至 125 人，根据埋葬数据提出 85 至 100 人，即平均 80 至 112.5 人，人口密度为 44 至 63 人 / 公顷[2]。乔玉根据考古发掘的居住资料和伊洛区域调查的 GIS 数据，对伊洛盆地的人口进行了估算。她还估算了伊洛地区的人口承载力（指一个地区内土地人口增长的上限），以确定伊洛地区生产的粮食是否能够养活人口。根据她的研究，伊洛地区新石器时代和二里头文化时期的人口密度为 57 人 / 公顷。根据现代民族历史记录，小米产量为 315 公斤 / 公顷，按此计算，每人需要 1.6 公顷土地来养活自己。龙山早期伊洛地区的人口估计有 1 243 人，土地利用率为 10%，龙山晚期人口数量为 6 211 人，土地利用率增长到 46%[3]。仰韶中期以来，伊洛地区聚落数量增加，出现面积达 20 公顷以上的大型中心性聚落，其领地生产力不足以供养本聚落人口。这种现象在仰韶晚期增多。龙山

① 　Wright, Henry 1972. A consideration of interregional exchange in Greater Mesopotamia: 4000—3000 B.C., in *Social Exchange and Interaction*, E. N. Wilmesen (eds.), The University of Michigan Museum of Anthropology.

② 　赵春青：《姜寨一期墓地再探》，《华夏考古》1995 年第 4 期；赵春青：《也谈姜寨一期村落中的房屋与人口》，《考古与文物》1998 年第 5 期。

③ 　乔玉：《伊洛地区裴李岗至二里头文化时期复杂社会的演变——地理信息系统基础上的人口和农业可耕地分析》，《考古学报》2010 年第 4 期。

早期聚落骤减，龙山晚期该区域重新繁荣，并一直保持到二里头时期，很多大中型聚落均有领地生产力不足的情况。这些中心性聚落的食物来源可能是由周围的小型聚落提供。在中心性聚落控制下的食物资源再分配可以有效地解决领地生产力不足导致的问题。二里头时期的人口（各期的平均值）基本与龙山晚期持平。方辉利用现代聚落密度和两城镇考古调查资料，估算了龙山时期两城镇地区的人口数量，计算出在龙山时期，两城镇 873 公顷的土地上有63 031 人，平均 72.2 人 / 公顷[①]。刘莉根据考古资料对二里头遗址的人口进行了估算，认为二里头三期的人口密度约为 60—100 人 / 公顷，300 公顷土地上约有 1.8 万—3 万人[②]。

陶寺虽然自 80 年代以来曾多次发掘，但大部分的田野工作都集中在大型建筑上，如墓地、夯土围墙和宫殿等，缺少人口估计的必要信息。如果我们参照上面的研究，可以对陶寺的人口数量有大概了解。乔玉估算伊洛地区龙山晚期为 6 211 人，人口密度 57 人 / 公顷。刘莉估算二里头鼎盛时期是 1.8 万—3万人，人口密度 60—100 人 / 公顷。陶寺遗址是龙山时代的一个都邑性遗址，遗址规模比二里头略小，因此，陶寺的人口数量可能比二里头尤其二里头鼎盛时期少，但可能比龙山晚期伊洛地区的人口数量多，因此，陶寺的人口数量大概在 1 万—2 万之间。根据乔玉的研究，龙山时代伊洛地区很多大中型聚落就已经出现领地生产力不足、需要从其他聚落进口粮食的问题，想来同样的问题也会在陶寺这个位于晋南地区的超大型聚落发生。

大量研究表明，石器的生产和交换对史前社会的政治、经济发展起着重要作用。例如，在中美洲，持续不断地采购、进口和分配对每个家庭有用的基本资源，包括陶器，黑曜石和盐，对聚落整合复杂的社会政治组织提供了支持[③]。而黑曜石的生产和交换在特奥蒂瓦坎崛起为一个大型、复杂的城市中心并统治巨大领土的过程中十分重要[④]。在欧洲，伦福儒（Renfrew）认为爱琴文明的出

---

① 方辉、Gary M. Feinman, Anne P. Underhill & Linda M. Nicholas：《日照两城地区聚落考古：人口问题》，《华夏考古》2004 年第 2 期。

② Liu, Li 2006. Urbanization in China: Erlitou and its Hinterland, in *Urbanism in the Preindustrial World: Cross-cultural Approaches*, Glenn R. Storey (eds.), The Univeristy of Alabama Press.

③ Rathje, William L. 1971. The origin and development of Lowland Classic Maya Civilisation. *American Antiquity* 36.

④ Spence, Michael W. 1981. Obsidian production and the state in Teotihuacan. *American Antiquity* 46.

现与金属产品和黑曜石商业交易的增加紧密相关[①]。在太平洋地区，印度尼西亚伊里安查亚高原省（highland provinces of Irian Jaya）的石器生产和交换，为因地理和语言障碍而分隔的人们建立了密密麻麻的个人关系网[②]。

　　陶寺是一个复杂社会，从早期到晚期，经历了一个由盛到衰的发展过程。石器的生产也在这个过程中发生了变化。陶寺的石器生产从早期到晚期不断增加，生产地点也从早期的 5 个增加到晚期的 15 个。角岩／变质砂岩石器的生产能力巨大，产品可能还被输出到临汾盆地其他聚落。中期时，石器生产地点增加到 12 个，精英可能在一定程度上参与了石器生产。与此同时，大崮堆山采石场的开发利用已经开始，陶寺可能已经控制了大崮堆山的石料资源，其他聚落不得不通过陶寺获得角岩／变质砂岩石器。那么，这些聚落拿什么同陶寺交换石器呢？粮食可能就是其中的一种。

　　陶寺中期聚落规模急剧扩大，从早期的十多万平方米扩大到中期的 280 万平方米，人口规模大涨，对粮食的需求应该也会急剧增加。与此同时，石器生产规模也明显扩大，并且精英阶层通过控制角岩／变质砂岩的资源参与到石器生产中，将生产的石器输出到其他聚落。这些输出的石器就可以换取陶寺所急需的粮食，当然也可以换取其他物品。

　　陶寺晚期时，社会发生了巨大变化。夯土围墙被摧毁，部分地区成为生产者倾倒垃圾的地方，那里发现了许多石片和石坯[③]。宫殿和天文台已不复存在。此外，一些证据表明发生过暴力活动，因为从中期大墓中挖出了许多骸骨，并在一具女性骸骨生殖器部位发现插着一只牛角[④]。然而，陶寺社会的剧烈变化似乎并没有严重影响它的石器生产。晚期时的石器生产地点增加到 15 个，甚至在破坏城墙的灰坑中，还发现了数量巨大的石片和石坯[⑤]，这表明石器生产仍然繁荣，生产能力仍然很强，石器仍然可能被输出。虽然陶寺社会晚期发生巨

---

　　① Renfrew, Colin 1972. *The Emergene of Civilisation: the Cyclades and the Aegean in the Third Millennium B.C.* Methuen.

　　② Hampton, O. W. "Bud" 1999. *Culture of Stone: Sacred and Profane Uses of Stone among the Dani.* Texas A&M Press.

　　③ 中国社会科学院考古研究所山西工作队、山西省临汾市文物局：《山西襄汾陶寺城址 2002 年发掘报告》，《考古学报》2005 年第 3 期。

　　④ 何驽、严志斌、宋建忠：《襄汾陶寺城址发掘显示暴力色彩》，《中国文物报》2003 年 1 月 31 日第 1、2 版。

　　⑤ 中国社会科学院考古研究所山西工作队、山西省临汾市文物局：《山西襄汾陶寺城址 2002 年发掘报告》，《考古学报》2005 年第 3 期。

变，但遗址面积仍然达到 300 公顷，依然是一个超大型聚落。石器强大的生产能力可能帮助陶寺获得大量人口所需的粮食。同时还可能有助于陶寺保持其区域地位。

由此可见，陶寺的石器生产与交换在陶寺政治、经济的发展过程中起着重要的作用。陶寺石器生产的发展，一方面满足了社会发展和地域扩张所带来的交换需求的增加；另一方面促进了陶寺在临汾盆地的发展和政治地位的巩固。陶寺社会石器生产的发展是适应临汾盆地资源、政治、经济形势变化的结果。

第六章
华北地区社会复杂化进程中的
磨制石器生产

磨制石器于旧、新石器过渡时期就已经出现，其取代打制石器的过程与农业的起源、发展和定居模式的复杂化过程相一致。农业经济的确立和定居复杂化的过程也是文明程度加深、社会复杂程度加剧的过程。随着社会复杂化的加剧，大型聚落、城市和国家开始出现，磨制石器及其生产在不同聚落和城市中的表现形式和地位也随之发生变化。

第一节　磨制石器和聚落等级

庙底沟二期至二里头文化时期是中国早期文明形成的关键时期。晋南地区在庙底沟二期文化晚期时发展出远超周围地区的复杂的陶寺文化。陶寺文化虽然没有将运城盆地纳入自己的版图内，但在整个晋南乃至中原地区都没有与之比肩者。陶寺文化之后，伊洛河流域二里头文化的势力范围覆盖了整个晋南地区，以中条山为界，以北的运城盆地和临汾盆地是二里头文化东下冯类型，以南的垣曲盆地和平陆芮城谷地是二里头文化二里头类型[①]，晋南变成为二里头遗址提供其发展所必需的盐和铜矿资源的边缘地区[②]。中原腹地在龙山时代小城林立，龙山时代之后二里头遗址异军突起，其势力不断向外扩张，发展成为包括

---

① 山西省考古研究所：《山西考古四十年》，山西人民出版社，1994 年；佟伟华：《二里头文化向晋南的扩张》，《二里头遗址与二里头文化研究》，科学出版社，2006 年。

② 刘莉、陈星灿：《城：夏商时期对自然资源的控制问题》，《东南文化》2000 年第 3 期；中国国家博物馆考古院、山西省考古研究院、运城市文物保护研究所：《山西绛县西吴壁遗址 2018—2019 年发掘简报》，《考古》2020 年第 7 期；田伟：《闻喜千斤耙采矿遗址及相关问题探讨》，《文博》2020 年第 6 期。

晋南与豫西及嵩山南北地区在内的广域王权国家[①]。这一时期是石器时代到青铜时代的转变时期，虽然青铜容器、兵器和少量的工具已经在二里头时期出现，但石器仍是这一时期主要的生产工具和武器。本节旨在通过比较晋南至嵩山南北地区这一时期不同遗址的石器组合情况，来探析石器组合与聚落等级之间的关系及其所反映的社会面貌。

一、晋南至嵩山南北地区庙二至二里头时期出土的石器

晋南至嵩山南北地区庙二至二里头时期发现的遗址数量众多，本节仅分析了有详细石器统计数据的遗址。在考察了这段时期各遗址的石器后，发现最主要的石器类型都是斧、锛、凿、铲、刀、镰和镞，其他类型石器的数量很少。因此本节主要针对这几种石器的数量和组合情况进行分析。另外，本节引入了各遗址发现的骨镞的数据，以反映镞的使用情况。

1. 临汾盆地：陶寺遗址 [②]

陶寺遗址上主要为陶寺文化遗存，但也有少量庙底沟二期文化早期（相当于西王村三期）时期的文化遗存。这一时期的文化层大概只有 700 平方米，但遗迹分布于 1 500 平方米的范围内，出土石器 174 件，铲的数量最多，33 件，其次为刀，16 件。另外还出土石坯、半成品和余料 36 件，包括铲坯 6 件、刀坯 1 件、斧坯 1 件、锛坯 7 件、凿坯 6 件、楔坯 3 件、纺轮坯 4 件等（表 6.1.1）。

陶寺遗址上主要还是陶寺文化时期的遗存，出土石器数量大、种类多。其中墓地出土数量最多的是石镞，共 333 件，明显多于其他器类。陶寺墓地发现的石器大部分属于陶寺文化早期，因为早期一类墓和二类甲、乙型墓中就出土了石斧 14 件、石锛 27 件、石凿 2 件、石铲 3 件，石镞 237 件，这些数量超过陶寺墓地出土石器总数的 60%。陶寺墓地还出土少量的骨镞，出土骨镞数量最多的墓 M2200 是一座陶寺文化早期的二类乙型墓，共出土骨镞 18 枚，其中 17 枚保留着涂红彩的箭杆。陶寺文化居址则不同，出土石器中数量最多的是石刀，共 119 件，其次是石镞，共 32 件。相较于墓地出土的石镞数量，居

---

　　① 许宏：《最早的中国》，科学出版社，2009 年；赵海涛、许宏：《中华文明总进程的核心与引领者：二里头文化的历史位置》，《南方文物》2019 年第 2 期。

　　② 中国社会科学院考古研究所、山西省临汾市文物局：《襄汾陶寺：1978—1985 年考古发掘报告》，文物出版社，2015 年。

址中出土的石镞并不多，但居址中出土了 111 件骨镞，这使得陶寺居址中镞的数量明显多于其他器类。此外在陶寺遗址还发现了上万件石片和斧形坯、矛形坯、锛形坯、锄形坯等，其中晚期的石片数量尤为庞大，分布的范围也更广[①]。（表 6.1.1）

2. 运城盆地：东下冯遗址[②]

东下冯遗址龙山文化早期出土的石器很少，晚期则出土石器百余件，大多磨制，个别为打制。石器中石斧的数量最多，其次是锛和刀，石镞数量不多，但出土了一定数量的骨镞。另外，东下冯遗址龙山晚期还发现一件石镰（表 6.1.1）。

二里头文化时期东下冯类型一期遗存不丰富，石器数量也不多。二期时开始增多，其中石铲的数量相对较多，然后是石斧。石镞的数量不多，但骨镞的数量比石镞多出不少。三、四期遗存丰富，石器特征都与二期相似，依然是石铲的数量最多，石刀和石斧的数量也不少。明显不同的是，骨镞的数量猛增，相较于其他石器数量上优势明显。此外，三、四期还发现一些蚌镞和铜镞。龙山时期少量出现的石镰，在东下冯类型第二、三期增加不少。东下冯类型三、四期都发现了炼铜渣，三期还发现了残铜块和斧外范（表 6.1.1）。说明遗址上可能存在铜器冶炼和铜器铸造活动。

3. 垣曲盆地和豫西：古城东关遗址[③]、南关遗址[④]、庙底沟遗址[⑤]、三里桥遗址[⑥]

垣曲古城东关遗址有着丰富的庙底沟二期至龙山时期的石器遗存，各段时期石器组合特征较为一致，石刀的数量一直最多，龙山晚期出现石镰。庙二时期从早期到晚期虽都是以磨制石器为主，但早期打制石器仍占一定比例，大多数石刀和一部分石斧为打制，另外还有打制的尖状器、刮削器、砍砸器等。中期时打

① 翟少冬、王晓毅、高江涛：《山西陶寺遗址石制品及相关遗迹调查简报》，《考古学集刊（19）》，2016 年。

② 黄石林、李锡经、王克林：《山西夏县东下冯龙山文化遗址》，《考古学报》1983 年第 1 期；中国社会科学院考古研究所、中国历史博物馆、山西省考古研究所：《夏县东下冯》，文物出版社，1988 年。

③ 中国历史博物馆考古部、山西省考古研究所、垣曲县博物馆：《垣曲古城东关》，科学出版社，2001 年。

④ 中国国家博物馆田野考古研究中心、山西省考古研究所、垣曲县博物馆：《垣曲商城（二）：1988—2003 年度考古发掘报告》，科学出版社，2014 年。

⑤ 中国社会科学院考古研究所：《庙底沟与三里桥》（中英文双语版），文物出版社，2011 年。

⑥ 中国社会科学院考古研究所：《庙底沟与三里桥》（中英文双语版），文物出版社，2011 年。

制石器的数量明显减少，磨制石刀的数量增多；石斧均为磨制，但多数仅磨刃部，少数通体磨光；不见刮削器、尖状器等打制石器。晚期和龙山时期基本不见打制石器。此外，石镞在庙二时期数量逐渐增多，同时有一定数量的骨镞，庙二中期后石镞的数量超过石斧，成为数量上仅次于石刀的石器类型。龙山晚期时，石镞的数量仍低于石刀，算上骨镞的数量，才与石刀持平（表6.1.1）。

东关遗址没有二里头文化时期的遗存，我们可以通过东关遗址对面的南关遗址一窥垣曲盆地二里头时期的石器情况。和东关遗址的石器类型和组合差不多，南关遗址二里头文化时期也是石刀的数量最多，还有少量的打制石刀；石镰的数量明显增多，但石镞、骨镞的数量均不多（表6.1.1）。

垣曲盆地一直保留有打制石器的传统，只是打制石器的比例不同。庙二早期时，虽然大多数石器为磨制石器，但打制石器的数量仍较多，大部分石刀为打制，一些石斧也为打制，这些打制石器大多用河卵石制成。自庙二中期以后，打制石器的数量迅速减少，仅有少部分石刀为打制。但使用打制石器的传统一直保持到二里头时期，南关遗址二里头时期仍发现9件打制石刀。这是垣曲盆地不同于其他地区的石器特征。

庙底沟遗址位于豫西地区，隔黄河与晋南相望，面积24万平方米，文化面貌与晋南相似。遗址上发现有较为丰富的龙山文化时期（即庙底沟二期文化早期）遗存。石器中石刀数量最多，石刀中有打制石刀；石镞的数量仅次于石刀，并且发现有和石镞数量差不多的骨镞。三里桥遗址与庙底沟遗址隔青龙涧河相望，面积18万平方米。出土的石器数量不多，其中石斧和石刀最多，镞的数量不多（表6.1.1）。

4. 洛阳盆地：王湾遗址[①]、二里头遗址[②]、皂角树遗址[③]

王湾遗址第三期遗存属于龙山文化时期，有着丰富的石器遗存，其中石刀100件，是石斧、石镞和石凿数量的总和。石镞的数量和石斧、石凿差不多，骨镞的数量也和石镞差不多，但石镞和骨镞的数量加起来也没有石刀多（表6.1.1）。

二里头遗址面积300万平方米，遗址上出土的二里头一期的石器较少，二

①　北京大学考古文博学院：《洛阳王湾——考古发掘报告》，北京大学出版社，2002年。

②　中国社会科学院考古研究所：《偃师二里头：1959年—1978年考古发掘报告》，中国大百科全书出版社，1999年；中国社会科学院考古研究所：《二里头：1999—2006》，文物出版社，2014年。

③　洛阳市文物工作队：《洛阳皂角树：1992—1993年洛阳皂角树二里头文化聚落遗址发掘报告》，科学出版社，2002年。

至四期都是石刀和石镰的数量最多，龙山时期只是零星出现的镰在二里头二期以后数量大增，逐渐成为主要石器。石镞的数量有所增长，但骨镞的数量是石镞的数倍。遗址上还发现 2 处可能用来制作骨簪和骨镞的制骨作坊[1]。除石镞、骨镞外，还发现有铜镞。二里头一期发现有炼铜渣，之后各期也都有发现，另外还发现了陶范、铜块等炼铜相关的遗物[2]。二里头遗址 1999—2006 年的考古发掘发现石坯、石片等 283 件，主要集中于第四期[3]。石铲主要由灰岩和白云岩制成[4]。相关研究表明，二里头的一小部分石铲可能是从其南面大概 15 公里的灰嘴遗址输入的[5]（表 6.1.1）。

　　皂角树遗址位于洛阳龙门山北麓的二级阶地上，是一处二里头时期的普通聚落，遗址面积约 5 万平方米。发现的二里头时期的遗存可分为四期，石器遗存不丰富，仅第二、三期有一些。第二期石器一般为琢制和打制，稍加磨光。石片数量多，砍砸器的数量也多。石器中铲的数量相对较多，5 件，其次为石镰和石斧，4 件，没有发现石镞，发现骨镞 1 件。第三期发现石铲 9 件，石镰 6 件，石刀 4 件，没有发现石镞和骨镞（表 6.1.1）。

　　5. 嵩山南北：王城岗遗址[6]、瓦店遗址[7]、新砦遗址[8]、灰嘴遗址[9]、南洼遗址[10]

　　这几个遗址都发现丰富的龙山时期遗存，新砦遗址还发现丰富的龙山向二里头时期过渡的新砦期遗存，王城岗和新砦遗址还发现二里头时期的遗存，但不太丰富。王城岗、瓦店和新砦遗址出土的石器特征颇为一致，皆是石铲的数

---

①　陈国梁、李志鹏：《二里头遗址制骨遗存的考察》，《考古》2016 年第 5 期。

②　中国社会科学院考古研究所：《偃师二里头：1959 年—1978 年考古发掘报告》，中国大百科全书出版社，1999 年。

③　中国社会科学院考古研究所：《二里头：1999—2006》，文物出版社，2014 年。

④　中国社会科学院考古研究所：《二里头：1999—2006》，文物出版社，2014 年。

⑤　中国社会科学院考古研究所、中澳美伊洛河流域联合考古队：《洛阳盆地中东部先秦时期遗址：1997—2007 年区域系统调查报告》，科学出版社，2019 年。

⑥　河南省文物研究所、中国历史博物馆考古部：《登封王城岗与阳城》，文物出版社，1992 年；北京大学考古文博学院、河南省文物考古研究所：《登封王城岗考古发现与研究（2002—2005）》，大象出版社，2007 年。

⑦　河南省文物考古研究所：《禹州瓦店》，世界图书出版公司北京公司，2004 年。

⑧　北京大学震旦古代文明研究中心、郑州市文物考古研究院：《新密新砦——1999—2000 年田野考古发掘报告》，文物出版社，2008 年。

⑨　中国社会科学院考古研究所河南第一工作队：《2002—2003 年河南偃师灰嘴遗址的发掘》，《考古学报》2010 年第 3 期。

⑩　郑州大学历史文化遗产保护研究中心：《登封南洼：2004—2006 年田野考古报告》，科学出版社，2014 年。

量数倍于其他器类，石刀的数量也不少，但石镞和骨镞的数量都不多。王城岗和瓦店遗址上还发现了一定数量的石器生产的副产品（表 6.1.1）。此外在禹州瓦店、禹州阎寨、禹州冀寨遗址还发现白云岩石铲坯、石料、磨石和钻芯。登封石羊关遗址发现有石料、半成品和石器加工工具。

灰嘴遗址位于嵩山北麓，在 2002—2003 年的发掘中发现了大量龙山和二里头时期的石制品，主要是制作石器的副产品和石器加工工具，包括石料、毛坯、半成品、石片、石器，及石器加工工具石锤、石砧和磨石等。筛选出的大量与石铲加工有关的石片和石屑，表明石器专业加工地点的存在[1]。灰嘴遗址龙山时期石器生产开始专业化，以生产鲕状白云岩石铲为主，也生产砂岩的刀和镰，石料来自南面的火焰岗和东面的庙岭，石器生产停留在家庭手工业阶段，主要是自产自销。二里头时期生产规模扩大，可能有石铲输出到二里头遗址。制作石铲的原料主要是鲕状白云岩、白云岩和石灰岩。伊洛河流域的调查表明，二里头时期像灰嘴这样制作鲕状白云岩石铲的遗址还有寨湾、夏后寺和西口孜。这些遗址距离白云岩矿 3—5 公里，彼此距离 2.5—4.5 公里[2]。

南洼遗址位于嵩山南麓，面积 44 万平方米，可能是二里头时期生产白陶的一处遗址。二里头时期的石制品发现 414 件，包括成品、石坯和废料。成品中斧、刀最多，其次是铲。遗址上仅发现石镞 3 件，但发现骨镞 38 件。

二、石器组合特征与遗址等级

分析以上不同遗址不同时期的石器组合可以发现，庙二至二里头时期，年代并不是影响石器组合特征的关键因素，石器组合特征的变化和遗址性质密切相关。同一遗址在性质不变的情况下，石器组合特征基本不变。

垣曲古城东关遗址，从庙二到龙山时期一直都是中小型一般中心聚落，石器中石刀的数量最多，石镞的数量不多，除庙二中期骨镞的数量略少外，其他时期骨镞和石镞的数量差不多。即使到了南关遗址二里头时期依然是这种石器组合传统。

---

[1]　中国社会科学院考古研究所河南第一工作队：《2002—2003 年河南偃师灰嘴遗址的发掘》，《考古学报》2010 年第 3 期。

[2]　中国社会科学院考古研究所、中澳美伊洛河流域联合考古队：《洛阳盆地中东部先秦时期遗址：1997—2007 年区域系统调查报告》，科学出版社，2019 年。

表 6.1.1　晋南至嵩山南北地区庙底沟二期至二里头文化时期出土的主要石器类型统计表

地区	遗址	石斧	石锛	石凿	石铲	石刀	石镰	石镞	骨镞	备注
晋南地区	陶寺遗址庙底沟二期早期	8	5	7	33	16		2	5	石质生产工具及其坯料中大部分为角岩，石坯33件，包括铲坯6件，刀坯1件，斧坯1件，锛坯7件，凿坯6件，楔坯3件，均为角岩。纺轮坯4件，粉砂岩、砂质灰岩等。璧环类环料和玉料8件，为大理岩和玉料，角岩等。
	1978—1985年陶寺文化墓地	15	27	2+1采集	7+1采集	21 L型		333	44	石镞中143件角岩，110件页岩，2件燧石，打制，复磬4，钺99，钺形器4，瑗2，圭3，璧76。复合璧8，环4，璜2，琮13，双孔刀6+1采集，研磨盘棒3组，笄4，笄71件，臂环5，指环8，指套2。头部玉石饰件141，零散玉石件50。
	1978—1985年陶寺文化居址	19	17	29	29+7锄	119		32	111	石镞主要是页岩，2件燧石。磨石1，锤2，砧1，锉1，研磨盘1，研磨棒3，钻5，尖锋刀16，短柄刀1，竖柄刀1，"V"字形刀3，横銎刀1，曲尺形器12，切割器6，刮削器1，杵3，臼2，纺轮18，网坠2，石球16，錾子1，玉石璧20，环1，臂环1，指环1，梳1，环状饰件2，穿孔饰件4，柱状饰件1，纽状饰件1，斧形器2，斧形器1，钻盖1，不知名器4，铲坯1，锛坯2，凿坯3，长方形刀坯2，厨刀坯5，纺轮坯1，钺坯1，琮坯1，穿孔石料1。

续表

地区	遗址	石斧	石锛	石凿	石铲	石刀	石镰	石镞	骨镞	备注
	陶寺遗址石制品调查		5	1		2				早期：斧形坯、矛形坯、锛形坯、锄形坯各1件，石刀1件，石片2408片。中期：303片石片，57.1%为大理岩，32.34%为变质砂岩，10.23%为红柱石角岩及少量细砂岩。锛形坯4件，锄形坯1件，石锲1件。晚期：38154片石片，86.45%为变质砂岩，9.03%为红柱石角岩，4.45%为砂岩，还有少量的大理岩、角闪安山岩和细砂岩。矛形坯7件，斧型坯3件，锛形坯、凿形坯、锄形坯、"V"形石刀各1件，石刀、石凿、石锤各1件。玉钺1件。
晋南地区	1999—2001年出土石器	11	5	4	34	65		4		曲尺形刀4、刮削器4、磨石5、不知名器6、锛坯8、凿坯6、饰坯2、玉刀1、竖柄刀1、多刃刀1、锤2、纺轮5、柄形器6、研磨器4、磨盘2、刀坯6、铲坯3、璧形器3、矛形坯1、石料4、石球1、戚1、楔1、刻刀1、杵1、钺1。
	东下冯遗址龙山晚期	33	15	3	5	15	1	4	22	镞大多为燧石。
	东下冯遗址东下冯类型一期	3		1		5		1		
	东下冯遗址东下冯类型二期	13	1	4	16	12	7	1	5	石料有辉绿岩、大理岩、板岩、角闪岩、砂岩、石灰岩、片麻岩等。

续　表

地区	遗址	石斧	石锛	石凿	石铲	石刀	石镰	石镞	骨镞	备注
	东下冯遗址东下冯类型三期	20			43	20	14	21		蚌镞3件，铜镞4件，骨刀6件，5件猪下颌骨制，1件牛下颌骨制，骨料1件；残铜块2块，炼铜渣20余小块，石范6块（片麻岩），其中4块为斧外范；石料3片，板岩和片麻岩，边沿有切锯和磨制痕迹。有少量铜粒灰炭铸制成的石笀。
	东下冯遗址东下冯类型四期	24	2		48	34		9	89	蚌镞7，铜镞4。铜炼渣10小块。
晋南地区	东关遗址庙二早期	20	7	1	5	41		16	88	少量打制石器，石刀中打制多于磨制，石镞有磋石的，磋石的还有刮削器。石球14件。
	东关遗址庙二中期	11	10	10	4	22		19	13	2件打制石镰，应为残石刀，归入石刀。
	东关遗址庙二晚期	17	19	10	8	50		21	14	辉绿岩、玄武岩、板岩、凝灰岩、砂岩、斜长角闪片麻岩等，均在本地或附近可以找到，磋石矿可能较近。安山岩、正长岩、浅粒岩、大理岩、石灰岩、云母片岩、角闪页岩等。
	东关遗址龙山早期	7	8	3	6	19		10	15	龙山时代没有玄武岩，增加了绿泥绢英岩、碧质岩、硅质岩、玛瑙、镜铁矿等石料。
	东关遗址龙山晚期	30	14	9	21	39	2	19	20	

续　表

地区	遗址	石斧	石锛	石凿	石铲	石刀	石镰	石镞	骨镞	备　注
晋南地区	南关遗址二里头期	12	3	6	11	31	17	9	16	包括9件打制石刀，骨铲2，蚌刀2。
	庙底沟遗址龙山文化	11	9			30	1	19	17	遗址上庙底沟文化时期发现镞71枚，全是骨镞。石料为板岩、砂岩、辉绿岩和闪长岩等。
	三里桥龙山文化	11	1		5	10	22	2	7	
洛阳盆地	王湾三期	39	16	34		100	22	9	35	
	二里头一期	1	1		5	3	2	1	6	铜渣1块，蚌镞6件。
	二里头二期	10	2	1	8	15	11		21	骨刀4、蚌刀23件、蚌镰24件、蚌镞13件，陶范2件，坩埚碎片9件，范缝留边铜块1件，铜渣块4件。
	二里头三期	30		6	40	49	39	11	158	骨刀35件、蚌刀25件、蚌镰7件、玉镞1件。还发现有较多的坩埚残片、陶范和铜渣。
	二里头四期	59	15	14	40	67	83	16	204	骨刀22件、蚌刀27件、蚌镰16件、铜镞8件，坩埚碎片较多，铜渣1块、残铜块1块，陶范20余件。
	二里头：1999—2006年发掘	53	23	23	59	74	101	24	91	砺石137件、铜镞10件、蚌镰21件、骨料等317件，石矛2件。石坯、石片等283件。石料最多是安山岩，其次是砂岩，再次是片岩、灰岩、泥岩、辉绿岩等。

续　表

地区	遗址	石斧	石锛	石凿	石铲	石刀	石镰	石镞	骨镞	备注
洛阳盆地	皂角树遗址第二期	4	1	1	5		4		1	石灰岩、花岗岩为主。
	皂角树遗址第三期	3			9	4	6			
嵩山南北地区	王城岗龙山一期				4	1	1	1	1	
	王城岗龙山二期	10	1	11	51	29	15	9	4	石料岩性有灰岩、砂岩、页岩、辉绿岩、变粒岩、石英岩、碎屑岩、凝灰岩、大理岩、角闪岩、闪长岩、硅质岩，其中灰岩最多，近60%，其次是砂岩，17.5%。
	王城岗龙山三期	11	5	5	38	15	15	9	6	石器多为青灰色石灰岩。有一些打制的石器半成品，石料和磨石等。
	王城岗龙山四期	2	2	3	9	5	4	5	1	石器多为青灰色石灰岩，石铲半成品4件。
	王城岗龙山五期	3		2	11	3	2	2	1	石器多为青色石灰岩，有2件打制的石铲料，仅打制出扁平的长方形体，尚未经磨制。
	王城岗龙山晚期	5	2		76	21	1	1	6	石铲坯11件，斧坯2件，刀坯13件，石坯料5件，石钻芯6件。
	瓦店龙山晚期	13	5	4	31	8	2	20	7	包括5件打制石斧，1件打制石铲，9件打制石镰，石料种类和王城岗的基本相同，只是各种石料的比例不同。王城岗灰岩居多，瓦店白云岩居多，其次是砂岩，26.5%。

续　表

地区	遗址	石斧	石锛	石凿	石铲	石刀	石镰	石镞	骨镞	备注
嵩山南北地区	新砦第一期	8	4	8	73	20	3	4	4	岩石种类兼具王城岗和瓦店的石料特征，以泥灰岩和灰岩为最多，白云质灰岩其次，两种灰岩的比例可达50%以上，然后是凝灰岩、板岩、砂岩、辉绿岩等。铲、刀、镰皆以泥灰岩或灰岩制成，石斧用辉绿岩制成。
	新砦第二期	10	5	10	175	42	9	14	10	泥灰岩、灰岩、白云质灰岩、砂岩、辉绿岩、辉长岩、大理岩、板岩、石英岩、燧石、玛瑙等，泥灰岩为主。铲、刀、镰皆以泥灰岩或灰岩制成，石斧用辉绿岩或辉长岩制成。
	新砦第三期			1	2	3	2			
	灰嘴（龙山期）	3	1	2	2	3	1	13	13	砺石 85 件，铲坯 9 件，刀坯 2 件，斧坯 2 件。
	灰嘴（二里头期）			2		6	2			砺石 46 件，毛坯 13 件，铲坯多鲕状白云岩，石铲坯多白云岩。数以千计的石料、毛坯、半成品、石片、石屑，几乎都是加工石铲的副产品。铲、镰毛坯是加工石铲过程中产生的石片、石屑数量最多，成品数量很少。
	南洼（二里头期）	34	24	23	31	34	24	3	38	石坯15件，包括铲形坯8、凿形坯2、斧型坯1，石刀坯1，石钺坯1，石镰坯2。石片、断块共计202件。灰岩最多，22.34%；其次页岩，15.74%；鲕粒灰岩少，1.02%；其他还有粉砂岩、安山岩、片岩、石英岩、细砂岩、安山玢岩、大理岩等。主要用于制作石铲；

　　王城岗龙山时期城址面积约 30 万平方米 [①]，是嵩山南部地区的一个中心聚落。《登封王城岗与阳城》将王城岗遗址龙山时期分为五期，一至五期遗址性质没有发生变化。尽管第一和第四、五期的石器资料不多，但仍可看出石器组合特征与二、三期一致，皆是石铲的数量明显最多，石镰和骨镰的数量很少。

　　新砦遗址第一期属于王湾三期，面积 70 万平方米，是龙山晚期嵩山地区规模最大的聚落遗址；第二期为新砦期，面积增大到 100 万平方米，仍是嵩山地区面积最大的聚落遗址 [②]；第三期时聚落衰退。石器组合特征上，一、二期各类石器数量虽然有所不同，但皆是石铲的数量占明显优势，相比而言，石镰的数量很少。第三期聚落衰退，石器的数量很少，但仍以刀、铲、镰等农作工具为主。和王城岗、瓦店遗址一样，新砦遗址的石器也以灰岩为主。

　　但是当遗址性质发生变化时，石器组合特征也随之变化。陶寺遗址在庙底沟二期早期时只是一个普通聚落，石器中石铲的数量很突出，石镰和骨镰的数量很少。陶寺文化中期时城内面积 280 万平方米 [③]，是一个都邑性聚落 [④]，石器组合显示出明显与其他一般中心遗址不同的特征。墓地中出土的石镰的数量数倍于其他器型，另有一定数量的骨镰。陶寺居址中出土的石镰数量不多，只有 32件，但是出土了 111 件骨镰，补充了石镰数量的不足。居址中出土石器数量最多的是石刀，119 件。东下冯遗址在龙山时期是一个普通聚落，石器中石斧的数量最多。但二里头时期成为一个具有青铜冶炼功能的中心聚落，面积 40 多万平方米 [⑤]，石器中明显是石铲的数量最多，同时骨镰的数量几乎是石铲的两倍。

　　如果按照面积将遗址分为超大型、大型和中型聚落 [⑥]，可以看出石器组合特征和遗址等级之间有一定关系，等级相同的遗址，石器组合特征大体一致（表 6.1.2）。

---

①　北京大学考古文博学院、河南省文物考古研究所：《登封王城岗考古发现与研究（2002—2005）》，大象出版社，2007 年。

②　北京大学震旦古代文明研究中心、郑州市文物考古研究院：《新密新砦——1999—2000 年田野考古发掘报告》，文物出版社，2008 年。

③　中国社会科学院考古研究所山西队、山西省考古研究所、临汾市文物局：《山西襄汾陶寺城址2002 年发掘报告》，《考古学报》2005 年第 3 期。

④　何驽：《都城考古的理论与实践探索——从陶寺城址和二里头遗址都城考古分析看中国早期城市化进程》，《三代考古（三）》，科学出版社，2009 年。

⑤　中国国家博物馆田野考古研究中心、山西省考古研究所、运城市文物保护研究所：《运城盆地东部聚落考古调查与研究》，文物出版社，2011 年。

⑥　刘莉：《龙山文化的酋邦与聚落形态》（陈星灿译），《华夏考古》1998 年第 1 期。

表 6.1.2　遗址等级和石器组合特征对照表

遗址等级	遗址面积 m²	石器组合特征	遗 址 名 称
特殊功能遗址		石器加工遗址：以石器生产的副产品和加工工具为主；权贵产品生产遗址：镞数量多	灰嘴南洼、东下冯
中小型聚落	<30万	石刀等农作工具相对较多，石镞和骨镞数量都不多	东关、庙底沟、三里桥、王湾、皂角树
大型聚落	30万—100万	土作工具石铲的数量最多，农作工具石刀的数量也少，石镞和骨镞的数量都不多	王城岗、瓦店、新砦
超大型聚落	>100万	镞的数量最多，农作工具石刀或石镰的数量也很多，石铲的数量虽然比不上农作工具，但也不少	陶寺、二里头

　　这一时期各遗址都有一定数量的农作工具，这与龙山至二里头时期成熟的旱作农业系统已经在这一地区确立①的情况相符。中小型遗址农作工具的数量最多，农业活动可能是它们最主要的活动。大型遗址除了农作工具外，土作工具也不少，这可能和大型遗址大量的开沟挖渠、修建城墙宫室的活动有关。王城岗修建城墙的实验表明，这类活动需要周围聚落的人口来到中心聚落共同劳动较长时间②。但镞的数量不多，表明这些聚落的军事实力可能还不够强，以至于难以在大范围内形成一定影响。两个超大型聚落——陶寺和二里头则明显不同，镞在数量上有绝对优势，同时农作工具石刀或石镰也很多，石铲的数量也不少。突显了它们作为都邑性聚落军事实力的重要性，以及作为军事支撑的农业经济的实力。

　　相较之下，灰嘴、南洼和东下冯遗址表现出与其他遗址不一样的石器组合特征。灰嘴遗址是一个以生产石质工具为主的石器加工遗址，发现的成品石器数量很少，石坯、石片和砺石等石器加工的副产品及用于石器生产的工具数量

---

　　① 赵志军：《公元前 2500 年—公元前 1500 年中原地区农业经济研究》，《科技考古》第二辑，科学出版社，2007 年。

　　② 北京大学考古文博学院、河南省文物考古研究所：《登封王城岗考古发现与研究（2002—2005）》，大象出版社，2007 年。

很多。南洼遗址上生产白陶，木作、农作工具和土作工具的数量都差不多，骨镞的数量也和这些工具的数量差别不大。东下冯遗址上可能存在炼铜活动和铜器生产，发现骨镞的数量非常多（表6.1.1）。作为功能性遗址的灰嘴遗址没有发现大量石镞或骨镞，而同样作为功能性遗址的南洼和东下冯遗址却发现大量的镞，这种区别可能与这些遗址上生产的产品性质有关。灰嘴遗址上石器生产的规模虽然很大，但毕竟生产的是日常使用的普通用品，而南洼和东下冯遗址生产的是权贵阶层使用的白陶和青铜工具，因此南洼和东下冯遗址多镞的现象大概和他们生产的是威望产品有关。

但与南洼遗址不同，东下冯遗址上镞的数量几乎倍数于其他石质工具。铜是生产国家祭祀用的青铜礼器和战争需要的铜兵器所必需的原料，可能比白陶更贵重，因此需要较多的武器来保证东下冯遗址上炼铜和青铜器生产的安全。但东下冯遗址发现倍数于其他石质工具的镞，这一情况和超大型聚落——陶寺与二里头相似，这种堪比都邑性遗址的多镞现象除了生产威望产品之外，可能还需要其他原因来解释。

三、对东下冯遗址多镞现象的认识

东下冯遗址二里头时期面积虽然有40多万平方米，但外沟槽内的面积不到3万平方米[1]，与陶寺和二里头遗址相比相差甚远。其堪比陶寺和二里头遗址的镞的比例，可能和自身的地理位置及与二里头遗址之间的关系有关。

东下冯遗址位于晋南运城盆地东缘。按照与二里头遗址的空间关系，二里头时期，晋南地区被认为是二次区域[2]或畿外[3]，属于二里头的边缘地区。东下冯作为该时期晋南地区的一个区域中心，有着安定边疆、拱卫二里头中心的重要作用，因此军事重地应该是它的一个重要功能。尽管目前在被认为是军事要塞的郑州地区二里头时期的大师姑遗址（未发现镞）[4]和望京楼遗址（未发现

---

① 中国社会科学院考古研究所、中国历史博物馆、山西省考古研究所：《夏县东下冯》，文物出版社，1988年。

② 西江清高、久慈大介：《从地域间关系看二里头文化期中原王朝的空间结构》，《二里头遗址与二里头文化研究》，科学出版社，2006年。

③ 宫本一夫：《从神话到历史：神话时代、夏王朝》（吴菲译），广西师范大学出版社，2014年。

④ 郑州市文物考古研究所：《郑州大师姑（2002—2003）》，科学出版社，2004年。

石镞，第二期发现骨镞 32 件、铜镞 2 件，与数量最多的铲和镰相差甚远）[①] 并没有发现多少镞，但我们有理由相信边疆地区拥有较多武器这一猜测的合理性（大师姑和望京楼遗址镞较少的原因可能与其发掘面积及发掘位置有关）。如位于二里头边缘地区的驻马店杨庄遗址 [②] 第二、三期就发现了 58 件石镞，为石器中数量最多者。驻马店杨庄遗址不仅镞的数量多，兵器的种类也多，不仅有镞，还有钺和矛。有研究表明，距离二里头越远，发现兵器的种类越多 [③]。

镞既可以当作武器，也可以当作狩猎工具使用，在不同的时期和不同的社会环境下有不同的功能。张俭在研究了我国东南地区新石器时代的石镞和该地区的生业模式后，认为东南沿海贝丘遗址区是以渔捞、狩猎为主的生业模式，内陆山地遗址区主要以狩猎、采集为主，石镞、骨镞可能主要用来狩猎；河谷遗址区的生业模式以原始农业、渔猎为辅，石镞多出自墓葬，且多成组整齐排列，与玉礼器、玉石钺兵器等共存于高等级墓葬中，因而更有可能是战争类武器 [④]。杨泓先生认为仰韶时以骨镞居多，主要用作狩猎工具；龙山时石镞逐渐增多，此时正值从部落联盟向国家转化的过渡阶段，战争频繁，镞主要用作兵器 [⑤]。从龙山到二里头时期，社会剧烈动荡，战争频繁 [⑥]，镞用作武器，不断向大型化或重型化发展，以对付因阶级摩擦而产生的群体性的战斗 [⑦]。陶寺遗址墓地中发现的 2 件射入人体内的石镞 [⑧] 和江苏邳州大墩子 M316 墓主左股骨上发现的射入 2.7 厘米的三角形骨镞 [⑨] 更让我们相信龙山至二里头时期石镞和骨镞作为武器的可能性。《易·系辞下》载"弦木为弧，剡木为矢，弧矢之利，以威天下"，阐明了弓矢的军事震慑作用。从生业上来说，龙山至二里头时期，旱作农业和家畜饲养已经成为主要的生业模式，尽管作为补充的狩猎可能依然存

---

① 郑州市文物考古研究院：《新郑望京楼：2010—2012 年田野考古发掘报告》，科学出版社，2016 年。

② 北京大学考古学系、驻马店市文物保护管理所：《驻马店杨庄——中全新世淮河上游的文化遗存与环境信息》，科学出版社，1998 年。

③ 郭妍利：《二里头文化兵器初论》，《二里头遗址与二里头文化研究》，科学出版社，2006 年。

④ 张俭：《中国东南地区新石器时代石镞研究》，学苑出版社，2020 年。

⑤ 杨鸿：《中国古兵器论丛》（增订本），中国社会科学出版社，2007 年。

⑥ 冈村秀典：《中国新石器时代的战争》（张玉石译，朱延平校），《华夏考古》1997 年第 3 期。

⑦ 宫本一夫：《从神话到历史：神话时代、夏王朝》（吴菲译），广西师范大学出版社，2014 年。

⑧ 中国社会科学院考古研究所、山西省临汾市文物局：《襄汾陶寺：1978—1985 年考古发掘报告》，文物出版社，2015 年。

⑨ 南京博物院：《江苏邳县大墩子遗址第二次发掘》，《考古学集刊（1）》，中国社会科学出版社，1981 年。

在，但已经不是主要的生计手段^①，因此镞用在狩猎上的概率较小。

晋南地区属于二里头的畿外地区，宫本一夫认为有别于对洛阳盆地和嵩山南北等畿内地区的直接统治，二里头对畿外地区可能施行间接统治^②；刘莉、陈星灿认为晋南与二里头遗址是一种贡赋关系^③。这些都表明晋南与二里头的关系略远。东下冯遗址所在的中条山以北地区与垣曲盆地所在的中条山南麓地区相比，可能与二里头的关系更远。从陶器特征来说，在晋南，东下冯类型与二里头类型分布在中条山南北两侧^④，位于中条山南麓的垣曲盆地与以东下冯遗址为代表的多鬲、斝、甗的中条山以北地区不同，罐、鼎的数量较多，鬲、斝、甗相对较少，更接近二里头类型，因此垣曲盆地受二里头文化的影响可能更大，二者关系更密切。佟伟华认为东下冯类型的形成是部分二里头文化族群从豫西迁徙过来之后，晋南当地文化传统积极参与的结果^⑤。这样的话，在中条山以北地区，当地文化的参与程度可能更大。这种更大的参与度以及与二里头更远的关系可能使东下冯遗址认为有必要武装自己，以便双方产生利益冲突时有实力和二里头抗衡。

第二节　华北地区社会复杂化进程中的磨制石器生产

城市在中国的出现作为早期文明的一个重要特征，自 1970 年代以来一直是学界讨论的焦点^⑥。张光直先生认为中国的城市最早出现于二里岗文化时期^⑦，大多数学者认为二里头、郑州和偃师商城、殷墟都是中国最早的都城^⑧。新的考

---

① 赵志军：《公元前 2500 年—公元前 1500 年中原地区农业经济研究》，《科技考古》第二辑，科学出版社，2007 年；袁靖、黄蕴平、杨梦菲、吕鹏、陶洋、杨杰：《公元前 2500 年—公元前 1500 年中原地区动物考古学研究——以陶寺、王城岗、新砦和二里头遗址为例》，《科技考古》第二辑，科学出版社，2007 年。

② 宫本一夫：《从神话到历史：神话时代、夏王朝》（吴菲译），广西师范大学出版社，2019 年。

③ 刘莉、陈星灿：《中国早期国家的形成——从二里头和二里岗时期的中心和边缘之间的关系谈起》，《古代文明》第 I 卷，文物出版社，2002 年。

④ 佟伟华：《二里头文化向晋南的扩张》，《二里头遗址与二里头文化研究》，科学出版社，2006 年。

⑤ 佟伟华：《二里头文化向晋南的扩张》，《二里头遗址与二里头文化研究》，科学出版社，2006 年。

⑥ Bairoch, P. 1988. *Cities and Economic Development from the Dawn of the History to the Present*, University of Chicago Press.

⑦ Chang, K. C. 1976. *Early Chinese Civilization: Anthropological Perspectives*, Harvard University Press.

⑧ 董琦：《中国先秦城市发展史概述》，《中原文物》1995 年第 1 期。

古发现为我们提供了更多可以讨论的材料。何驽认为基于丰富的考古发现，陶寺应该是最早的城市之一，因为它有大规模的夯土城墙、宫殿基址，有上千座出土不同数量和种类随葬品墓葬的大型墓地，有精美的玉器、漆器、彩陶等，是临汾盆地的政治、经济和礼仪中心①。伦福儒（Renfrew）和刘斌撰文讨论了良渚遗址的考古发现，包括城墙、水坝、宫殿建筑和有随葬精美玉器的高等级墓葬的墓地。他们认为，良渚是中国新石器时代晚期的一个城市社会，可能也是东亚最早的国家②。可以发现，依据最新的考古发现，中国早期城市出现的时间被逐渐向前推到了新石器时代晚期，在长江流域早到良渚文化时期，在中原地区早到陶寺时期。在华北地区，陶寺、二里头和殷墟可以看作早期城市化进程中三个不同阶段的代表。

在长江流域，浙江桐庐方家洲遗址发现的大量与石器加工有关的遗存③表明玉石器生产在马家浜、崧泽时期已经是一个很重要的手工业生产部门。虽然此时长江下游玉石分野已经开始，但玉石器的生产还没有分开，同一遗址上还会同时出现玉器和石器加工。同时，石器贸易流行。对峡江地区和宁镇地区石制品的研究表明，峡江地区和宁镇地区的石器分别在大溪和北阴阳营文化时期是远距离贸易交换的产品，为农业发达的江汉平原和环太湖地区提供了农业发展所必需的生产工具，促进了当地的经济发展④。浙江桐庐沈家畈⑤、嘉兴西曹墩⑥等石器加工地点和良渚遗址群内塘山⑦玉器加工地点的发现则说明长江流域的玉石器生产可能在这一时期出现了转型。良渚文化时期玉石分野，软玉完成了从"财富性"到"权力性"的价值跃迁⑧，磨制石器这样财富性和权力性都不具备的器物生产可能已经从良渚的城市功能中分离出去，玉器等威望产品的加

---

①　何驽：《都城考古的理论与实践探索——从陶寺城址和二里头遗址都城考古分析看中国早期城市化进程》，《三代考古（三）》，科学出版社，2009 年。

②　Renfrew, C. & Liu B. 2018. The emergence of complex society in China: the case of Liangzhu, *Antiquity* 92 (364).

③　方向明：《方家洲：新石器时代的专业玉石制造场》，《中国文化遗产》2012 年第 6 期。

④　张弛：《大溪、北阴阳营和薛家岗的玉、石器工业》，《考古学研究（四）》，科学出版社，2000 年。

⑤　《桐庐分水沈家畈遗址考古发掘专家论证会召开》，浙江文物微信公众号，2023 年 5 月 16 日。

⑥　赵晔、时西奇：《浙江嘉兴西曹墩遗址发现良渚文化石器加工遗存》，《中国文物报》2021 年 4 月 30 日第 8 版。

⑦　王明达、方向明、徐新民、方忠华：《良渚塘山遗址发现良渚文化制玉作坊》，《中国文物报》2002 年 9 月 20 日第 1 版。

⑧　陈天然：《"剖璞辨玉"——环太湖地区新石器时代晚期玉器材质及价值判断研究》，北京大学博士研究生学位论文，2022 年。

工成为城市精英阶层的关注点。而在华北地区，玉器生产取代磨制石器生产的过程可能略晚。

一、陶寺遗址的石器生产

前面两章已经详细讨论了陶寺遗址的磨制石器生产，这里将前文的认识归纳如下。

陶寺遗址发现了大量的石制品，包括斧、锛、凿、楔、刀等日常使用的工具，磬、钺等威望物品，璧、环等装饰品，箭头等武器和钻头、石锤等生产石器的工具。其中，威望物品、装饰品和武器主要出自墓葬，而占出土石制品一半的日用工具则主要发现于居住区。这些石制品年代分属于早、中、晚各时期，但主要属于早期和晚期。此外，遗址上还出土了上万件石片、石坯和磨石。石坯种类包括斧、锛、凿、铲、刀、厨刀、纺轮、箭头、钺和琮。这些石坯和石片分属于陶寺各期，但主要属于陶寺晚期。大量石器生产副产品和相关工具的发现表明陶寺遗址上存在大规模的磨制石器生产活动。

陶寺出土的成品石器主要由角岩/变质砂岩制成，另外还有大理岩、页岩、砂岩和灰岩。大理岩主要用来制作仪式用器和装饰品，页岩用来制作箭头，最常用的变质砂岩和角岩主要用来制作日用工具和箭头，砂岩主要用来制作磨石和钻头。和成品石器的情况相似，石坯和石片的岩性主要也是变质砂岩和角岩，另有少量的大理岩、砂岩和页岩。陶寺的磨制石器生产主要是用变质砂岩和角岩制成的斧、锛、凿、刀、铲等日用工具的生产。

陶寺遗址的石器生产既有日用工具也有武器。陶寺大规模的石器生产和位于其南面7.4公里的大崮堆山遗址密切相关。大崮堆山遗址是一处陶寺文化时期的石器制造场，于1988年和1989年发掘，出土了11 000多件石制品，包括石片、石坯和石锤，其中石片的数量最多。石坯中数量最多的是矛形坯，其余为刀形坯、铲形坯、凿形坯。另外还发现一些石锤。这些石制品都由大崮堆山发现的角岩/变质砂岩制成。石片的尺寸普遍大于陶寺遗址发现的石片尺寸。因此，大崮堆山遗址被认为是陶寺石器的石料来源地，也是石器粗加工的场所，大崮堆山制好的石坯可能被带到陶寺进一步加工成石器。这里的矛形坯在陶寺遗址也有发现，而矛形坯被认为可能是石镞的坯子。因此，陶寺不仅生产斧、锛、凿、刀、铲等日用石质工具，也生产武器石镞。

陶寺遗址上也发现有可能是石器生产的场所。2008 年的一次调查和试掘发现了一个活动面，这个活动面上有两块磨石、一个矛形坯、几个石块和几片陶片、一条连接着活动面的小路和一个陶寺晚期的房基 F1。这个活动面也许是 F1 院子的一部分。调查中还发现一些石器生产地点，其中包括 5 个早期、12 个中期和 15 个晚期的。这些地点的分布在不同时期也有所不同。陶寺早期的 5 个生产地点几乎都分布在早期城墙外面，中期的 12 个地点则都分布在中期城墙内，晚期时虽然城墙没有了，但石器生产的地点数量却增多了，在遗址上的分布范围也更广。这种石器生产地点在空间上的变化表明，从早期到晚期，磨制石器生产和陶寺精英阶层之间的关系发生了变化。石器生产地点从分布于城墙之外变迁到城墙之内，表明精英阶层对石器生产的控制可能加强。但陶寺晚期石器生产地点数量上的增加表明，陶寺的石器生产可能并不完全依附于精英阶层，精英阶层也没有完全控制了石器生产，因为石器生产并没有随着陶寺精英阶层的衰落而萎缩，反而比早中期更加繁荣了。

总之，陶寺遗址上曾存在大规模的石器生产，生产形式目前还不清楚，但连接 F1 的石器生产活动面的存在说明至少存在以家庭为单位的石器生产活动。遗址上生产的产品主要是日常使用的工具和武器，生产可能在一定程度上受精英阶层的控制。

二、二里头遗址和殷墟的磨制石器生产

自二里头遗址发现 60 余年来，有许多重要发现面世，包括宫城城墙、宫殿基址、不同规模的墓葬、绿松石和制铜围垣作坊，还有一些精美的玉器和青铜器，近年来还发现了"井"字形道路[①]。从二里头遗址的布局来看，它有明显的城市规划，手工业作坊有专门的区域（图 6.2.1）。绿松石作坊紧挨宫殿区南城墙，铸铜作坊位于宫殿区以南 300 米，宫殿区位于遗址中心偏东南。在宫殿区和祭祀区分别发现 2 处制骨作坊和 5 处骨器加工地点。与绿松石作坊和铸铜作坊这些位于遗址中心位置的威望产品不同，遗址上还没有发现大规模的制作日用石质工具的作坊，仅在宫殿区东北部、西南部、作坊区东北部等发现多处

---

① 赵海涛、许宏、王振祥、孙慧男、卜莹莹：《二里头遗址发现 60 年的回顾、反思与展望》，《中原文物》2019 年第 4 期。

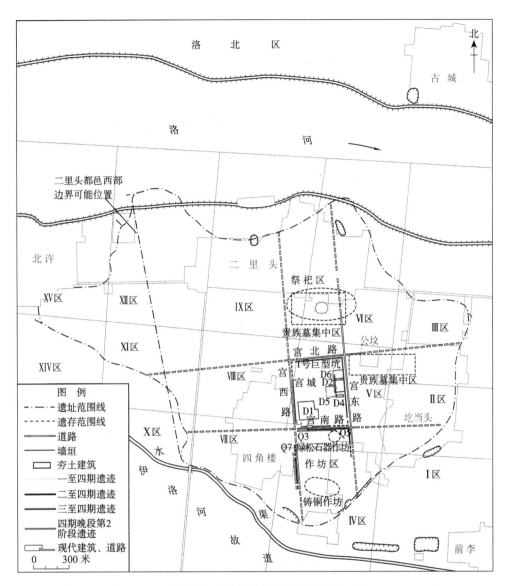

图 6.2.1　二里头遗址总平面示意图
（采自《二里头都邑的手工业考古》图一）

石器加工地点^①。根据已发表的考古报告，二里头遗址上仅发现石片和石坯 283 件，但出土石器成品有 1 532 件^②。与陶寺遗址相较，石片和石坯的数量太少，

---

① 赵海涛、李飞：《二里头都邑的手工业考古》，《南方文物》2021 年第 2 期。
② 中国社会科学院考古研究所：《二里头：1999—2006》，文物出版社，2014 年。

这表明二里头遗址上日用石器的生产活动可能并不很多，石器生产工业可能并不是二里头手工业经济重要组成部分。二里头所需的日用石器可能需要从周围遗址进口，如部分鲕粒灰岩的石铲可能从南面15公里的灰嘴进口[①]，也可能从夏后寺等其他遗址进口，但从嵩山北麓这些生产鲕粒灰岩石器产品的遗址中进口的数量可能并不多，因为在二里头遗址发现的鲕粒灰岩石铲的数量在石铲中的占比并不多，所以二里头可能还从其他地区进口石器[②]。另外，二里头遗址存在石器改制重新利用的现象，如将石镰改制成石刀[③]，节约使用石器工具，这可能是由于遗址上石器生产不足而造成石器工具的短缺。二里头威望产品作坊的出现和日用工具生产活动的减少表明精英阶层可能更重视威望产品的生产，而减少了日用石器的生产。

殷墟作为晚商的都城，和二里头相比，有着更大的遗址面积和更清晰的布局。宫殿区位于遗址的中心位置，被洹河和一条壕沟环绕，王室墓地位于遗址西北部。布局最清晰的手工业作坊广泛分布在遗址上四个手工业区——中部、西部、东部和南部手工业区（图6.2.2）[④]。中部手工业区在宫殿区内，位于中部手工业区内的是殷墟第四期的制玉作坊和铸铜作坊。制玉作坊主要是制作仪式使用的玉石制品。面积最大的南部手工业区内是铸铜、制骨和制陶作坊，年代从殷墟一期开始一直到四期。骨器作坊的年代则从二期开始一直到四期，主要生产骨笄和骨镞。制陶作坊分工明确，有专门生产泥质灰陶和夹砂陶器的作坊。在此区域西南约280米处的北徐家桥村北发现的近百座商代墓葬中，出土有石条形器及小型柄形器半成品，少者1件，多者上百件，在墓地中的分布相对集中。发掘者认为这批墓的墓主人生前是从事石器制作的工匠，他们所在的部族专门从事玉石器生产[⑤]。这些石条和石柄形器出土时都表面磨光，沾有朱砂，仅是有的一端磨成斜刃状，有的带有毛渣，未经打磨。但是仅凭这些材料还不太好判断这些石条和柄形器的性质，以及他们和石器生产的关系。即使生产石器，生产什么性质的石器也不清楚。发现于南部手工业区北部和宫殿区南

①   Liu L., Zhai S. D. & Chen X. C. 2013, Production of ground stone tools at Taosi and Huizui: A comparison in A. Underhill (eds.), *A Companion to Chinese Archaeology*, Hoboken, NJ, John Wiley & Sons Inc.

②   李永强：《嵩山北麓的石铲工业——以伊洛河流域调查为线索》，《南方文物》2021年第6期。

③   中国社会科学院考古研究所：《偃师二里头：1959年—1978年考古发掘报告》，大百科全书出版社，1999年。

④   何毓灵：《论殷墟手工业布局及其源流》，《考古》2019年第6期。

⑤   安阳市文物考古研究所：《2002年安阳北徐家桥村北商代遗址发掘简报》，《中原文物》2017年第5期。

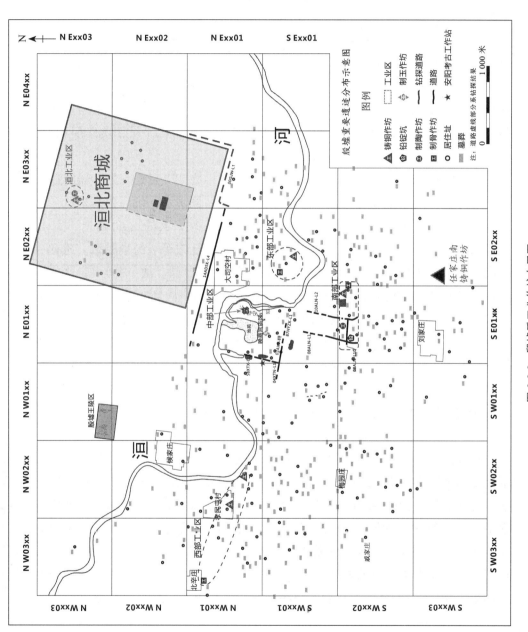

图 6.2.2 殷墟手工业作坊布局图

（采自《论殷墟手工业布局及其源流》图一）

部的两条道路，显示了宫殿区里的精英阶层和南部手工业区的手工业者之间的紧密关系。西部手工业区内是铜器和骨器生产，从殷墟三期沿用到四期。东部手工业区内是铜器和骨器生产，从殷墟早期一直到晚期。尽管殷墟有许多手工业作坊，但是一直都没有发现日用石器作坊。当然不排除随葬石条石柄形器的墓葬附近有制玉石作坊的可能[①]。殷墟宫殿区出土了上千件石镰和石刀，但除了12件没有开刃的石刀坯以外，没有石片和石坯出土[②]。因此，与二里头和陶寺相比，殷墟日用磨制石器的生产活动可能并不普遍。如果有一些石器生产活动的话，也只局限于石刀坯刃部的磨制。日用石器的生产几乎被精英阶层抛弃，他们可能将更大的精力放在威望产品的生产上。

　　河北邯郸武安赵窑遗址商代上层文化（商代中晚期）发现一处石器制造场所，局部叠压在仰韶时期石器制造场所上面，为一圆形坑，坑底西高东低，直径5米、深0.37米—1米，坑内分布有很多大小石块，大的长60厘米、宽40厘米，其中杂有石棒、磨石、石片、石器（斧、穿孔刀等）的半成品，还有一些陶片，如加砂粗灰陶、红陶、泥质灰陶，器型有鬲、鼎、盆、罐等[③]。这些发现说明武安赵窑遗址在商代中晚期存在石器生产活动。从赵窑遗址发现的19座商代晚期墓葬来看，陪葬品最多的墓葬随葬了包括铜、玉、漆器在内的十多件陪葬品，应该不是一个等级很高的聚落，而是殷墟外围的一个次级聚落。与殷墟这样的大都邑几乎没有石器生产活动不同，次级聚落中存在石器生产活动。

三、早期城市内磨制石器生产衰落的原因探析

　　从大量的石片、石坯、石屑和工具广泛分布在陶寺遗址上，到仅十几件石器半成品发现于殷墟，这种变化表明从陶寺到殷墟时期日用石器的生产地位发生了变化，从备受精英阶层重视到被抛弃。精英阶层将关注点转移到了威望产品的生产。造成这种转变的原因之一可能是聚落和石料资源之间的距离增加了。陶寺距离为其提供丰富变质砂岩和角岩资源的大崮堆山北部仅约7公里，而二里头距离有着丰富石料资源的嵩山15公里，殷墟位于石料资源产区的太行山以东20公里。然而，比较一下铜和绿松石资源与二里头和殷墟之间的距

---

①　何毓灵：《论殷墟手工业布局及其源流》，《考古》2019年第6期。

②　李济：《殷墟有刃石器图说》，《历史语言研究所集刊23》（下），1952年。

③　河北省文物研究所、河北文化学院：《武安赵窑遗址发掘报告》，《考古学报》1992年第3期。

离，就会发现石料资源和遗址之间的距离远没有铜和绿松石资源与遗址之间的距离远，所以距离可能并不是影响精英阶层抛弃石器生产的重要因素。二里头和殷墟与铜和绿松石资源之间的距离都要大于 20 公里。太行山的铜矿是二里头时期的一个重要的铜料来源，但其位于二里头遗址西北约 300 公里[①]。殷墟时期，青铜器矿料可能来自多地。目前铅同位素分析结果表明，可能的矿料来源地包括滇东川西、江西、湖南、江苏、河北、山西、辽宁和秦岭等地[②]。二里头遗址的绿松石则可能来自湖北[③]或陕西洛南[④]。可以看出，对于二里头和殷墟来说，铜和绿松石资源与聚落的距离远大于石料资源与聚落的距离。二里头遗址和殷墟铜器和绿松石作坊的发现说明，尽管这些器物的原料来源可能较远，但并不妨碍精英阶层对这些威望产品的重视。这表明器物的价值和社会意义才是促使精英阶层对某个手工业感兴趣的关键而不是与资源间的距离。

日用工具生产在聚落内减少的同时，威望产品的生产却增加了。但并不是所有日用产品在聚落中的生产都减少了。尽管在二里头遗址还没有发现日用陶器生产的作坊，但在陶寺遗址发现了制陶区域[⑤]，在殷墟南部手工业区也发现 34 座生产日用泥质灰陶的陶窑[⑥]。因此日用陶器的生产和日用石器的生产不同，从陶寺到殷墟时期并没有随着社会复杂程度的加深而衰落。这可能和陶器易碎的特征有关，易碎使得对大量的陶器成品进行长距离的运输变得比较困难。殷墟存在日用陶器的生产意味着不仅手工业品的价值和社会意义是精英阶层考虑在城市中建立手工业生产的重要因素，器物的物理属性也是纳入考虑的要素之一。

四、华北地区早期城市化进程中的磨制石器生产变迁

中国古代城市的布局基本上形成于东周时期，并在汉到清代逐步发展。俞

---

①　刘莉、陈星灿：《城：夏商时期对自然资源的控制问题》，《东南文化》2000 年第 3 期。

②　金锐、罗武干、宋国定、张素超：《商代青铜器高放射成因铅矿料来源的调查研究》，《南方文物》2020 年第 6 期。

③　叶晓红、任佳、许宏、陈国梁、赵海涛：《二里头遗址出土绿松石器物的来源初探》，《第四纪研究》，2014 年第 1 期。

④　先怡衡、樊静怡、李欣桐、李延祥、周雪琪、高占远、吴萌雷：《陕西洛南绿松石的锶同位素特征及其产地意义——兼论二里头出土绿松石的产源》，《西北地质》2018 年第 51 卷第 2 期。

⑤　何努：《都城考古的理论与实践探索——从陶寺城址和二里头遗址都城考古分析看中国早期城市化进程》，《三代考古》（三），科学出版社，2009 年。

⑥　何毓灵：《论殷墟手工业布局及其源流》，《考古》2019 年第 6 期。

伟超认为中国古代城市布局的基本特征包括：1）城市被方形的城墙所包围，城墙内按功能划分为宫殿区、居住区、工艺生产区和市场区，区与区之间没有边界；2）有内城和外城，内城为城，外城为郭，宫殿区一般分布在城内，平民居住区和市场位于郭区；3）出现市场；4）主宫殿建在城市的最高处，可能是为了控制整个城市[①]。《周礼·考工记》也记载了周都城的布局："匠人营国，方九里，旁三门。国中九经九纬，经涂九轨，左祖右社，面朝后市，市朝一夫。"（图 6.2.3）虽然很难找到一个与《考工记》中描述的布局完全相同的城市，但由于《考工记》影响了中国古代许多城市的布局，许多古代城市的布局都包含了考工记的思想，如曹魏时期的邺北城和唐长安城的棋盘式街道布局等[②]。

中国古代城市的大多数特征在二里头时期就已经出现。二里头遗址有纵横交错的"井"字形路网，包括大型宫殿、宫城、宫城城墙、高等级祭祀遗存在内的礼仪建筑，遗址中大型宫殿建筑分布密集，呈对称布局，铸铜、绿松石等

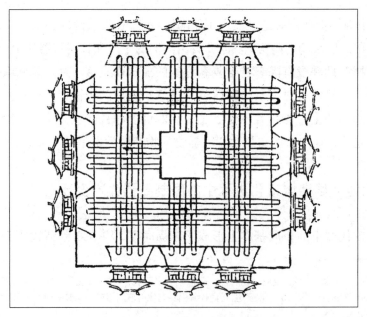

图 6.2.3 《考工记》记载的周都城的理想布局
（采自《三礼图》1676 年版）

---

① 俞伟超：《中国古代都城规划的发展阶段性》，《文物》1985 年第 2 期。
② 俞伟超：《中国古代都城规划的发展阶段性》，《文物》1985 年第 2 期；许宏：《先秦城市考古学研究》，北京燕山出版社，2000 年。

官营手工业作坊集中在宫殿建筑群附近[①]。此外,纵横分布的"井"字形道路将遗址规划成"九宫格"式布局,以宫城为代表的宫殿建筑位居中心,祭祀区、贵族聚居区、墓葬区、官营手工业作坊区都拱卫在宫殿区周围,外围则是一般性活动区域[②]。

张光直认为,与美索不达米亚商业和经济驱动下的早期城市化进程不同,中国早期城市主要是精英阶层获取政治权力的工具[③]。在中国,商业城市直到东周时期才出现,这时市场进入到城墙内,商业成为城市的主要功能之一[④]。二里头和殷墟手工业作坊的发现使学者们对经济在城市中的作用更感兴趣,尽管这些手工业作坊是由国家控制并为精英阶层生产威望产品的[⑤]。除了国家控制的手工业外,非国家控制的日用工具的手工业在城市中的地位也成为关注的对象。

陶寺到殷墟时期,中原地区从最初出现的城市到大邑商,早期城市化程度加深,城市规划越来越清晰,手工业种类越来越齐全。这一时期,农业已经成为中原地区的主要生计方式,社会组织形式变得更加复杂,手工业生产的组织形式也随着社会的复杂化有所改变。精英阶层逐渐转向威望产品的生产,并且将威望产品的生产场所放在紧挨宫殿区的地方,以控制其生产。手工业作坊区在空间上的聚集现象首先出现在二里头遗址,其布局模式被殷墟所继承并进一步发展[⑥]。日用石器是农业和建筑所必需的工具,它们的生产却被精英阶层逐渐忽视,陶寺时期遗址上还有大规模的石器生产,到殷墟时期,已经几乎没有石器生产的迹象。这种变化表明,磨制石器的生产随着城市化进程的加深逐渐被精英阶层抛弃,城市发展所需的日用石器的生产可能仅保留在城市周围的次级聚落,如灰嘴。磨制石器生产在城市布局中地位的变化说明了中国早期城市发展中的精英战略。

---

① 中国社会科学院考古研究所:《二里头:1999—2006》,文物出版社,2014 年。
② 赵海涛、许宏:《中华文明总进程的核心与引领者:二里头文化的历史位置》,《南方文物》2019 年第 2 期。
③ 张光直:《关于中国初期"城市"这个概念》,《文物》,1985 年第 2 期。
④ 董琦:《中国先秦城市发展史概述》,《中原文物》1995 年第 1 期;Falkenhausen, L. 2008. Stages in the development of 'cities' in pre-Imperial China, in J. Marcus & J. A. Sabloff (ed.), *The Ancient City: New Perspectives on Urbanism in the Old and New World*, Santa Fe, N.M: School for Advanced Research Press;许宏:《先秦城市考古学研究》,北京燕山出版社,2000 年。
⑤ 杜金鹏:《殷墟宫殿区玉石手工业遗存探讨》,《中原文物》2018 年第 5 期。
⑥ 何毓灵:《论殷墟手工业布局及其源流》,《考古》2019 年第 6 期。

后　记

　　这是一本迟到的书。如果从我硕士开始从事石器研究算起，到现在已经有20年出头了。20余年间，除了将我的博士论文英文版出版之外，没有出版过一本关于石器研究的中文著作，无论如何不应该。但如果了解了我定下心性决定从事学术的经历后，或许可以理解。硕士毕业后做了三年图书出版和博物馆展览方面的工作，之后出国读了博士。毕业到中国社会科学院考古研究所工作，先在科研处工作了四年半，之后又去敦煌挂职一年，没有全身心投入到具体研究中。2017年我挂职回来到科技中心后才开始专心从事学术，因此现在才完成本书。

　　本书的部分内容和观点之前以论文的形式发表过，此次围绕磨制石器生产和社会复杂化之间关系的主题进行系统论述，也颇费了一番心思，并且增加了不少新内容。

　　第一是关于大崮堆山。大崮堆山是一座不起眼的小山。2003年为撰写硕士论文，我第一次登上大崮堆山，找到了1988年和1989年山西省考古研究所发掘的地点，对大崮堆山有了一个初步的印象和了解。2009年为撰写博士论文，在陶寺遗址开展石制品调查，我再次来到大崮堆山，这一次我和同伴们是从陶寺步行，翻山越岭到大崮堆山，搞清楚了从陶寺西南的沟西村到大崮堆山的距离。2015年，为了开展国家自然科学基金的课题，我第三次来到大崮堆山，对大崮堆山北边的六家凸和南边的青杨岭进行了调查，并对大崮堆山进行了测绘。2023年4月，为整理陶寺遗址1999—2001年出土的石制品，我邀请中国地质大学（北京）地球科学与资源学院白志达教授一起对大崮堆山及青杨岭进行了考察，这次考察搞清楚了大崮堆山及青杨岭地区的地质结构、岩石类型、分布及成因。这次调查了却了我多年来对大崮堆山石料的诸多疑问，明白了从粉砂岩、砂岩到变质砂岩、角岩的变化过程。本书中关于大崮堆山的内容完整呈现了我对大崮堆山的所有最新认识，对大崮堆山角岩/变质砂岩石料和陶寺石制品石料在岩石化学和地球化学方面的对比分析也极大完善了陶寺石制品原料来源的分析，感觉对大崮堆山石料的认识又上了一个新的台阶。

第二是对磨制石器取代打制石器过程的认识。史前和青铜时代出土的石器数量虽然很多，但有与石器生产相关的石制品和生产场所发现的遗址数量并不多。二里头和殷墟遗址在布局方面的新发现使我可以从另外一个方面说明这些遗址的石器生产，而且同陶寺相比，这些城市化程度更高的遗址上石器生产弱化的特征愈发明显，这是石器生产在城市发展中的逐渐衰落。但石器生产的兴起和繁盛呢？带着这个疑问，我梳理了从旧、新石器时代过渡和新石器时代早期磨制石器出现以来的石器情况，虽然没有系统的石器生产的资料，却搞清楚了华北地区磨制石器逐步取代打制石器成为主流生产工具的过程。这部分的观点尽管在之前发表的文章里有过简单表达，但第一次像本书这样分成四个区来进行详细比较分析。通过分区分析，我不仅发现了磨制石器取代打制石器过程的漫长，而且从石器的角度阐释了华北不同地区之间社会发展的不平衡，算是达到了透物见人的效果吧。

另外本书还完善了之前对磨制石器技术的论述，将裁切和装柄归入了磨制石器制作技术中，能够更加全面呈现磨制石器作为复合工具使用的模式。

当然由于本人的学养有限，如果书中出现这样或那样的错误还请读者海涵并不吝赐教。

本书在写作和出版的过程中得到领导、导师和众多师友的帮助。中国社会科学院副秘书长、中国历史研究院常务副院长马援，中国社会科学院考古研究所党委书记张国春、主持工作的副所长施劲松、中国历史研究院副院长刘国祥、中国社会科学院考古研究所科研处负责人彭小军、中国历史研究院期刊社团学术交流处负责人林帆、中国历史研究院科研处副处长倪梁鸣、中国社会科学院科技考古与文化遗产保护重点实验室王明辉等领导和同事对本书的写作和出版给予了许多支持，谨此致谢！本书中使用的陶寺1999—2001年的发掘材料尚未发表，中国社会科学院考古研究所高江涛研究员允许本书提前使用这批材料，深表感谢！中国社会科学院考古研究所王仁湘研究员和我的博士导师现美国斯坦福大学的刘莉教授于百忙中为这本书写了序，衷心感谢！中国地质大学（北京）的白志达教授帮助我进行了大崮堆山的地质调查和石料的岩石化学及地球化学分析，我的硕士研究生中国社会科学院大学的徐希和山东大学的李景山博士帮助我扫描和处理了部分图片，深表谢意！上海古籍出版社的吴长青、宋佳、贾利民为本书的编辑和出版付出了大量心血，特别感谢！

翟少冬

2025 年 1 月